쿠바식으로 산다

Inside El Barrio: A Bottom-Up View of Neighborhood Life in Castro's Cuba
by Henry Louis Taylor
Copyright © 2009 Kumarian Press. All rights reserved.
Korean translation Copyright © 2010 by Samcheolli Publishing Co., Seoul.
Korean translation rights arranged with Kumarian Press through EYA

쿠바식으로 산다
밑바닥에서 본 아바나의 이웃공동체

지은이   헨리 루이스 테일러
옮긴이   정진상
펴낸이   송병섭
디자인   이수정
펴낸곳   삼천리
등록   제312-2008-121호
주소   121-820 서울시 마포구 월드컵로15길 19(망원동 376-12)
전화   02) 711-1197
전송   02) 6008-0436
전자우편   bssong45@hanmail.net

1판 1쇄 2010년 5월 7일
1판 2쇄 2014년 4월 10일

값 16,000원
ISBN 978-89-901250-7-5 93300
한국어판 © 정진상 2010

쿠바식으로 산다

밑바닥에서 본
아바나의 이웃공동체

헨리 루이스 테일러 지음 | 정진상 옮김

삼천리

2006년 7월 31일, 나는 아바나 에스테(Habana Este)에서 몇몇 쿠바 친구들과 함께 잔치를 벌이고 있었다. 그동안 진행해 온 연구를 마무리하는 자축 모임이었다. 아바나인 스무 명으로 구성된 조사팀이 드디어 398건의 인터뷰를 끝낸 뒤였다. 월요일인 그날 밤, 나는 그들과 함께 먹고 마시며 쿠바식으로 축제를 즐기고 있었다. 떠들며 웃고 있는데, 집주인이 갑자기 방으로 뛰어 들어오면서 "피델이 몸이 아파서 라울이 이 나라를 통치한대!" 하고 소리를 질렀다.

우리는 다른 방으로 달려가서는 텔레비전 앞에 모여 짧막한 발표를 들었다. 모두 꼼짝도 않고 조용히 앉아 방금 막 들은 뉴스의 의미를 해석하려고 애쓰고 있을 때, 한 젊은 쿠바인이 흐느끼기 시작했다. 반사적으로 다른 한 사람이 누구에게랄 것도 없이 낮게 읊조렸다. "피델은 절대 이런 식으로 누군가에게 권력을 이양한 적이 없어."

세계는 변화하고 있었고 쿠바 사회는 새로운 역사의 시대를 맞이하고 있었다. 이 사건 때문에 《쿠바식으로 산다》의 연구 목적도 바뀌었다. 아바나 이웃공동체의 일상생활과 문화를 설명함으로써 '카스트로의 쿠바'가 남긴 유산을 이해하는 것이 이 책의 목표가 된 것이다.

이 역사적인 날을 향한 나의 여정은 1999년 여름에 시작되었다. 버팔로대학의 여름 해외연구 프로그램을 위해 호세 부스카글리아 교수의 공동 연구자로서 쿠바를 처음 방문했다. 이 프로그램은 조지 부시 대통령이 쿠바 섬의 여름 연구 프로그램을 중지할 것을 지시한 2004년까지 이어졌다. 미국의 낙후된 도시 이웃공동체를 연구하며 실천적인 작업을 하고 있는 역사가이자 도시계획가로서, 나는 지역공동체 발전을 위한 쿠바식 접근법에 흥미를 느끼고 있었다. 더욱이 아프리카계 미국인 학자로서 인종적 구성과 노예제 역사가 미국과 비슷하다는 점 때문에 쿠바 사회에 대해 더 알고 싶었다. 또한 취약한 이웃공동체에 영향을 끼치는 이웃 효과가 미국에서도 똑같이 나타날 것인지 알고 싶었다. 쿠바 여행을 시작한 처음부터 나는 이웃공동체의 생활과 문화에 대해 책을 쓸 작정이었다. 그래서 1999년 여름 이 섬나라에 도착했을 때 이미 쿠바 사회를 연구하고 내 경험을 세심하게 기록하려는 전략을 세워 놓고 있었다.

서로 연관되어 있는 다섯 가지 기회가 쿠바 사회에 대한 내 생각에 중요한 영향을 끼쳤다. 첫째, 쿠바 정부는 버팔로대학 여름 프로그램을 허락하고 아바나 비에하(Havana Vieja)에 있는 산타클라라 수도원에 머물게 해 주었다. 평범한 쿠바인들과 이웃에 살았기 때문에 아프리카계 쿠바인이나 물라토가 대부분인 이웃공동체 주민들과 우정을 나눌 수 있었다. 그들은 나를 외국인 여행자라기보다는 친구로 대해 주었을 뿐 아니라, 집에 초대하여 자기네 생활 속에 들어갈 수 있게 해 주었다. 여러 해에 걸쳐 우리는 솔직한 이야기를 많이 나누었으며, 이 친구들은 복잡하게 얽혀 있고 모순적인 쿠바 사회와 문화에 대한 안내자가 되어 주었다.

내가 배운 가장 중요한 교훈 가운데 하나는, 쿠바인들은 대개 새로 만난 사람과 친구가 되어 솔직한 대화를 나누기까지 시간이 많이 걸린다는 것이다. 이러한 '솔직함'이 없다면 외국인들은 대화 내용을 잘못 해석하거나 그들의 일상생활과 문화에 대해 잘못된 인상을 갖기 쉽다. 예컨대, 쿠바인들은 대개 일상에서 과장법과 유머를 즐겨 사용한다. 그래서 어떤 쿠바인이 "쿠바에는 먹을 것이 충분하지 않아" 하고 말한다고 해서, 그 말을 곧이곧대로 해석하면 안 된다. 그 말이 실제로 의미하는 바는, "진짜 먹고 싶은 음식은 먹을 형편이 안 돼. 우리도 여행객들처럼 스테이크와 바닷가재를 먹고 싶다"는 것이다. 자칫 쿠바인들이 먹을거리가 부족하거나 만성적인 식료품 부족으로 고통 받고 있다고 진짜로 믿어 버릴 수 있지만, 사실은 그렇지 않다.

이처럼 쿠바에서는 어떤 이야기의 '참뜻'이 '해석' 과정에서 사라져 버리기 일쑤이다. 말하자면, 쿠바에서 대화를 할 때는 때때로 이야기 속에서 정보를 걸러 내고 들추어내는 세심한 노력이 필요하다. 예컨대, 나는 처음에 비공식 인터뷰나 대화를 나눌 때 '데이터 삼각화' 방식을 이용하는 것이 중요하다는 사실을 깨달았다. 광범위한 사람들에게 같은 질문을 던지고 대답을 다른 데이터와 서로 비교함으로써, 좀 더 믿을 수 있고 실제 의미에 가까운 해석을 얻는 방법이다. 또 '쿠바식 은유'를 어떻게 식별해야 할지, 그리하여 그들이 말하려는 진짜 핵심을 얻기 위해 어떤 식으로 더 깊이 조사해야 하는지를 배웠다.

둘째, 여름 코스는 두 가지 강의로 구성되었는데, 하나는 내가 직접 가르치고 다른 하나는 아바나대학 라틴아메리카 사회과학부(FLACSO) 교수진이 가르쳤다. 우리는 현지조사를 통해 수업을 보충했다. '아바나의 일상생활과 문화'라는 내 수업은 국제 관광이 이웃공동체의 생활과 문화에 어떤 영향을 끼치는지를 해석할 수 있는 분석 틀을 학생들에게 마련해 주는 데 중점을 두었다. FLACSO 교수진이 가르친 '오늘날의 혁명적 쿠바'라는 수업에서는 서로 관련된 네 가지 주제를 가르쳤다. 혁명과 쿠바 사회의 건설, 지역공동체의 발전과 일상생활 및 문화, 여성과 가구 및 가족, 그리고 사회 발전과 공동체 참여 등에 관해 쿠바인 전문가들이 가르쳤다.

　　FLACSO 덕분에 혁명수호위원회(CDR), 쿠바여성동맹(FMC), 초등학교, 가정의와 간호사의 진료실, 전문 진료소, 도시 농장, 민중평의회 사무실, '이웃공동체의 통합적 발전을 위한 작업장' 등 우리가 원하는 모든 기관과 조직을 방문할 수 있었다. 나는 FLACSO가 마련한 모든 강의에 참석하는 한편, 이러한 현지 조사를 통해 이웃공동체의 조직적 · 제도적 구조에 대해 상당한 식견을 얻을 수 있었다. 더욱이 5년에 걸친 프로그램을 진행하는 과정에서 우리는 부스카글리아 교수가 가르치는 학생들과 함께 서쪽 끝 피나르델리오(Pinar del Rio)에서 동쪽 끝 산티아고데쿠바(Santiago de Cuba)에 이르기까지 쿠바의 모든 지역을 다녔다. 이 섬 곳곳의 도시를 방문함으로써 아바나의 일상생활을 다른 지역들과 비교할 수 있는 기회를 얻게 되었다. 이런 여행을 통해 다양한 지역들 간의 유사점과 차이점을 파악할 수 있었다. 게다가, 학생들의 경험과 생각에 관해 끝없이 대화를 나눔으로써 나는 쿠바 사회의 복잡성을 이해하는 데 더 많은 살을 붙일 수 있었다.

　　셋째, 나는 아바나의 아프리카계 미국인 망명자 공동체에 있던 네안다 이소케 아비오둔(Nehanda Isoke Abiodun)과 친구가 되었다. 그녀는 시민권 운동 시기에 미국에서 건너와 거기에 살고 있었다. 네안다와 교류한 인연은 두 가지 이유에서 중요했다. 우선, 아프리카계 미국인으로서 그녀는 미국에서 흑인의 생활과 쿠바에서 흑인의 일상생활 및 문화에 대해 독특한 통찰력을 가지고 있었다. 그녀와 대화를 많이 나눔으로써 나는 이웃공동체 생활과 아프리카계 쿠바인들의 경험에 관해 이해를 넓힐 수 있었다. 나아가, 이 우정 덕분에 쿠바 사회와 문화의 다양한 측면을 연구하고 있는 여러 학자들과 만날 수 있었다. 미국에서 온 흑인, 백인, 라틴계 학자들과 토론함으로써 시야를 넓히고 풍부하게 할 수 있었다.

넷째, 여러 해에 걸쳐 나는 아바나 시와 광역 아바나 지역을 수십 차례나 누비고 다녔다. 그래서 도시 중심가의 웬만한 골목은 다 다녔을 정도이다. 그 과정에서 지역 주민들과 사귀고, 집을 방문하고, 디스코클럽을 비롯한 여러 여흥시설에 들러 특정 이웃공동체 내부뿐 아니라, 이웃공동체들 간의 일상생활과 문화적 유사점 및 차이점에 대한 감각을 얻을 수 있었다. 나는 외국인 치고는 극히 드물게 온갖 장소에 출입할 수 있었다. 친구들이 나를 어디로 데리고 가더라도 내가 말을 아끼면 쿠바인으로서 통과할 수 있었기 때문이다.

마지막으로, 내가 그동안 연구해 온 배경과 훈련 과정은 여러 학문 분야를 종합하여 이 연구를 완성하는 데 도움이 되었다. 나는 도시사학자이자 도시계획가이며, 과거에는 임상언어 병리학자이자 의과대학 운영위원이었다. 도시계획가로서 미국 사회의 건강, 복지 및 이웃공동체 상태에 대해 연구해 왔다. 미국의 낙후된 이웃공동체에 관한 연구는 이웃공동체 조직 및 경제적·물리적 발전이라는 쟁점과 함께, 교육, 보건, 재난 대비, 그리고 사회학 등에 걸쳐 있다. 평범한 아바나 사람들의 생활에 대한 심층 조사와 더불어, 학자로서 그리고 전문가로서 배경을 가지고 있었기 때문에 쿠바인들과 이웃공동체와 정부 사이의 복잡한 상호관계에 대해 잘 알 수 있었다.

내 친구인 오마르 말고는 이 연구에 참여하거나 인터뷰에 응해 준 쿠바인들의 경우 이 책 전체에 걸쳐 가명을 사용했다. 어거스틴 세브레코와 마리아노 페르난데스는 이 프로젝트가 가능할 수 있도록 '현장에서' 지원했다. 그들은 친구와 이웃을 인터뷰한 쿠바인들의 연결망을 조직하는 데 도움을 주었다. 그들은 이 프로젝트에 대한 신뢰를 바탕으로 지칠 줄 모르고 일했다.

이 프로젝트의 정신적 지주는 왜곡된 아메리칸 드림을 좇다가 바다에서 실종된 사랑스러운 친구 오마르였다. 많은 사람들이 오마르를 '건달'이라고 할지 모르지만 사실은 그렇지 않았다. 오마르는 스스로 관광객들을 위한 가이드이자 아바나인들을 위한 중개인이라고 생각했다. 그는 복잡한 쿠바 사회와 문화에 대한 좋은 안내자가 되어 주었다. 나는 오마르한테서 '길거리' 방식을 배웠고 그의 방대한 사회적 연결망은 곧 내 연결망이 되었다.

| 차례 |

| 프롤로그 |

민중이 중심인 나라에 산다는 것

2008년 2월, 거의 50년 동안 이어져 온 사령관(El comandante) 통치가 끝나고 라울 카스트로(Raúl Castro)가 쿠바의 대통령 자리에 올랐다. 지난 49년 동안 미국 대통령 10명에게 드러내 놓고 도전해 왔고 제3세계의 전설적인 영웅이었던 '털보'는 결국 권좌에서 내려왔다. 하지만 자신이 정한 수순에 따라 후계 계획을 성공적으로 수립한 다음이었다. 후계 계획은 늙은 파수꾼이 권력을 확고히 유지함으로써 자신의 유산이 확실히 보증되도록 하는 것이었다. 돌이켜보면 카스트로 쿠바 시대는 피델이 동생 라울에게 잠정적으로 권력을 이양한 2006년 여름에 사실상 종결되었다. 그때부터 라울 카스트로는 쿠바식 사회주의의 틀 안에서 사회를 개조하는 계획을 추진할 수 있었다. 따라서 19개월 전 2006년의 그 '운명적인 날' (7월 31일)은 사실상 포스트 카스트로 시대의 개막이자, 라울 카스트로의 지도 아래 쿠바인의 삶에 새로운 시기가 열리는 서막이었던 것이다.

《쿠바식으로 산다》는 카스트로 쿠바 시대에서 가장 복잡다단했던 마지막 시기(1989~2006년) 아바나의 가족, 이웃공동체, 주거 발전의 중요성을 밝힘으로써 피델 카스트로의 유산을 이해하고자 한다. 이 책은 '특별시기'(El Periodo Especial)라고 일컬어진 기간에 쿠바인들의 가족과 이웃공동체가 어떠했는지에 초점을 맞춘다. 1989년 소련과 동유럽 공산권이 갑작스레 붕괴함에 따라 쿠바는 파멸적인 경제위기 속으로 빠져들었다. 그 때문에 전례 없는 시련이 닥쳐 사회적 긴장이 커지고 수많은 쿠바인들이 섬을 탈출하는 사태가 벌어졌다. 1990년 7월 피델 카스트로는 비장한 심정으로, 쿠바가 평화 시대의 '특별시기'에 들어왔다고 선포하고 대중들에게 고난의 시기를 대비해 줄 것을 요청했다.

《쿠바식으로 산다》는 민중이 중심인 나라에서 산다는 것이 무엇인지를 탐구한다. 이 작업을 통해, 특히 특별시기 동안 고난을 덜어 주고 주민들이 복잡한 도시 생활을 부여잡을 수 있도록 해 준 가족과 이웃공동체의 역할을 검토함으로써 쿠바 사회를 좀 더 깊이 들여다볼 수 있을 것이다. 가족이 이웃공동체에 뿌리내리고 있으며 이웃공동체가 일상생활과 문화를 형성해 왔기 때문에, 이 둘 사이의 관계를 이해하는 것이 쿠바인들이 어떻게 일상생활을 누리는지 파악하는 데 중요하다. 소련이 붕괴하고 국제 관광이 다시 시작된 것과 함께 안정적이고 고도로 조직된 이웃공동체가 쿠바 사회에 안착했다.

가족과 이웃공동체의 작동 방식에 대한 이 연구는 쿠바 사회의 '밑바닥에서' 출발한다. 즉 평범한 사람들이 생활하고, 일하고, 즐기고, 가족을 부양하는 곳이면서 상처받기 쉬운 이웃공동체가 어떻게 작동하는지를 밝혀 카스트로 쿠바의 지속 가능성을 밝혀낼 것이다. 아바나의 가족과 이웃공동체의 경험이 쿠바 다른 도시의 경험과 꼭 일치한다고 볼 수는 없다. 그렇지만, 지도자의 사상, 계획, 조직적·제도적 틀이 쿠바 전역에 걸쳐 일관되기 때문에, 아바나의 여러 경험은 쿠바 다른 도시들의 거울이 될 것이다. 곧 아바나 이야기는 쿠바 섬 전체에 걸쳐 이웃공동체의 생활과 문화를 올바로 들여다볼 수 있게 해 준다.

개념적 분석 틀

이 책은 서로 연관된 다섯 가지 특징을 가진 개념 틀을 사용한다. 첫째, 도시와 이웃공동체에 대한 '아래로부터의' 접근 방법(bottom-up approach)을 사용하여 평범한 사람들, 특히 아프리카계 쿠바인과 물라토를 연구한다. 이들의 관점에 목소리를 부여하여 이들의 행위를 결정짓는 가치와 신념을 이해하는 것이 목표이다. 쿠바의 이데올로기와 공식적 관점은 잘 알려진 반면에, 민중계급의 관점은 거의 알려진 바가 없다. 자신들의 기록을 잘 남기지 않고 생각을 공개적으로 거의 드러내지 않는 민중들의 이야기를 구성하는 데는 사례 조사 방법이 가장 적절하다. 우선 현지 조사, 참여 관찰, 공식·비공식 인터뷰, 그리고 '문자화되지 않은' 기록을 해석하기 위해 고안된 갖가지 방법을 이용하여 이웃공동체 생활에 대해 연구할 조그만 조사 무대를 만들었다.

둘째, 이웃공동체의 생활과 문화를 도시 전체의 발전이라는 더 넓은 맥락 속에서 바라본다. 이웃공동체는 독립적으로 존재하는 것이 아니라 도시 지역의 한 부분이다. 따라서 이웃공동체의 발전은 도시 건설과 도시 발전에 따라 직접적인 영향을 받을 뿐 아니라 그 과정도 언제나 지도자들의 이데올로기적 관점에 의해 성격이 규정된다. 건축 환경의 특성, 이웃공동체 사이의 위계, 그리고 지리적 공간의 인구 분포는 우세한 사회 집단의 이데올로기적 관점에 의해 결정된다. 다시 말하면, 도시의 발전은 도시화라는 '자연스러운 힘'이 아니라, 지도자들의 세계관과 사회를 떠받치는 정치경제학에 바탕을 두고 추진된다. 이러한 분석 틀에서 보면 도시 건설과 도시의 발전 과정은 엘리트 중심 사회와 민중 중심 사회가 서로 다르다. 쿠바 도시 공동체의 발전을 이렇듯 더 넓은 맥락 속에서 파악함으로써 민중 중심의 사회주의 도시에 산다는 것이 무엇을 의미하는지 이해가 깊어질 것이다.

셋째, 아바나의 일상생활과 문화를 이해하고 설명하는 틀로 '이웃공동체'(neighborhood)라는 개념을 사용한다.[1] ('neighborhood'는 에스파냐어 'barrio'의 번역어인데 이 책에서는 우리 말로 '이웃공동체'라고 번역했다. 우리 나라에서는 이것을 지역공동체로 번역하는 경우가 많은데 영어 'community'도 지역공동체로 번역되기 때문에 혼동할 우려가 있다. 지역사회라고도 번역되는 지역공동체는 우체국, 경찰서 등 생활의 기본적 기관을 갖춘 규모로 시·군·구 정도의 단위를 지칭하는 데 적합한 반면, 이웃공동체는 대면 관계를 기초로 하는 마을이나 아파트 구역 정도의 단위를 지칭하는 데 적합한 개념이라고 할 수 있다―옮긴이). 이웃공동체는 단순히 일상생활과 문화의 공간이 아니라, 사람들, 공간적 환경, 사회 조직들, 내부 기구들, 그리고 정부가 상호작용하는 '촉매 장소'라고 할 수 있다. 따라서 사람들이 이웃공동체에 작용을 가하는 동시에 이웃공동체도 사람들에게 반작용한다. 이 때문에 '이웃 효과'(neighborhood effect)를 다루는 문헌은 이웃공동체가 사회경제적인 결과를 만들어 내는 데 중요하다고 생각하는 것이다.[2] 이웃공동체의 성격에 따라 다양한 사회·경제·문화·의료 문제에서 주민들의 위험이 커지기도 하고 감소하기도 한다. 이웃공동체가 도시 건설 과정에서 중요한 의미를 가지는 것은 이 때문이다.

넷째, 쿠바 정부가 도시와 국가 건설 과업을 수행하면서 채택한 정책을 이해하기 위해 공공 정책 분석 방법을 사용한다. 이데올로기와 문제 설정 방식은 사안을 해결하기 위해 처방되는 정책의 모양새를 결정한다. 정부가 어떻게 문제를 설정하고 어떤 정책들로 처방했는지 살펴봄으로써 쿠바의 처지에서 문제와 해결책을 이해하고자 한다.

다섯째, 나는 1868~1878년에 벌어진 10년 전쟁 이래 쿠바 사회에는 이데올로기적 이원성이 존재해 왔다고 본다. 이 이원성은 혁명의 목표는 물론 전쟁이 끝난 후 건설할 사회의 형태를 둘러싸고 자산계급과 민중계급 사이에서 뚜렷이 나타났다. 이 이데올로기적 이원성은 끝없이 이어져 쿠바 역사에서 공화국 시기와 혁명 시기에 걸쳐 두 계급 사이의 갈등을 일으키는 요인이 되었다.

자산계급과 민중계급은 19세기 쿠바에서 각각 엘리트와 민중 부문을 가리키는 용어로 사용되었다. 나는 자산계급이라는 말을 엘리트들(지주, 자산가, 상인, 사업가, 은행가, 철도 재벌, 전문가, 일부 지식인)을 폭넓게 지칭하는 용어로 사용한다. 민중계급에는 소규모 자작농, 농민, 흑인, 물라토, 도시 노동자, 학생, 일부 지식인이 포함된다. 물론 이것들은 유동적인 범주이며 그 구성원은 때에 따라 변한다. 하지만 어디까지나 경제적 관계와 기본적인 이데올로기적 관점은 본질적으로 같다.

연구 방법과 자료

아바나 이웃공동체의 일상생활과 문화라는 풍부하고, 복잡하고, 다층적인 이야기를 풀어내기 위해서는 한 가지 방법론을 넘어서는 혁신적인 연구 설계를 해야 했다.[3] 그래서 이 책은 민속학적 현지 조사, 역사 서술, 공간 분석(지리정보시스템), 인터뷰, 설문조사, 그리고 2차 문헌의 종합 등을 한 데 묶어 분석하는 다중적인 연구 방법을 사용했다.

이 연구는 1999년 여름부터 2006년 12월까지 7년에 걸쳐 두 시기로 나뉘어 진행되었다. 첫 단계는 1999년부터 2004년 여름까지로, 복잡한 길거리 생활과 다양한 이웃공동체 생활, 문화, 그리고 제도적 발전에 대한 통찰을 얻기 위해, 디지털 사진 분석을 활용한 민속학적 현지 조사 방법으로 참여 관찰을 수행했다. 한편, 혁명수호위원회와 쿠바여성동맹의 여러 대표자들, 몇몇 가정의·간호사 보건소와 전문 진료소에서 근무하는 의사들을 대상으로 비공식 인터뷰를 진행했다.

이러한 방문과 인터뷰는 대학의 해외연구 프로그램과 연계된 활동의 일환으로 수행되었다. 이 기간에는 도시 전체에 걸쳐, 이웃공동체들 사이의 관계를 포함하여 공동체의 공간적·사회적 특징들을 자료로 수집했다. 비공식 인터뷰는, 다양한 조직과 기구들의 운영 및 역할을 포함하여 쿠바의 일상생활과 문화의 다양한 측면들에 대해 개방형 질문을 던지는 것으로 진행되었다. 디지털 녹음기를 사용하여 모든 대화를 기록하고 거기서 받은 인상까지 기록했다.

다양한 이웃공동체들의 생활과 문화를 조사하기 위해 답사할 때는 체계적으로 디지털 사진 분석을 하는 한편, 교통, 의복, 주택, 조형물, 여행활동 등 특정한 주제에 초점을 맞춘 사진들을 주제별로 정리했다. 이러한 자료 수집 과정에서 카메라와 비디오를 활용했고, 나중에 모든 사진과 동영상 자료에 대한 내용 분석을 했다.

두 번째 단계는 2004년 가을부터 2006년 12월까지 이루어졌다. 이기간에는 공동체들 사이의 관계를 비롯하여 이웃공동체의 제도적 발전과 토지 이용의 유형을 연구하기 위해 지리정보시스템(GIS)을 사용했다. 이웃공동체 수준에서 작동하는 사회적·제도적 과정의 역동성을 밝혀내기 위해 특별히 산이시드로(San Isidro) 이웃공동체에 대한 세밀한 공간 분석을 했다. 미국 국회도서관과 국가문서기록보관소에서 수집한 문서자료를 통한 전통적인 역사 연구 방법도 사용되었다. 역사적 맥락에서 미국의 쿠바 정책을 이해하고 에스파냐에 대항한 쿠바 전쟁에 미국이 개입한 근거를 찾기 위해서였다. 연구의 막바지인 2005년과 2006년에는 아바나의 이웃공동체 30곳에 있는 398가구를 방문해 설문조사를 진행했다.

이웃공동체의 생활과 문화, 교육, 가정의·간호사 프로그램, 재난 대비 등에 대해 아바나인들이 어떤 생각을 갖고 있는지 파악하기 위해 '눈덩이 표집법'(눈덩이 표집이란 눈뭉치가 굴리면 커지듯이 소수의 응답자를 찾은 다음, 이들에게 비슷한 응답자를 소개받아 표본을 늘려 가는 방식으로 희귀하거나 접근하기 힘든 현상에 관해 조사할 때 사용하는 표집법을 말한다—옮긴이)으로 표본 집단을 추출하여 398개의 표본이 만들어졌다.[4] 조사는 쿠바 정부로부터 어떠한 공식적인 승인이나 보증 없이 수행되었다. 인터뷰에 응하는 사람이나 인터뷰를 진행하는 사람에게 영향을 주어 프로젝트를 저해할 수 있는 어떠한 형태의 검열도 피하기 위해서 의도적으로 그렇게 했다.

몇 해 동안 대학 해외연구 프로그램 수행 과정에서 맺은 친분을 이용하여 아바나인 스무 명으로 조사팀을 조직했다. 그런 다음 저마다 자신의 다양한 이웃, 친지, 친구들을 대상으로 인터뷰를 수행하게 했다. 모든 조사원들은 아바나에서 가장 낙후된 이웃공동체에 살고 있었다. 변호사와 교사가 한 명씩 포함되어 있었지만 대부분은 고등학교를 졸업했거나 약간의 기술 훈련만 받은 사람들이었다. 고도로 숙련된 노동력이 있었을 뿐더러 이웃공동체의 직업 분포가 다양했기 때문에 이 독특한 조사팀을 꾸릴 수 있었다.

인터뷰 요원들 가운데 우선 네 사람을 팀장으로 선발했다. 그들은 다른 조사원들을 충원하고 훈련시키고 감독하는 책임을 맡았다. 팀장들은 자신들이 알고 있고 신뢰하는 사람들을 충원했다. 새로 들어온 사람들은 훈련을 받았으며, 적절한 인터뷰 기법을 익힐 수 있도록 몇 차례 대리 인터뷰를 진행했다. 이 과정에서 인터뷰 진행자들이 팀장들의 지시에 따라 움직이도록 했다.

이런 방법으로 아바나 이웃공동체 30곳에서 398가지 사례를 인터뷰했다. 인터뷰는 가구주를 대상으로 이루어졌고 표본은 도시의 가장 취약한 이웃공동체에 다소 기울어지게 추출했다. 도시의 '가장 밑바닥'에 살고 있는 사람들의 경험을 연구하는 것이 도시의 영혼에 대한 통찰을 얻는 길이라는 생각에 따라 아바나에서 가장 문제가 많은 이웃공동체에 살고 있는 사람들의 관점을 파악하기 위해서 그렇게 했다. 마지막으로, 인터뷰 진행자와 인터뷰 대상자 모두의 익명성과 비밀을 보장하여 개인 정보가 유출되지 않을 것이라는 확신을 가지게 했다.

기술적인 수준에서 설문지의 에스파냐어 번역은 쿠바인들이 자신들의 배경에서 충분히 이해할 수 있도록 이중으로 검토했다. 조사 항목의 초벌 번역을 마친 다음에는 '쿠바식 에스파냐어'에 익숙한 버팔로대학의 라틴아메리카계 대학원생인 케빈 로페스가 에스파냐어 번역을 다시 검토하고 설문지의 말투를 다듬었다. 아바나에서는 쿠바인 팀장이 설문지를 검토하고 다시 한 번 다듬었다. 조사 과정에서 기준을 정할 때 팀장들과 함께 설문지를 재검토했다. 질문과 응답을 지속적으로 평가하여 응답의 타당성과 신뢰도에 영향을 주거나 인터뷰 대상자가 오해할 만한 요소가 있는지 점검했다. 또한 응답자들이 설문 항목 말고도 어떤 제안이나 질문을 하면 팀장들은 그것들을 보태어 조사 과정에 관한 일화를 기록하고 토론했다.

모든 조사원들은 이 프로젝트에 참여하는 정도에 따라 보수를 받았다. 인터뷰 건당 지불보다는 시간당 지불 방식을 택했다. 보수를 받기 위해 인터뷰를 서둘러 진행하여 마치려는 생각이 들지 않도록 하기 위해서였다. 프로젝트에 헌신하겠다고 밝힌 사람들 중에서만 조사원을 선정하였고, 거래는 신뢰와 호혜성이라는 쿠바의 원칙에 따라 이루어졌다. 이런 식의 접근법은 조사팀이 인터뷰 398건을 모두 마칠 수 있을 만큼 성공적이었다. 조사원들의 정치적 성향은 다양했다. 어떤 이들은 정부에 대한 지지도가 높았고 그렇지 않은 사람들도 있었으며, 정치에 전혀 관심이 없는 경우도 있었다. 그럼에도 불구하고 그들은 모두 프로젝트의 중요성을 이해하고 있었으며, 평범한 사람들의 목소리를 들을 수 있는 작업에 힘을 보태고 싶어 했다.

조사 자료를 처리하고 분석하는 방법으로 '사회과학용 통계 패키지' (SPSS)를 이용했다. 샌디 셰퍼드는 조사 자료는 물론 방대한 데이터베이스를 구축하는 작업을 맡았고, SPSS 사용에 경험이 많은 린다 맥글린 박사와 내가 작업 지시를 내렸다. 자료 분석은 데이터베이스를 구축하는 작업을 감독한 동료가 수행했고, 복잡한 자료 분석 문제에 부딪힐 때면 유진 마긴 박사의 도움을 받았다.

왜 아바나인가?

아바나를 사례 연구의 대상으로 선택한 까닭은 이루 헤아릴 수 없다. 아바나는 쿠바의 수도이자 가장 크고 중요한 도시이다. 1959년 혁명 이후 정부가 농촌 발전에 중점을 두었기 때문에 아바나는 수십 년 동안 건물과 기반시설에 대한 투자 부족을 겪었다. 그러나 소련이 갑작스레 붕괴한 이후 아바나는 경제 발전을 추동하는 엔진으로서 국제 관광을 추구하는 중심 도시가 되었다. 따라서 아바나는 도시와 국가를 다시 상상하고 재창조하려는 시도의 모델이 되었다. 물론 그러한 전환 과정에서 문제와 모순도 나타났다. 아바나는 사회주의를 구해 내기 위해 자본주의를 이용한다는 사명을 수행하는 핵심적인 실험실이 되었다. 따라서 아바나는 카스트로 쿠바 시대의 가장 복잡했던 마지막 시기(1989~2006년), 가족, 공동체 및 거주지 발전이 도시 발전에 어떤 영향을 끼쳤는지 연구하기에 더없이 이상적인 곳이다.

먼저 1장에서는 서로 연관된 세 가지 주제를 중심으로 1959년 혁명의 전사(前史)를 살펴본다. 우선, 에스파냐에 맞선 쿠바인들의 독립투쟁 과정에서 전개된 자산계급과 민중계급 사이의 이데올로기적 이원성을 검토한다. 이어, 미군정이 쿠바 정부와 미국 재계 사이의 동맹에 바탕을 둔 통치 시스템에 자산계급을 포섭해 나가는 과정을 살펴본다. 끝으로, 1868년에 시작된 쿠바의 혁명은 미국이 개입하여 방해했기 때문에 결코 완수될 수 없었다는 점을 밝혀낸다.

2장은 혁명군이 자본주의적 도시를 민중계급의 이미지에 따라 개조해 간 과정을 서술한다. 여기서는 엘리트 중심의 도시에서 민중 중심 도시로 전환하려 한 혁명군의 열망을 살펴봄으로써, 도시 건설과 도시 발전 과정에서 수행한 이데올로기의 핵심적인 역할을 보여 준다.

3장에서는 이웃공동체와 지역공동체 발전의 문제로 초점을 이동한다. 여기서는 지역공동체 발전 구상에 대한 쿠바의 독특한 철학적 기초와 쿠바 사회에 고도로 안정되고 조직화된 이웃공동체의 탄생을 가져온 힘에 대해 살펴본다. 결론 부분에서는 초등교육, 가정의 · 간호사 프로그램, 그리고 재난 대비에 대한 주민들의 생각을 분석한다.

4장에서는 '특별시기' 동안에 아바나인들이 어떻게 생계를 꾸려 나갔는지를 밀착하여 살펴볼 것이다. 또한 국제 관광이 다시 시작되고 아바나인들 사이에 '소비주의'가 전개되는 맥락 속에서 그러한 생존 투쟁을 살펴본다.

5장은 아바나 비에하의 산이시드로 이웃공동체에 대한 사례 조사이다. 초등학교, 가정의 · 간호사 프로그램, 민중평의회, 그리고 여러 이웃공동체 안에 있는 기구들의 상호작용을 검토한다. 고난의 시기에 아바나 주민들이 도시에서 살아남도록 도운 것을 비롯하여, 수많은 사회경제적 문제에 부딪힌 주민들의 위험을 낮추는 데에 이웃공동체의 생활과 문화가 어떻게 작동했는지를 묘사한다.

에필로그에서는 연구의 의미를 평가하고 오늘날 쿠바가 맞닥뜨린 상황을 살펴보고 미래를 전망해 본다.

1장

끝나지 않은 혁명

19세기 후반 쿠바의 줄기찬 민족해방 투쟁은 쿠바인들이 불굴의 정신을 형성하는 데 크게 이바지했다. 1868년부터 1898년까지 쿠바인들은 에스파냐에 맞서 '10년 전쟁'(1868~1878년), '작은 전쟁'(1879~1880년), '독립전쟁'(1895~1898년)을 치렀다. 비록 적극적인 공세는 1880년 '작은 전쟁'이 끝나면서 멈췄지만, 호세 마르티(José Martí), 안토니오 마세오(Antonio Maceo)를 비롯한 반란군 지도자들은 지칠 줄 모르고 1895년에 시작되는 독립전쟁을 준비했다. 그리고 1898년 4월에는 미국이 개입함으로써 전쟁은 에스파냐-쿠바-미국 전쟁으로 바뀌었다. 이처럼 30년이 넘도록 쿠바는 끊임없는 갈등상태에 놓여 있었다. 에스파냐 사람들은 쿠바를 '제국의 황실 보석'으로 유지함으로써 자기 민족의 위대성을 확인하려고 한 반면에, 쿠바인들은 '독립이냐, 죽음이냐'하는 자세로 혁명을 바라보았다. 이러한 비타협성에 따라 일어난 반란은 아메리카 대륙에서 가장 유혈적이고 파괴적인 혁명으로 치달았다. 1898년 마침내 전쟁이 끝났지만 국토와 경제는 폐허가 되어 있었다.

자유 쿠바와 이데올로기적 이원성

투쟁의 초창기부터 혁명의 목표와 독립 이후 건설할 사회 형태를 둘러
싼 시각 차이로 자산계급과 민중계급 사이에 이데올로기적 이원성이 나
타났다. 자산계급과 민중계급의 관점은 고정되어 있었던 것이 아니라 시
간이 지나면서 끊임없이 발전하고 진화했다. 이데올로기 차이가 구체적
으로 나타나면서 쿠바의 독립투쟁은 두 가지 이데올로기가 경쟁하는 혁
명이 되었다. 주도권을 둘러싸고 서로 다투는 두 영혼, 혁명과 자유를 두
고 서로 충돌하는 두 관념, 흑인과 물라토를 바라보는 두 가지 서로 다른
견해, 그리고 독립 후 건설해야 할 사회의 형태에 대한 두 가지 타협할
수 없는 전망 등이 양대 이데올로기를 지탱하고 있었다.

이데올로기적 분열은 '10년 전쟁' 와중에 표면으로 떠올랐다. 1868
년 이전 백인 크리오요(criollo, 원래는 신대륙에서 태어난 순수 에스파냐인
을 가리키는 말이었으나, 북아메리카 · 라틴아메리카 · 서인도제도 등에서 태어
난 에스파냐인 · 프랑스인, 이들과 신대륙의 흑인 사이에서 태어난 사람들을 일
컫는 말로 의미가 확대되었다 — 옮긴이) 엘리트들이 에스파냐에 협력했던
까닭은 흑인 반란을 두려워했기 때문이었다. 아이티 혁명(1791~1804
년)은 노예 반란이 쉽사리 민족해방투쟁으로 진화할 수 있다는 것을 보
여 주었다. 쿠바의 지주들은 에스파냐에 대항한 독립전쟁이 인종 전쟁
으로 비화되어 결국 흑인 공화국 건설로 끝나지 않을까 두려워했다. 같
은 시기에 아이티에서 격변이 일어나 설탕 산업이 황폐해짐에 따라 쿠
바는 세계 설탕 시장을 지배할 수 있게 되었다. 지주들은 설탕 산업을 비
약적으로 확장하여 19세기 중반에 쿠바는 세계 최대의 설탕 생산국이
되었다.

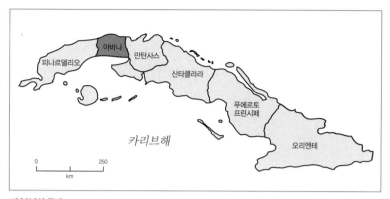

설탕 산업이 확장되자 수많은 노예가 수입되면서 쿠바 섬의 인구 구성이 변했다. 1850년에 이르면 노예 또는 자유민 유색인종이 쿠바 인구의 다수를 차지하게 된다. 엘리트들은, 만약 아프리카계 쿠바인들을 잘 감시하지 않으면 백인들을 죽이고 백인 여성을 강간하고, 쿠바와 카리브 해 연안 전체에 걸쳐 파괴를 일삼는 식으로 복수할 것이라고 생각했다. 이러한 두려움 때문에 보수주의가 강화되었고 자산계급은 실제로 에스파냐에 대한 모든 불만을 기존의 식민지 체제 안에서 해결하려고 했다.

1860년대에는 에스파냐와 쿠바 사이에 긴장이 점점 커지면서, 쿠바가 또 다른 아이티가 되는 것을 더 이상 마다하지 않는 급진적 인자들이 나타났다. 이 지주 반란자들은 혁명에 성공하기 위해서는 부자와 식자뿐 아니라, '무식자와 농민, 담배 노동자, 자유민'까지 끌어들일 필요가 있다는 결론을 내렸다. 또한 에스파냐를 물리치기 위해 이 광범위한 운동에는 '머릿수'를 채워 줄 노예들도 포함되어야 했다.[1]

이러한 생각을 한 급진적 엘리트들 가운데 카를로스 마누엘 데 세스페데스(Carlos Manual de Cespedes)가 있었다. 그는 경제위기의 영향이 혹독했고 번영하는 서부지역과 심한 대조를 이룬 동부 오리엔테(Oriente) 지방의 지주였다. 이 지역의 지주들은 플랜테이션 경영에 필요한 자본도 훨씬 적었고 토지소유 규모도 더 작았으며 주로 가축의 힘에 의존해 농사를 짓고 있었다. 이러한 취약성 때문에 동부 플랜테이션 체제는 가혹한 징세와 경기 후퇴에 훨씬 큰 영향을 받았다.

이런 상황에서 1868년 10월 10일, 분노한 세스페데스는 야라(Yara) 마을의 작은 사탕수수 농장에 노예들을 소집하여 그들을 해방했다. 세스페데스는 해방된 노예들을 이제 '시민'으로 부르면서 뜻을 같이하는 지주들과 함께 쿠바를 에스파냐로부터 해방하는 반란에 동참하자고 호소했다. 이것이 바로 '야라의 외침'(El Grito de Yara)이었다. 이 사건은 '10년 전쟁'의 서막이었을 뿐 아니라 다인종 군대가 에스파냐에 맞서 혁명을 수행하는 데 밑바탕이 된 낭랑한 외침이었다.

세스페데스가 백인 농민, 자작농, 도시 노동자와 함께 노예와 자유 흑인을 반란에 끌어들인 순간 마침내 '판도라의 상자'가 열렸다. 이때부터 혁명과 쿠바의 장래를 둘러싸고 서로 충돌하는 신념들이 출현하여 진정한 이데올로기적 이원성으로 굳어진 것이다. 이러한 차이들이 심각했음에도 자유 쿠바(Cuba Libre)의 결속이 해체되지는 않았다.〔이 책에서는 쿠바 근현대사를 세 시기로 구분하고 있다. 1868년 10년 전쟁 시기부터 민족해방운동 시기를 '자유 쿠바'(1868~1898년), 1898년 독립전쟁 종전 이후를 '공화국 시기'(1898~1958년), 그리고 1959년 혁명 이후를 '혁명 시기'(1959~현재)라고 부른다—옮긴이〕 왜냐하면 쿠바인들에게는 혁명을 어떻게 완수할 것인가를 둘러싼 차이보다 에스파냐로부터 쿠바가 해방되는 궁극적인 목표가 더 중요했기 때문이다.

자산계급은 에스파냐를 축출하고 독립된 사회를 수립하기 위해 혁명을 바랐지만 어디까지나 그것은 미국과의 친밀한 관계, 결국엔 심지어 합병까지도 포함하는 밀접한 관계를 토대로 하는 것이었다. 대부분의 지주들은 독립을 성취한 뒤 어떤 식으로든 쿠바가 미국과 친밀한 관계로 연결되어야 한다고 생각했다. 플랜테이션 사회는 라티푼디아(latifundia, 사탕수수 대농장)와 종속된 계급으로 구성된 위계적 사회체제였으며, 엘리트들은 자신들이 권력을 가지고 민중계급을 통제할 수 있는 공화국을 건설함으로써 그러한 생활 방식을 유지하기를 원했다. 이러한 목표를 달성하기 위해서는 미국이 쿠바의 설탕과 담배를 공급할 시장을 제공해 주고 자신들의 권력에 버팀목이 되어 주어야 했다.

자산계급에게 노예를 해방하여 반란에 참여시키는 것과 인종 평등을 실천하는 것은 별개의 문제였다. 이 엘리트들에게 아프리카계 쿠바인들은 그저 혁명을 위한 총알받이였으며, 자유 쿠바를 흑인 공화국 수립 전쟁으로 전환시킬지도 모르는 믿을 수 없는 동맹자였을 뿐이다. 동시에 엘리트들은 아프리카계 쿠바인들이 그들만의 인종적 · 정치적 과제를 지니고 있다고 생각했기 때문에 흑인과 물라토를 신뢰하지 않았다. 그래서 에스파냐와 투쟁하는 동안 엘리트들은 아프리카계 쿠바인들을 통제하고 반란에서 차지하는 그들의 영향력과 힘을 제한하려고 했다. 예컨대 그들은 결정적인 국면에서 흑인과 물라토에게 필요한 총기와 탄약 지급을 거부했다. '10년 전쟁' 동안 엘리트들은 지주계급 유력 인사들과 관계가 멀어질까 염려하여 '해방군'과 흑인 게릴라부대(mambises)가 사탕수수 플랜테이션의 거점인 중앙부와 서부 지방으로 진출하지 못하도록 했다.

이와 동시에 미국 정부 관리들에게는 흑인과 물라토를 유순하고 순종적이며 백인들에게 충성하는 사람들로서, 독립 쿠바에서도 종속적인 운명일 것이라고 묘사했다. 예컨대 쿠바 임시정부 대통령 바르톨로메 마소(Bartolomé Masó)는 1897년에 이렇게 말했다.

우리의 흑인들은 …… 대부분 교육받지 못한 노동자들이고 어떤 직책을 맡기에는 썩 어울리지 않는다. 그들은 미국에서와 마찬가지로 시민권을 얻게 될 것이고 충분히 고용만 보장되면 어떤 문제도 일으키지 않을 것이다. 쿠바 인구는 물라토와 흑인이 3분의 1을 구성하고 있다. 그런데 일부에서는 쿠바의 미래가 아이티나 라이베리아처럼 또 다른 흑인 공화국이 될까 근심어린 눈으로 본다. 이러한 생각은 분명 터무니없다. 쿠바는 인구밀도가 매우 낮으며, 우리가 취할 첫 번째 조치들 중 하나는 광대한 자원을 개발하는 데 도움이 될 만한 이민자들을 제한적으로 받아들이는 일이 될 것이다. 우리의 흑인들은 사탕수수 농장에서 과거처럼 일할 것이기 때문에 어떤 문제도 일으키지 않을 것임을 확신한다. 우리 임시정부에 유색인 공무원은 한 명도 없으며 흑인 장교들도 극소수에 불과하다. 비록 지난 전쟁에서 해방한 노예들이 이번에 충성을 다하여 싸웠지만 말이다.[2]

민중계급의 신념

민중계급, 그 가운데에서도 아프리카계 쿠바인들은 혁명과 독립한 쿠바에서 나타날 자신들의 운명에 대해 다른 생각을 가지고 있었다. 민중계급이 남긴 기록은 거의 없다. 하지만 실제 행동, 공동체 이야기, 제도상의 활동과 공동체 건설 활동 등을 근거로 그들의 혁명에 대한 생각과 독립 이후 건설하고자 했던 사회의 형태에 관해 통찰을 얻을 수 있다.

민중계급은 허위의식을 가지고 있지 않았다. 그들은 평등·공정한 대우와 불평등·착취 사이에 선을 그을 줄 알았다. 반란에 참여한 아프리카계 쿠바인들은 더 온정적인 노예체제의 발전을 위해 싸운 것도 아니고, 에스파냐 엘리트들의 지배에서 토지를 소유한 크리오요 엘리트들의 지배로 전환하기 위해 싸운 것도 아니다. 그들이 다양한 인종으로 구성된 쿠바해방군(el Ejercito Liberacion)에 참여한 것은 인종 평등과 사회정의의 꿈을 이루기 위해서였다. 이런 의미에서 해방군은 많은 결점에도 불구하고 그들이 건설하려 했던 사회의 원형이었다. 해방군 내에서 상당수의 유색 쿠바인들은 높은 지위를 차지하고 신망이 두터웠으며 권력을 지니고 있었다. 그들은 해방군 상급 장교의 40퍼센트를 차지했던 것으로 추정된다.

안토니오 마세오와 그의 동생 호세 마세오(José Maceo), 플로르 크롬베트(Flor Crombet), 길레르몬 몬카다(Guillermón Moncada), 아구스틴 세브레코(Agustín Cebreco), 킨틴 반데라스(Quintín Banderas), 헤수스 라비(Jesús Rabi)와 같은 영향력 있는 흑인·물라토 군사 지도자들의 출현은, 재능과 실력에 기초한 군대 안에서 아프리카계 쿠바인들이 높은 지위로 올라갈 수 있다는 것을 보여 주었다. 막시모 고메스(Maximo Gómez)의 참모장인 베르나베 보사(Bernabé Boza)는 "여기서는 그 누구도 피부색에 관심을 두지 않는다. 다만 재능과 자존심을 고려할 뿐이다"[3] 라고 말했다. 아프리카계 쿠바인 장군 아구스틴 세브레코는 그 말에 대해 "여기서 우리는 민주주의 원칙을 현실로 만들고 있다. 왜냐하면 전쟁이라는 모험적 상황이 어떤 역경에도 불구하고 더 나아지려고 하는 사람들을 키울 것이기 때문이다"라고 화답했다.

마찬가지로 백인 농민과 소규모 농지 소유자 역시 평등과 사회경제적 정의에 기초한 공화국을 갈망했다. 전 세계적인 산업혁명과 함께 사탕무 산업이 성장함으로써 쿠바의 설탕 산업이 재편성되고 근대화하기 시작한 1879년 이후 그들의 세계는 급격히 바뀌었다. 이 과정에서 농민과 자작농은 커다란 시련을 겪었다. 경쟁이 치열한 19세기의 세계 설탕 시장에서 살아남기 위해 쿠바의 설탕 생산자들은 서로 연관된 두 가지 목표에 도달해야 했다. 우선 설탕의 가격을 크게 낮추면서도 산출은 늘려야 했다. 생산자들은 대규모의 집중적 농장(centrales)을 건설하여 농민과 자영농이 보유하고 있던 농지와 공유지를 빼앗아 사탕수수 재배 지역을 확장함으로써 이 목표를 달성했다. 이러한 토지의 집중 과정을 통해 지주들은 '값싼 노동력 창출'이라는 두 번째 목표를 달성할 수 있었다.

사탕수수 수확 노동자들은 보통 한 해에 서너 달 정도만 일했다. 나머지 일고여덟 달은 그들 스스로 생계를 꾸려 가야 했다. 게다가 1890년대 전형적인 집중적 농장은 노동자들이 일용품을 구입하는 상점에서부터 호텔, 주택, 막사, 이발소, 정육점, 약국, 때로는 도박장과 창녀촌에 이르기까지 생활의 모든 측면을 장악하고 있었다. 자급적 농업의 기반이 무너짐에 따라 농민과 자작농은 라티푼디아에서 일할 수밖에 없는 임금노동자로 전락했다.

이렇듯 농촌에서 급격한 변화가 일어남에 따라 아프리카계 쿠바인들과 백인들을 비롯한 농촌 민중계급의 목표와 열망이 융합될 수 있는 사회적 환경이 조성되었다. 수많은 자작농과 농민들이 농업 노동자로 바뀌어 갔고 '사회적' 강도가 되거나 도시에서 살아남기 위해 거지와 부랑자로 전락하는 경우도 많았다. 엘리트들이 의식하지 못하는 사이에 민중계급은 인종적이고 계급적인 유대를 강화하는 공통의 경험을 쌓게 된 것이다. 루이스 페레스에 따르면, 쿠바에서 전개된 상황은 에릭 홉스봄이 '사회적 강도행위'(social banditry, 사회적 저항으로 나타나는 불법행위)라고 묘사한 일종의 무법 상태나 마찬가지였다. 지주들이 사탕수수 대농장을 확대하는 과정에서 자신들의 땅에서 쫓겨난 사람들이 대부분이었기 때문에 사회적 강도는 농민들과 자작농들의 지지를 받았다. 레베카 스콧이 시엔푸에고스(Cienfuegos)의 사탕수수 재배 지역에 대한 연구에서 지적한 바와 같이, 이러한 사회적 상황에서는 일터와 공공장소, 그리고 확대된 밀집 거주지에서 형제애의 유대를 강화하는 여러 형태의 인종 간 교류가 나타났다.

농촌의 상황과 마찬가지로 도시 노동자들의 행동을 살펴봐도 평등과 정의에 대한 관점이 자산계급의 사회적 이상과 대립하는 이데올로기를 발전시켰다는 점을 알 수 있다. 노동운동이 급진화되고, 상호부조 모임, 학교, 문화·오락 센터, 노동자 결사체와 노동조합이 설립되고, 노동자계급 안에서 소비나 생산자 협동조합에 참여하는 인구가 늘어난 것은 그러한 대항 이데올로기를 반영하는 것이었다. 예컨대 1879년 1월 담배 노동자 2백여 명은 쿠바에서 처음으로 '라 레굴라도레아'(La Reguladorea)라는 협동조합을 창설하여 아바나의 도심에 대중 숙박 시설과 식당을 운영했다. 또 아바나 서부지역의 수공업자들은 식료품 협동조합이나 시가와 담배 생산자조합을 설립했고, 나아가 조합원들을 위해 집을 지어 주는 협동조합을 설립하기도 했다.

이러한 갖가지 활동은 민중계급이 정의와 사회경제적 호혜성의 원리 그리고 부의 공평한 분배에 바탕을 둔 사회라는 도덕적인 전망을 가지고 있었다는 점을 잘 보여 준다. 인류학자 제임스 스콧에 따르면 이와 같은 원리는 동남아시아 농민들 사이에서도 사회경제적 정의의 기초를 이루고 있었다. 스콧은 호혜성을 노동력과 서비스의 공정한 교환에 바탕을 둔 재화와 서비스의 공평한 분배라고 정의했다. 여기서 부의 공평한 분배란 지역공동체 구성원들이 지역 경제 수준에 걸맞은 표준 생활을 누릴 권리를 말한다. 한편, 착취와 부정의는 사회가 부를 공평하게 분배하지 않고 일부 개인이나 집단이 다른 사람들이 노력해서 얻은 대가를 부당하게 차지할 때 나타난다.[4]

역사가 알린 헬그에 따르면 제임스 스콧이 큰 틀을 만든 사회경제적 원리는 도시와 농촌의 아프리카계 쿠바인을 비롯하여 백인 농민, 자작농, 농업 노동자, 심지어 백인 도시 노동자에게도 적용될 수 있다. 공유지, 자급적 농업, 협동조합, 상호부조 모임 등에 기초한 생활방식은 호혜성과 부의 공평한 분배에 바탕을 둔 도덕적 전망을 반영하는 사례였다. 사회에 대한 도덕적 전망은 다음과 같은 표현으로 나타났다. "우리는 우리가 정당하게 받을 만한 가치가 있는 것을 요구한다." "쿠바의 독립과 자유를 위해 희생한 대가로 우리에겐 정의를 요구할 권리가 있다."

마지막으로 민중계급에 속한 백인들은 자산계급과 달리 아프리카계 쿠바인에 대해 인종적 거부감을 갖고 있지 않았다. 한 예로 아프리카계 쿠바인들은 1830년대에 백인 아바쿠아(Abakuás, 나이지리아 동남부 지역에 기원을 두고 있는 아프리카계 쿠바인들의 형제애적 비밀결사 조직. 19세기 초 아바나 지역에서 활발했다ー옮긴이)의 설립을 지원했다. 이 비밀 조직의 구성원이 되기 위해 백인들은 아바쿠아가 중요하게 생각하면서 지키고 있는 아프리카 문화를 받아들이고 실천해야 했다. 농촌에서는 아프리카계 쿠바 농민, 자작농, 농업 노동자들의 투쟁으로 민중계급 안에서 인종적·계급적 통일성이 강화되었으며, 도시에서는 아프리카계 쿠바인들이 노동조합 활동을 통해 백인 노동자들과 일상적으로 교류함으로써 19세기 후반에는 노동운동에서 인종적·계급적 통일이 이루어졌다.

1880년에 쿠바를 여행한 미국인 제임스 스틸리는 아바나 노동자계급 이웃공동체의 인종적 관계에 나타나는 특징을 이렇게 말했다. "흑인에 대한 사회적 차별이 없다고는 말할 수 없다. 따로 떨어져 살면서 삶을 즐기기는 하지만, 단지 흑인이라는 이유로 따돌림 당하고 미움을 받거나 공공 여가 시설이나 직장에서 쫓겨나지는 않는다. 어떤 사람이 흑인과 어울린다고 해서 따돌림 당하거나 버림받는 일도 없다."[5] 역사가 필립 하워드의 주장에 따르면, 스틸리의 관찰은 백인과 흑인 노동자계급이 경제적으로 향상됨에 따라 우세하던 백인 계층과 평등한 정치적·사회적 관계를 갈망했다는 점을 반영하는 것이다. 물론 민중계급 속에 인종주의가 전혀 없었다는 말은 아니다. 그보다는 민중계급의 인종 관념이 자산계급과 전혀 달랐으며, 민중계급은 인종과 사회경제적 정의에 기초한 사회 건설을 지지했다는 것을 뜻한다.

　　호세 마르티와 세스페데스 둘 다 에스파냐를 물리치기 위해서는 다인종 연합에 기초한 반란이 필요하다고 생각했다. 차이가 있다면 마르티는 인종 간 우애를 옹호하는 강력한 이데올로기를 만들어 냈다는 점이다. 마르티는 '10년 전쟁'이라는 투쟁 과정을 통해 인종차별이 사라져 이제 쿠바에는 오직 쿠바인들만 남게 되었다고 생각했다. 마르티는 《우리들의 아메리카》(Nuestra America)에서 "인종 간 증오라는 것은 없다. 왜냐하면 인종이라는 것 자체가 없기 때문이다"라고 하면서 인종 개념의 타당성에 의문을 제기했다. 그는 인종 개념이 제국의 팽창을 정당화하고 반식민지운동을 분열시키기 위해 엘리트들이 발명해 낸 구실이라고 보았다. 마르티는 인종에 관한 미신을 '인류에 대한 죄악'이라고 주장하고 인종 평등을 자유 쿠바의 밑바탕으로 삼았다. 마르티의 인종 통합에 대한 신념이 민중계급에게 환영을 받았지만 엘리트들에게는 반향을 일으키지 못했다. 엘리트들은 실용적인 이유에서 '만인과 함께하는 만인을 위한 충심 어린 공화국'(una republic cordial, con todos y para todas)이라는 교의를 받아들였지만, 결코 인종과 사회경제적 정의에 기초한 독립 쿠바라는 이상은 받아들이지 않았다.

자유 쿠바의 긴장과 갈등

이데올로기적 이원성이 자유 쿠바를 파괴하지는 않았지만 해로운 영향을 끼친 것은 분명하다. 서로 다른 두 이데올로기는 혁명의 주도권을 둘러싸고 끊임없이 경쟁했다. '10년 전쟁'과 1895년 '독립전쟁' 사이에는 소유관계와 생산양식에 심대한 변화가 일어나고, '산혼협정'(Pact of Zanjón, 10년 전쟁이 종결된 1878년 에스파냐와 반란군 사이에 맺은 협정. 이협정으로 전쟁에 참여한 노예가 해방되었다. 노예제가 완전히 폐지된 것은 1886년의 일이다-옮긴이)이 체결된 뒤 식민지 개혁이 물거품이 되고 시장 실패에 더하여 사회집단들의 동요, 상업적 결탁 및 정치적 충성 경쟁이 요동치면서 쿠바 전역에 고난과 혼란이 일어났다. 불만이 확산됨에 따라 해방운동의 사회적 구성이 변하였고, 결국에는 민중계급의 이데올로기가 자유 쿠바에서 주도권을 장악할 수 있는 조건이 마련되었다.

1880년대에는 시장 축소, 가격 하락, 세금 인상, 사탕수수 재배자의 영업 비용 증가 등이 서로 맞물려 수많은 설탕 산업과 그 부대사업들이 파산했다. 1880년대 중반 쿠바는 불황을 겪었다. 1884년 첫 석 달 동안 사업 실패로 인한 금융 손실이 무려 7백만 달러에 달했다. 전통적으로 담배 산업은 특히 아바나와 피나르델리오 두 서부 지방에서 수많은 농업 노동자와 도시 노동자를 고용해 왔다. 1890년대 초에 이르면 담배 수출이 감소해 담배 노동자 3만5천여 명이 일자리를 잃었으며, 나머지도 파트타임 노동자로 전락했다. 농촌은 상황이 더 절망적이었다. 1886년 노예제가 폐지됨으로써 상황은 더 복잡해졌다. '토지 집중'(latifundismo) 시기 동안에 수많은 농민과 자작농들이 농업 임금노동자, 떠돌이, 거지, 그리고 사회적 강도로 전락하면서 이미 형성된 노동력에 더하여, 또다시 새로운 노동력이 부가되었기 때문이다.

이처럼 악화되는 사회경제적 환경 속에서 흑인과 백인 할 것 없이 수많은 쿠바인들이 경제 문제를 해결하기 위해 이민을 떠났다. 인종과 계급을 초월해 유럽, 라틴아메리카, 그리고 미국으로 떠났다. 미국으로 이민을 떠난 노동자들 가운데 다수는 키웨스트, 탐파, 오칼라, 잭슨빌 같은 도시에 정착해 새로이 확장된 담배 공장에서 일자리를 찾았다. 1890년대 쿠바 사회의 변화를 겪은 민중계급은 사회경제적 문제가 에스파냐의 악랄한 식민 정책뿐 아니라 쿠바 크리오요 엘리트들의 경제 활동에서 비롯된 것이라고 생각하게 되었다.

이런 생각에 따라 에스파냐로부터의 정치적 분리라는 목표가 민중주의와 지배적 사회질서의 급진적 재구성에 기초한 독립운동으로 바뀌었다. 자유 쿠바에 대한 이러한 전망은 모호하고 막연했다. 민중계급은 계획, 제도, 정부 구조 같은 용어보다는 희망, 꿈, 열망과 같은 말로 자신들의 생각을 표현했다. 그럼에도 쿠바 '독립전쟁'이 시작될 무렵이 되면 민중계급의 사회적·경제적·정치적·인종적 불만은 사회경제적 변혁을 향한 강력한 운동을 낳게 된다.

이러한 변동과 혼란의 과정에서 호세 마르티는 쿠바 독립의 가장 영향력이 큰 인물로 떠올랐다. 마르티는 에스파냐를 물리치기 위해 자유 쿠바는 조직적 구조와 제도적 틀을 갖추고 운동에 이데올로기적 내용을 담는 혁명 정당을 건설할 필요가 있다고 생각했다. 이 목표를 위해 마르티는 1892년 쿠바혁명당(PRC)을 창건하고 사회경제적 정의와 인종 평등 그리고 호혜성과 부의 공평한 분배에 바탕을 둔 강령을 만들었다. 민중계급의 지지를 얻기 위해 마르티는 사회의 부정의와 인종주의를 비난하면서 노동문제를 강조했다. 이와 동시에 노동 개혁을 통해 계급투쟁을 우회할 수 있다고 주장함으로써 자산계급과의 관계도 공고히 했다.

마르티는 미국이 에스파냐보다 쿠바 독립에 훨씬 큰 위협이라고 보았는데 이런 인식은 매우 중요하다. 마르티의 경고는 강력하고 단호했다. 1895년 5월 19일, 세상을 떠나기 직전에 미완의 편지에서 마르티는 이렇게 썼다.

쿠바가 독립함으로써 미국이 서인도제도로 확장하지 못하도록 하고 우리 아메리카의 다른 지역에 부담을 지우지 않도록 하는 것이 내 의무다. 지금까지 해 왔고 앞으로도 내가 해야 할 모든 일이 바로 이 목표와 관련되어 있다. …… 나는 바로 그 소굴에서 살아 보았기 때문에 그 괴물을 잘 안다. 내가 가진 무기는 오직 다윗의 돌팔매뿐이다.

독립전쟁(1895~1898년)

1895년 2월 '독립전쟁'이 시작됐을 때 민중계급은 자유 쿠바의 주도권을 잡았고 호세 마르티와 안토니오 마세오는 민중계급의 이데올로기를 지키는 파수꾼이었다. 마르티는 민중계급의 이데올로기가 자유 쿠바

호세 마르티와 안토니오 마세오

에서 지배력을 행사하게 했으며, 마세오는 자산계급이 끊임없이 위협하는 전쟁터에서 이데올로기를 수호하는 역할을 했다. 1895년과 1896년에 마르티와 마세오가 죽자 엘리트들이 자유 쿠바의 통제권을 쥐게 된다. 엘리트들은 혁명에 대한 자신들의 권력을 강화하기 위해 해방군 지도자들 가운데 민중계급, 특히 아프리카계 쿠바인들을 제거하는 정화운동에 착수했다. 비록 전투부대에서 진급하기 위해서는 용맹성과 군사적 성과가 여전히 중요했지만, 새로이 교육 요건을 강화함으로써 흑인, 물라토 등 민중계급을 장교 집단 내에서 신속하게 축출했다.

비슷한 일이 임시정부에서도 일어났다. 1897년 10월 새롭게 구성된 의회에는 아프리카계 쿠바인이 단 한 명도 없었다. 대신에 대부분 미국에서 대학을 졸업한 '고상한 사람들'로 의회가 구성되었다. 임시정부의 각료들도 모두 백인들이 차지했다. 바르톨로메 마소는 시스네로스(Cisneros)를 밀어내고 대통령 자리에 올랐다. 막시모 고메스가 사령관이

전쟁터의 막시모 고메스

된 반면 안토니오 마세오가 맡았던 부사령관 자리는 칼릭스토 가르시아(Calixto García)에게 넘어갔다. 토마스 에스타다 팔마(Tomás Estada Palma)는 주미 쿠바 대사 자리에 유임되었다.

독립전쟁은 마세오가 죽자 한때 기세가 약간 꺾였지만 1897년 말 즈음 다시 회복됐다. 열대지방의 더위와 함께 전쟁의 고통, 질병, 영양실조를 겪은 에스파냐 군대의 전투 의지는 고갈되었다. 패배를 앞두고 새로 취임한 온건한 프락세데스 마테오 사가스타(Práxedes Mateo Sagasta) 장관은 식민지를 구하고 전쟁을 끝내기 위한 막바지 노력을 기울였다. 그는 쿠바인들을 달래기 위해 자치정부 허용을 비롯한 일련의 식민지 개혁 조치를 추진했지만 이 계획은 실패로 돌아갔다. 에스파냐는 쿠바인들의 독립 열망을 이해하지 못했으며, 유화책은 쿠바인들을 진정시키기는 커녕 오히려 대담하게 만들었다.

자유 쿠바 지도자들은 유화책이 취약성의 신호라는 것을 바로 알아차렸다. 그들은 에스파냐가 제안한 자치정부를 거절하고 그들의 신조인 '독립이냐, 죽음이냐!'(independecia o muerto)를 재확인했다. 1897년

12월 에스타다 팔마는 미국 국무부에 식민지 개혁은 적대관계의 중단을 위해 받아들일 수 있는 조건이 될 수 없다고 통보했다.

무장한 쿠바인들의 대표자로서, 그들의 지시에 따라 오직 절대적 독립만이 평화의 기초로 받아들여질 것이라는 사실을 천명하는 것이 나의 의무다. …… 우리가 에스파냐의 지배로부터 자유를 얻기 전에는 결코 무기를 내려놓지 않을 것이다.

기세가 오른 쿠바인들은 에스파냐의 패배가 임박했다고 느꼈다. 1898년 1월 막시모 고메스는 전장에서 자신감 있게 보고해 왔다.

적은 분쇄되어 여기서 완전히 퇴각하고 있다. 그리고 그들은 작전에 유리한 때조차 아무것도 하지 못하고 시간만 보내고 있다.

미국의 개입과 점령

미국의 관리들은 커져 가는 두려움과 놀라움에 휩싸여 쿠바에서 전개되는 사태를 지켜보았다. 1897년 말 국무장관 존 셔먼은 "에스파냐는 쿠바에게 패배할 것이다. 내가 볼 때 그것은 확실하다"라고 말했다. 혁명군의 성공은 매킨리 정부에 위기를 불러일으켰다. 수십 년 동안 미국의 쿠바 정책 기조는 쿠바 독립을 막는 것이었다. 1801년 토머스 제퍼슨 정부의 첫 임기 때부터 미국은 어떻게 하면 쿠바를 점령할 수 있을지 골몰해 왔다.[6] 쿠바 섬은 멕시코 만과 카리브 해의 들머리에 있기 때문에 미국의 수중에 들어오면 훌륭한 방어 요새가 될 수 있을 것으로 여겨졌다.

상업 면에서도 쿠바 섬은 미국 남부 플랜테이션과 농업지대가 확장되는 지점에 있었고, 또한 수지맞는 투자와 교역에 유리하고 잠재성이 큰 위치였다. 이러한 지정학적 · 경제적 이해관계 때문에 미국은 쿠바로 이끌렸다. 미국은 쿠바 섬을 미연방에 합병하고 싶어 했고, 합병이 될 때까지는 에스파냐를 제외한 어떤 외세의 지배 아래에도 들어가지 않도록 하는 것을 목표로 삼았다.

미국은 먼로 독트린(Monroe Doctrine, 1823년)의 틀 속에서 쿠바 정책을 추진했다. 미국은 먼로 독트린을 통해 유럽 국가들이 더 이상 서반구 국가에 식민지를 건설하거나 내정을 간섭할 수 없다고 선언했다. 여기에는 아메리카 대륙 식민지가 기존의 식민 모국과 관계를 끊으면 그 나라들이 미국의 영향력 아래로 떨어질 것이라는 기대가 담겨 있었다. 이 '익은 과일'(la fruta madura) 정책은 존 퀸시 애덤스가 정식화한 정치적 중력이론으로 뒷받침되었다. 애덤스는 물리적 중력 법칙이 있듯이 정치에도 중력 법칙이 있다고 주장했다. 나무에서 익은 과일은 땅에 떨어질 수밖에 없는 것처럼, 에스파냐가 쿠바 섬에서 손을 떼면 쿠바 역시 중력에 의해 미국으로 떨어질 것이라고 보았다.[7] 하지만 목전에 다다른 쿠바 혁명의 성공은 이제 미국의 모든 계획을 위협했다. 전쟁과 전후 평화회담에 개입하고 통제할 방법을 찾지 못한다면 미국은 쿠바를 영원히 잃어버릴 가능성이 컸다.

이 임무를 완수하는 것은 녹록할 것 같지 않았다. 비록 매킨리 정부는 쿠바의 독립을 반대했지만 많은 미국 시민들과 하원의원들은 쿠바 독립을 지지했다. 1895년 그로버 클리블랜드가 아직 미국 대통령으로 있을 때, 미국에 파견된 쿠바 대표단(쿠바위원회라고 불렸다)은 미국으로부터 쿠

쿠바와 북아메리카 및 카리브 해

바의 교전국 지위를 승인받기 위하여 폭넓은 지원을 호소하는 캠페인을 벌여 성공을 거두었다. 이것은 매우 중요한 쟁점이 되었다. 미국이 쿠바의 교전국 지위를 승인하면 그것은 미국이 쿠바를 에스파냐에 대항하여 합법적 전쟁을 벌이는 사실상의 국가로 간주하는 게 되기 때문이다. 국제법에 따르면 합법적인 전쟁은 어느 한 쪽 국가가 사실상의 국가라 하더라도, 오직 두 개의 정치적 단위 또는 국가가 충돌한 경우에만 인정된다. 사실상 국가로서 온전히 인정받으려면 반드시 임시정부와 함께 임시정부의 지도 아래 '문명화된' 전쟁 규칙을 준수하는 군대를 가지고 있어야 한다.

쿠바위원회(Junta)는 교전국 지위 승인이 전략적으로 매우 중요한 문제라고 생각했다. 적어도 그것은 미국이 쿠바 전투부대를 '명예로운 전쟁에서 모든 권리를 가지고 공평무사한 의무를 수행할 수 있는' 사실상 국가의 군대로 인정하는 것을 의미했다. 위원회는 교전국 지위 승인만 받으면 에스파냐 군대를 당장 물리치는 데 필요한 차관을 확보하고 총과 탄약을 구입하기가 수월할 것이라고 생각했다.

쿠바위원회의 캠페인은 큰 성공을 거두었다. 1896년 미연방 상원과 하원은 쿠바의 독립 권리를 확인하는 결의안을 통과시켰다. 그로버 클리블랜드는 이 결의안을 격렬하게 반대했다. 그는 에스파냐의 쿠바 통치권에 대한 지지를 확인하는 한편, 미국의 이익은 쿠바나 에스파냐의 이익과 다를 뿐 아니라 그보다 앞선다고 강조했다. 또 쿠바는 사실상의 국가가 아니며 아직 스스로 통치할 준비가 되어 있지 않다고 주장했다.[8]

그리고 클리블랜드는 처음으로 에스파냐를 향해 단호한 경고를 보냈다. 전쟁은 점점 손 쓸 수 없게 되고 있었다. 이제 전쟁은 미국의 이익을 위협하기 시작했다. 에스파냐는 쿠바가 '철저한 파멸'로 귀착되는 것을 미국이 어떤 경우에도 가만히 지켜보고 있지 않을 것이라는 점을 이해할 필요가 있었다. 따라서 에스파냐는 이 전쟁을 어떻게든 끝내던지 아니면 그 결과를 감수할 수밖에 없었다. 1897년 취임한 윌리엄 매킨리 대통령은 개입 정책을 채택했다. 취임 첫해에 위기는 더 심해졌다. 그해 12월 쿠바인들이 자치권을 포함하는 에스파냐의 평화협상 제안을 거부했던 것이다.

반란군이 평화협상 제안을 거부한 일은 에스파냐가 쿠바 섬에 대한 통제력을 잃었다는 것을 분명히 보여 주는 사건이었다. 이는 쿠바인들이 전장에서 거둔 성공과 함께 미국 의회 내 자유 쿠바 지지자들을 크게 고무했다. 1898년 1월 19일 하원에서 미시간 주 의원 퍼디난드 브루커(Ferdinand Brucker)는 쿠바에 교전국 지위를 부여하는 결의안을 발의했다. 그렇지만 매킨리 정부는 의회가 이 결의안에 투표하는 것을 막는 데 성공했다. 행정부가 쿠바의 독립을 방해하려고 했음에도 하원과 상원은 이 사안을 정열적으로 끊임없이 의제에 올렸다.

의회에서 계속 논의하는 동안 매킨리 정부에게는 주어진 시간이 얼마 남지 않았다. 늦은 봄, 에스파냐 군대는 약해져 점점 더 절망적으로 되어 갔다. 그러는 동안 자신감에 찬 쿠바 군대는 여름 우기를 참을성 있게 기다리고 있었다. 여름이 되면 작열하는 열대의 열기가 가장 큰 동맹군이 될 것이었고 그때 쿠바인들은 최후 공격을 감행할 작정이었다. 미국과 쿠바의 관찰자들 대부분은 1898년 9월 말이 되기 전에 에스파냐가 패배할 것이라고 내다봤다. 따라서 만약 매킨리 정부가 봄 안에 갈등을 해결하지 못한다면 쿠바를 영원히 잃어버릴 판이었다. 매킨리는 '에스파냐는 자존심을 지키고 미국은 확실한 통제권을 얻는 방식으로 에스파냐가 쿠바를 단념하게 할 수 있는' 해결책을 찾으려고 애썼다.

하지만 그런 일은 일어나지 않았다. 쿠바인들은 오직 절대적이고 완전한 독립만을 원했다. 이른 봄, 매킨리 정부에게는 두 가지 선택만 남아 있었다. 쿠바 독립을 수용하거나 그렇지 않으면 갈등에 개입하는 것뿐이었다. 쿠바 독립은 생각조차 할 수 없었던 매킨리에게는 오직 개입만이 가능한 선택이었다. 1898년 4월 11일 매킨리는 의회에 보내는 교서에서 '중립적' 개입 전략을 밝혔는데, 여기에는 쿠바 임시정부에 대한 인정이나 독립 권리에 대한 언급이 전혀 없었다. '중립적'으로 전쟁에 개입함으로써 미국은 에스파냐에 맞선 전쟁을 주도할 수 있을 뿐 아니라 평화회담을 통제하고 전쟁 후 '안정적인' 쿠바 정부를 수립할 수 있는 힘을 가지게 되었다.

'중립적' 개입이란 한마디로 미국이 쿠바 군대로부터 해방자 역할을 빼앗겠다는 것이었다. 나아가 "쿠바 섬에서 질서를 유지하고 국제적 의무를 준수하여 미국 시민은 물론 쿠바 시민들에게 평화와 안전을 보장할 수 있는 안정적인 정부를 수립할 권한과, 이러한 목적을 위해 필요하다면 미국의 군사력과 해군력을 이용할 수 있는 권한을 행사하겠다"[9]는 것을 의미했다.

쿠바 대사는 성명서를 발표하여 매킨리의 계획을 규탄했다. 뉴욕에 있는 쿠바위원회의 수석 법률고문 오라티오 루벤스(Horatio S. Rubens)는 미국 정부를 향해 임시정부와 해방군을 인정하지 않는 어떠한 간섭도 선전포고로 간주할 것이라고 경고했다. 루벤스는 만약 미국이 "쿠바 정부와 해방군에 대한 영향력을 확대하려고 한다면 우리는 에스파냐 군대에 대항하여 싸웠던 것처럼 군사력을 동원하여 가차 없이 집요하게 저항할 것"[10]이라고 천명했다.

매킨리가 전쟁 개입을 결정하고 쿠바인들이 여기에 반대하자 미국 의회의 자유 쿠바 지지자들은 전략을 수정할 수밖에 없었다. 교전국 지위 인정 문제가 다시 쟁점으로 떠올랐다. 쿠바 독립에 우호적인 의원들은 이제 에스파냐에 대항한 전쟁의 성격을 밝히는 공동 결의안에 들어갈 적절한 문구를 만들기 위해 애썼다. 그들의 주된 목표는 이 문서에 쿠바 임시정부의 승인과 쿠바 섬의 독립 권리를 포함시키는 것이었다. 그들은 이렇게 함으로써 쿠바 합병이나 식민지화를 막을 수 있을 것이라고 생각했다. 1898년 4월 19일 상원은 수정안을 42 대 35로 통과시켰고 그날 하원도 311 대 6으로 통과시켰다. 매킨리 대통령은 1898년 4월 20일 공동 결의안에 서명하고 에스파냐에 최후통첩을 보냈다. 치열한 논쟁 끝에 결국 의회는 쿠바 독립 승인이라는 자신들의 당초 요구를 포기하고 쿠바 섬을 미국 식민지로 전환할 수 없도록 한 수정안을 받아들이는 선에서 타협했다.[11]

콜로라도 주 상원의원 헨리 텔러(Henry M. Teller)가 인디애나 주 상원의원 데이비드 터피(David Turpie), 오하이오 주 상원의원 조세프 포레이커(Joseph B. Foraker)와 함께 제4조에 들어갈 내용을 제안했기 때문에 '텔러 수정안'으로 알려지게 되었다. 수정안의 요지는 다음과 같다. "미국은 강화 이외의 목적으로 쿠바 섬에 대한 통치권, 사법권, 통제권 등을 행사하려는 어떤 의향이나 의도도 없음을 천명하며, 강화조약이 체결된 이후에는 정부와 쿠바 섬에 대한 통제권을 쿠바인들에게 넘겨줄 것을 결의한다."

텔러 수정안은 합병과 재식민지화 가능성에 대한 쿠바인들의 의심을 가라앉히고 미국의 어떠한 개입도 쿠바의 독립 쟁취라는 목표와 어긋나지 않을 것이라고 쿠바인들을 설득했다. 전쟁으로 가는 장애물이 제거되자 매킨리 정부는 개입 전략을 실행에 옮겼다. 공동 결의안이 의결된 지 열흘 뒤인 1898년 5월 1일, 에스파냐-쿠바-미국 전쟁이 시작되었다. 8월 12일 석 달도 되지 않아 '화려한 작은 전쟁'은 끝났다.

단일한 친교관계와 미군정

미국은 쿠바 독립전쟁에 개입함으로서 전쟁과 평화협정 과정을 통제할 수 있는 권한을 가지게 되었다. 에스파냐와 미국이 1898년 12월 10일 프랑스 파리에서 조인한 '파리 조약'에서 미국은 임시 군사정부를 통해 쿠바를 점령할 권리를 확인했다. 군사정부의 임무는 쿠바 섬을 안정시키고 독립 공화국을 세우며 장래에 두 나라의 관계를 결정할 협정을 체결하는 것이었다. 이 군사 점령은 1899년 1월 1일부터 1902년 5월 20일까

쿠바에 간 조지프 휠러, 레너드 우드,
시어도어 루스벨트(1898)

지 지속되었다.

비록 공동 결의안과 파리 조약으로 미국이 쿠바에 '안정적' 정부를 세울 수 있는 권한을 가지게 되었지만, 텔러 수정안은 강화 과정이 끝나는 즉시 미국은 쿠바 섬을 떠나야 한다고 보증함으로써 쿠바의 식민지화를 막았다. 의회는 또한 1899년 2월 육군 예산 법안의 추가 조항을 담고 있는 포레이커 수정안을 통과시켜 미국 재계의 착취로부터 쿠바 섬을 보호하는 데까지 나아갔다. 이 수정안은 미군정 점령 기간 동안 철도, 도로, 전기 같은 사업에서 미국 기업에 특혜나 이권을 주는 것을 금지했다. 텔러 수정안이나 포레이커 수정안은 미국이 쿠바를 합병하거나 식민지화하는 것을 저지하기는 했지만, 미군정이 쿠바 섬을 종속적인 공화국으로 변화시키는 것을 막지는 못했다.

쿠바를 에스파냐 식민지에서 미국의 종속국으로 바꾸는 임무는 1899년 1월 1일자로 쿠바 섬의 통제권을 장악한 미군정이 떠맡게 되었다. 매킨리 정부는 점령기간 동안 군정이 활동의 지침으로 삼게 될 정책 틀을 구상했다. 비록 청사진은 없었지만 매킨리는 미국이 쿠바에 통치권을 이양하기 전에 완수하고자 하는 것이 무엇인지 정확히 알고 있었다. 그는 1898년 12월 22일, 존 브룩 소장에게 보낸 기밀 편지에 미국은 "인민들이 확고하고 안정적인 정부를 수립할 때까지 쿠바에 남아 있을 것"[12]이라고 썼다. 매킨리는 1899년 의회에 보내는 교서에 자신이 안정적인 정부라고 말하는 것의 실제 의미에 대해 분명히 밝혔다.

> 우리 나라는 장래의 훌륭한 쿠바 정부에 대한 엄숙한 책임을 공공연히 떠맡았다. …… 아직 과거의 잿더미 속에서 일어서고 있는 새로운 쿠바는 지속적인 번영을 보장받기 위해서 단일한 친교관계와 강력한 끈으로 우리에게 묶일 필요가 있다. 이러한 결속이 유기적으로 되든 관례적인 것으로 되든 간에 쿠바의 운명은 어느 정도 정당한 형태와 방식으로 우리와 돌이킬 수 없게 연결되어 있다.[13]

1899년 12월 13일 브룩 후임으로 미군정 장관이 된 레너드 우드 장군은 매킨리의 '안정적' 정부 개념을 더욱 발전시켰다.[14] 그는 '단일한 친교관계'(ties of singular intimacy)와 '안정성'을 온통 '사업 신용'이라는 관점으로 정의했다. 우드는 1900년에 이렇게 밝혔다. "사람들이 쿠바에서 안정적 정부가 무엇을 의미하느냐고 물으면, 나는 안정적인 이자율로 돈을 빌릴 수 있고 자본이 쿠바 섬에 투자하려고 할 때 안정성이라는 조건이 충족되는 것이라고 말해 준다."[15]

우드가 한 말은 유럽 국가들의 기업이 아니라 미국 기업의 이익이라는 관점에서 투자를 말한 것이다. 따라서 '안정적' 정부란 매킨리 정부가 쿠바 사회를 재구성하여 미국의 이익에 경제적으로 적합한 사회로 만드는 것을 말한다. 이것은 쿠바에 '자유주의적 개발주의' 개념을 불어넣어, 미국의 투자, 무역 및 경제 발전을 촉진시키는 법과 정책이 반영되는 정부 구조를 형성하는 것을 의미한다. 나아가 이런 경제 노선에 따른 쿠바 사회의 재구성이란 미국의 기업가와 전문가, 노동자들에게 각각 사업 확대, 이민, 정착을 촉진하는 물리적 환경을 마련하는 것을 말한다.

자유주의적 개발주의를 떠받친 것은 미국의 시장경제 시스템이 다른 어떤 경제 시스템보다 우월하다는 신념이었다. 이러한 관점에 따르면, 다른 국가들은 미국식 접근법을 모방하고 그것을 지원하는 민주적 정부를 발전시켜야 한다. 이와 같이 미국과 단일한 친교를 맺는 안정적 정부를 세운다는 생각은 쿠바를 "우리 위대한 앵글로-색슨 공화국 노선에 가깝도록 주조된 공화국"으로 바꾸는 것을 의미한다.[16]

국민의회의 해산과 부역자

쿠바에 안정적 정부를 세우려는 우드의 사고방식에는 쿠바인들이 스스로 정부를 구성하기에는 무능력하고 열등한 사람들이라는 확신이 있었다. 취임 후 매킨리에게 보낸 짧은 편지에 우드는 "우리는 지난 백 년 동안 계속 쇠락해 온 종족을 다루고 있습니다. 그들에게 새로운 생활, 새로운 원칙 그리고 일을 처리하는 새로운 방법을 주입하지 않으면 안 됩니다"[17]라고 썼다. 그럼에도 불구하고, 우드는 쿠바를 미국에 종속시키기 위해 쿠바인들 가운데 미국에 기꺼이 부역할 사람을 찾아야 한다는 것을 알고 있었다(여기서 '부역자'란 자신의 이익을 위해 쿠바의 이익을 미국의 이익에 종속시키려는 쿠바인을 지칭한다). 우드는 그러한 부역자들을 '유복한 계급'에 속하는 쿠바인들 가운데서 찾을 수 있을 것이라 생각했다. 그렇지만 이 목표를 완수하기 전에 이 군정 장관은 먼저 독립주의의 이상을 무력화시키고 민중계급의 힘을 빼놓지 않으면 안 되었다.

독립주의, 즉 민중계급의 자유에 대한 열망은 미국 헤게모니를 위협하는 가장 강력한 도전이었다. 따라서 미국은 독립운동을 약화시켜야만 했다. 이를 위해 먼저 해방군을 해산하고 이어서 민중계급, 특히 아프리카계 쿠바인들의 정치적 잠재력을 무력화시켜야 했다. 전쟁이 끝난 후 막시모 고메스 사령관은 지휘관들에게 추후 통지가 있을 때까지 군대를 유지하라고 지시했다. 비록 베테랑 혁명가들의 사회경제적 조건이 점점 절망적으로 바뀌어 갔지만, 고메스는 미국 군대의 지위가 분명해지기 전까지는 군대를 해산하려고 하지 않았다.

미군정이 쿠바 섬의 공식적인 통제권을 장악함에 따라 쿠바 국민의회와 미국 사이에 긴장이 커졌다. 그러는 동안 쿠바 중부 지역에서는 질병, 영양실조, 아사가 반란군 캠프 전체에 널리 퍼졌으며, 점점 풀이 죽고 소외된 고메스에게는 재난을 구제할 자원이 부족했다. 이러한 상황은 또한 고메스와 쿠바 국민의회의 관계도 악화시켰다. 1898년 12월 말, 국민의회를 통해 군대를 구제하려는 노력이 실패하자 좌절한 고메스는 직접 워싱턴에 원조를 요청했고 매킨리 정부는 곧바로 화답했다. 미국 정부는 고메스와 손잡고 해방군을 해산함으로써 쿠바 내 저항 세력을 약화시키고자 했다. 매킨리 정부의 특별행정관 로버트 퍼시벌 포터가 정부의 협상 대표로 쿠바에 파견되었다. 그는 미국이 고메스 부대의 상황을 완화하기 위해 도울 것이며 강화 과정이 끝나는 대로 쿠바 섬을 떠날 것이라는 일반적 원칙을 확인했다. 포터에게 설득된 고메스는 지원금 3백만 달

러를 받아 병사들이 민간인 생활로 돌아가는 것을 돕고 해방군의 해산을 조장했다.[18]

고메스가 국민의회의 사전 승인 없이 지원금을 받은 사건은 혁명 세력 지도력 내부에 위기를 촉발했다. 국민의회는 고메스를 비난하고 마침내 불복종을 사유로 파면했다. 민중계급은 분노하여 고메스 축출에 항의하는 대규모 시위와 시가행진으로 반응했다. 민중계급의 계속되는 공격과 지지 약화로 국민의회의 운명도 끝났다. 1899년 3월초 국민의회의 해산은 매킨리 정부에게 극적인 승리를 안겨 주었다. 미국은 고메스를 자기 편으로 끌어들임으로써 혁명군을 해산했을 뿐 아니라 국민의회도 붕괴시키기에 이르렀던 것이다.

독립주의를 무력화시키는 노력의 두 번째 단계는 민중계급의 정치적 잠재력을 약화시키는 것이었다. 우드는 '유복한 계급'이 정치권력을 얻도록 돕는 것이 쿠바 섬에 미국의 영향력을 제도화하는 데 열쇠가 된다고 생각했다. '유복한 계급'은 미국인들처럼 쿠바 독립에 반대했으며 쿠바 섬의 장래는 미국과 밀접한 사회경제적 관계를 확립하는 것이라고 생각했다. 우드는 1900년 12월에 이렇게 말했다. "내가 생각하기에 지도력을 가져야 할 사람들은 도무지 무책임하고 신뢰할 수 없는 조건 때문에 여태껏 뒷전으로 밀려날 수밖에 없었다. …… 쿠바 정부를 안정시키기위해 우리가 주목해야 할 계급은 아직 충분히 드러나지 않아서, 우리가원하는 충분한 확신과 신뢰를 가질 정도가 아니다."[19]

이러한 상황에서 민중계급의 정치와 열정은 우드와 매킨리 정부 모두에게 중대한 관심사였다. 우드 장군은 이렇게 경고했다. "무식한 대중들과 날뛰는 폭도들 그리고 말썽꾼들, 이들은 시민이 가져야 할 책임과 의무에 대해서는 어떤 개념도 없이 오직 독립만 부르짖는 사람들이다." 이들의 영향력을 줄일 수 있는 한 가지 방법은 선거권을 제한하는 것이었다. 만약 선거권을 박탈하지 않는다면 이 '날뛰는 폭도들'이 투표함을 이용하여 미국의 힘과 헤게모니를 방해할 것이라고 우드는 주장했다. 1900년 2월 엘리후 루트(매킨리-루스벨트 정부의 육군장관―옮긴이)에게 보내는 편지에 우드는 그런 생각을 반복했다. "자유선거는 쿠바의 이익에 치명적인 결과를 낳을 것이며, 섬에 있는 모든 분별 있는 사람들의 입지와 영향력을 파괴할 것이다." 우드는 또 루트에게 제한 없는 선거권은 쿠바 경제 발전을 심각하게 해칠 것이라고 경고했다. "만약 우리가 보통선거권을 부여할 것이라고 알려진 것이 사실이 된다면 쿠바 섬에서 투자와 경제 발전이 중단되고 그 결과 재앙이 초래될 것이라고 생각한다."[20]

매킨리 정부는 민중계급의 열망을 꺾기 위해 '제한선거권' 정책을 추진하기로 결정했다. 역설적이게도 우드와 루트, 매킨리는 민중계급을 통제하기 위해 '민주주의'를 이용하려고 했다. 루트는 선거권을 제한함으로써 '무식하고 무능력한' 쿠바인들이 공화국 건설에 참여하는 것을 막아 낼 수 있다고 말했다. 동시에, 제한선거권은 쿠바에 대한 '보수적이고 사려 깊은 통제'를 촉진하고, 중앙아메리카와 서인도제도의 특징인 영구적 혁명을 피할 수 있도록 도와줄 것이었다.

1900년 초 미국은 제한선거권 지침을 마련하기 위해 쿠바 섬의 인구조사를 실시했다. 유권자의 최종적인 자격은, 읽고 쓸 수 있거나 250달러 상당의 부동산이나 개인 재산을 소유할 것을 요구했다. 결과는 불 보듯 뻔했다. 루트의 셈법에 따르면 전체 쿠바 성인 남자의 3분의 2가 선거권에서 제외되었다. 이렇게 해서 유권자는 성인 남자의 5%인 약 10만5천 명으로 제한되었다. 이 요건에 따라 선거권을 갖지 못하는 대부분의 퇴역 군인들을 소외시키지 않기 위해서, 우드는 모든 퇴역 군인들에게

표 1 각 지역의 아프리카계 쿠바인 비율

지역	인구수	아프리카계 쿠바인(%)
아바나	425,000	25
아바나 시	236,000	27
만탄사스	203,000	24
피나르델리오	173,000	38
푸에르토 프린시페	88,000	18
산타클라라	357,000	30
산티아고	327,000	45
쿠바 전체 인구	1,573,000	32

출처: 전쟁부, 〈쿠바 인구 보고서, 1899〉(정부출판국, 1900)

투표권을 주는 '군인 조항'을 만들었다. 그렇다고 하더라도 선거권 요건
은 아프리카계 쿠바인들에게 파멸적인 영향을 주었다. 1900년 인구조사
에 따르면 아프리카계 쿠바 남성의 약 74%(백인 남성은 47%)가 문맹자
였는데, 이들은 투표를 할 수가 없었다.[21] 선거권 제한이 제헌의회 의원
을 선출할 지방 선거에서 아프리카계 쿠바인들의 목소리를 막아 버린 것
은 매우 중요하다(표 1 참조).

　국민의회가 해체되고 해방군이 해산된 이후 민중계급은 정치적으로
무력해졌다. 레너드 우드는 미국의 자연스러운 동맹인 '유복한 계급'과
협력을 꾀하는 계획으로 나아갔다. 그들 대부분은 미국을 다녀왔거나 미
국에서 공부한 사람들이었다. 그들은 미국 자본주의를 찬양했고 인종 관
념도 미국인의 시각을 그대로 반영하고 있었다. 더욱이 엘리트들은 대부
분 이제 자신들의 생존이 미국과 얼마나 적극적 관계를 맺는가에 달려
있다고 생각했다. 에스파냐와 치른 전쟁으로 쿠바 경제가 황폐화됨으로

써, 많은 엘리트들은 몰락하여 잃어버린 재산을 되찾고 빚을 상환할 자본을 얻을 수 없는 처지에 놓여 있었다. 따라서 직장과 경제적 발전의 기회를 미국을 통해 얻을 필요가 있었다. 이와 동시에 쿠바를 떠난 수많은 사람들이 전쟁이 끝나자 빠르게 확장하는 관료 조직에서 한 자리를 차지하기 위해 쿠바 섬으로 돌아오기 시작했다. 망명자들 가운데 많은 이들은 두 가지 언어를 구사하는 미국 시민권자들로서, 쿠바와 미국 문화 양쪽 모두에 식견을 가지고 있었다. 이러한 점 때문에 그들은 미국 쪽에서 볼 때 가치가 큰 존재였다.

미국이 쿠바 엘리트들을 단순히 종속된 공화국의 정치적 대리인 또는 꼭두각시로 이용하려고 한 것은 아니다. 오히려 그들은 쿠바 정부와 미국 재계의 동맹을 바탕으로 한 통치 체제에 쿠바 엘리트들을 끌어들이고자 했다. 기업과 경제의 발전은 쿠바를 미국에 묶어 줄 '단일한 친교관계'를 만들게 된다. 미국의 목표는 '유복한 계급'에게 정치적 주도권을 주고, 그들을 쿠바에 있는 미국 기업에 편입시키는 것이었다. 그 결과는 쿠바 엘리트들의 이익이 미국 기업의 이해관계 및 미국 정부와 융합될 것이었다. 그러한 상호관계는 쿠바에서 미국 기업들의 투자와 무역에 유리한 법률과 공공정책을 마련하는 데 영향을 줄 수 있는 통치 체제를 낳을 것이었다. 이를 현실화하기 위해 미국 회사들은 경제적 보상이라는 방법을 통해 쿠바 정부와 관료들에게 협력을 자극했다.

이 책에서 '통치 체제'(governance regime)라는 개념은 정치인, 관료, 정책 결정자, 그리고 무역, 투자, 기타 경제 발전을 위한 사안에 관여하는 사업가 사이의 동맹을 가리킨다. 쿠바에서 이 동맹은 미국의 경제적·문화적 침투에 유리한 법과 정책을 공표하는 것을 비롯하여 정치적 의제를 개발하는 데 주로 관심을 가지고 있었다. 명확한 구성과 성격은 시기에 따라서 바뀌었지만, 이러한 '재계-국가 통치동맹'은 1903년부터 1959년 혁명까지 쿠바의 정치 활동에 핵심적인 특징으로 유지되었다.

레너드 우드에게 '안정된 정부'란 쿠바 정부와 미국 기업 이익 사이의 적극적인 상호관계를 포함하는 것이었다. 그는 두 나라 사이의 단일한 친교관계 구축이라는 목표를 달성하기 위해 미국의 기업 연결망과 함께 미국의 직접 투자를 이용함으로써 쿠바 정부와 미국 재계를 결합시키고자 했다.[22] 우드는 그런 결합을 통해 쿠바가 안정되고 번영을 이루어 현대적인 기업 국가의 노선으로 성장하게 될 것이라고 생각했다. 그렇지만 이 목표를 달성하기 전에 우드와, 그와 한패인 기업가들은 두 가지 문제를 해결해야만 했다. 첫째, 우드는 미국 기업들이 쿠바에 투자할 수 있도록 하기 위해 포레이커 수정안을 우회하지 않으면 안 되었다. 둘째, 미국 기업들에게 언젠가는 쿠바 엘리트들을 자신들의 품속으로 편입할 수 있는 시스템을 개발하고 그들에게 미국의 기업 문화를 불어넣을 필요가 있었다.[23]

기업과 정부의 동맹, '쿠바회사'

'쿠바회사'(Cuba Company)의 활동을 자세히 들여다보면 우드가 미국 회사들과 유착 관계에 기초한 쿠바 통치 체제를 어떻게 만들어 냈는지를 알 수 있다. '쿠바회사'는 20세기 첫 20년 동안 쿠바에서 단일 회사로서는 가장 큰 투자자였을 뿐 아니라 쿠바의 통치 체계를 이룬 '기업-정부 동맹'의 모델이기도 했다.

미국의 군사 점령이 시작되었을 때 쿠바 경제는 새로 구조를 만들고 재개발에 착수할 필요가 있었다. 미국 기업가들이 보기에 쿠바는 더 없이 좋은 투자처였다. 자산계급은 섬의 자원을 개발할 자본이 부족했고 토지는 헐값이었고 일자리가 없고 가난한 방대한 인구는 값싼 노동력의 원천이 되었다. 공공 서비스 부문 또한 큰 기회를 제공했다. 아바나를 비롯한 도시에는 가로등이 필요했고, 상하수도 체계를 보수하고 구축해야 했다. 또 교통수단을 개선할 필요가 있었고 학생들의 교과서, 책상, 연필 따위도 턱없이 부족했다. 이 모든 조건은 수지맞는 잠재성이 큰 투자 기회가 많았다는 것을 보여 준다.

전쟁 후 쿠바의 불안정한 정치 환경은 미국 기업들한테 관심 사항이 아니었다. 쿠바 섬의 운명이 어떻게 되든 쿠바가 미국에 부속되어 있을 것이라고 생각한 기업가들에게는 그러한 낙관주의만으로 충분했다. 혁명이 시작된 동부 지역은 특별한 매력으로 다가왔다. 국토의 서반부보다 개발이 덜 되어 있는 카마구에이(Camagüey)와 오리엔테 지방은 아직 개발할 여지가 많은 풍부한 자원을 보유하고 있었다. 이곳은 초원과 울창한 삼림과 개간된 적이 없는 땅으로 넘쳐났다. 특히 오리엔테는 광물 매장량이 풍부해서 1890년대 미국 야금 기업들이 눈독을 들이기 시작한 곳이었다. 토지소유 구조는 자급자족을 기반으로 한 공동체 사회의 특징을 반영하고 있었다. 대토지는 경계가 모호한 경우가 많았고 점유자들의 소유권은 여러 가지 복잡한 규칙에 묶여 있었다. 그래서 토지소유권을 법적으로 주장하기 어려웠으며, 이러한 사정은 미국 투자자들에게 쿠바의 토지 취득을 고무하고 촉진했다.

한편 레너드 우드는 동부 지역의 저개발 상태가, 쿠바에서 정치력과 군사 통제권을 장악하는 데 걸림돌이 되고 섬 전체의 경제 발전에 장애가 된다고 생각했다. 그는 섬을 가로지르는 철도를 건설하여 동부 지역을 열어젖히면 전 국토에 걸쳐 경제 발전이 자극되어 이 문제를 해결할 수 있을 것이라고 생각했다. 섬의 철도 건설을 위한 특별위원 윌리엄 칼슨은 1900년 우드에게 보낸 보고서에서 이렇게 썼다.

동부 지역을 관통하는 중앙 철도 건설은 오늘날 쿠바 국민들 앞에 놓여 있는 가장 위대하고 방대한 사업입니다. 이 사업은 지금 쿠바에서 추진 중인 다른 어떤 사업보다 큰 물질적 이익을 이 섬 사람들에게 가져다주게 될 것입니다. 철도 건설은 저렴한 운임과 빠른 운송으로 더 나은 철도 서비스를 제공할 수 있을 뿐 아니라, 현재 값어치 있는 삼림으로 뒤덮여 있고 거대한 부의 보고인 미개발 지역을 개발할 수 있을 것입니다. 그 땅은 플랜테이션과 오렌지 밭, 그리고 그 철로를 따라 정착할 부지런한 인민들의 행복한 주거지로 바뀔 것입니다.[24]

매킨리가 쿠바에 파견한 로버트 퍼시벌 포터는 산업 · 상업 · 재정 상황에 관해 다음과 같이 보고했다.

만약 과거 정부가 이러한 철도를 건설했더라면 쿠바에서 어떤 혁명도 일어나지 않았을 것입니다. 상업과 제반 산업을 빠르게 부흥시키는 데는 섬의 한쪽 끝에서 다른 쪽 끝까지 빠르게 이동할 수 있는 시설만한 것은 없을 것입니다. …… 그것으로 모든 정치적 소요는 조용해질 것이며 예방도 될 것입니다. 온 나라는 상업에 개방될 것입니다. 그래서 지금은 실용적 가치가 없고 비생산적인 토지가 활발하게 이용될 것이며, 항구 도시는 활기차게 바뀌고 쿠바 섬과 미국의 무역은 곧 예전 상태를 회복할 것입니다.[25]

이어서 포터는 철도가 양쪽 해안 항구를 연결함으로써 경제 발전을 자극할 것이라고 했다. 그는 우드와 마찬가지로 중앙 철도 건설을 미군정이 해야 할 가장 시급한 과제 가운데 하나라고 보았다. 여기에서 미국 철도 건설업자 윌리엄 반 혼이 등장한다. 그의 관심도 우드나 포터와 같았다. 반 혼은 세계에서 가장 길고 건설 비용이 많이 들어간 철도를 건설한 경험이 있는 캐나다퍼시픽철도(Canadian Pacific Railroad)의 대표였다. 우드와 칼슨, 포터처럼 반 혼도 섬을 가로지르는 중앙 철도를 건설하는 것이 쿠바 경제 발전의 열쇠라고 보았다. 이 목표를 위해 그는 '아바나유나이티드철도' 종점인 산타클라라에서 쿠바의 동쪽 항구인 산티아고까지 연장하는 약 560킬로미터의 철도를 건설하고자 했다. 이 계획을 이행하기 위해 반 혼은 매킨리 대통령과 의논했고 대통령은 어떻게든 돕겠다고 약속했다. 그러한 보증을 받은 뒤 반 혼은 1900년 4월 25일 뉴저지의 저지시티에 '쿠바회사'를 설립했다.

이제 우드와 반 혼이 직면한 가장 큰 장애물은 군사 정부가 섬에 주둔하는 동안 어떤 이권이나 특혜도 주지 못하도록 금지한 포레이커 수정안이었다. 쿠바에서 미국 당국의 최고위 인사인 우드는 포레이커 수정안을 이행할 의무가 있었다. 비록 철도 프로젝트의 열렬한 지지자였지만 수정안을 우회하는 것이 복잡한 문제였기 때문에 그는 조심스럽게 움직이려고 했다. 우드는 전쟁 장관이 되기 전에 기업 변호사로 활약한 엘리후 루트에게 조언을 구했다. 1900년 12월 22일 편지에 우드는 이렇게 썼다.

국가는 어떤 특혜도 만들지 않기 때문에 나는 그것이 포레이커 결의안의 문구와 정신에 배치된다고 생각하지 않습니다. …… 그럼에도 불구하고 이 사업은 깊이 고민해서 확실하게 결론 내릴 가치가 있다고 생각합니

1900년 미국 저지시티에서 발행된
쿠바회사의 주식 증권

다. 만약 이의가 있다면 그것은 나중보다 지금 제기하는 것이 좋을 것입니다. …… 나는 이 일이 쿠바 섬의 가장 중요한 문제라 생각하고 있으며 가능하다면 이 일을 마무리 짓고 싶습니다.

우드가 루트에게 조언을 구하는 동안 반 혼과 그의 변호사들은 '취소 가능한 면허'(revocable licenses)에 기초한 책략을 꾸몄다. '취소 가능한 면허'란 어떤 영속적인 권리 없이 언제든지 취소할 수 있는 면허를 의미했다. 말하자면 쿠바에 새 정부가 들어서면 정부는 면허를 취소할 권한을 갖게 될 것이었다. 따라서 '취소 가능한 면허'는 면허권자에게 영구적 권리를 부여하지 않기 때문에 실제로는 포레이커 수정안을 위반하는 것이 아니었다. 다시 말해서 우드와 반 혼은 영속적인 이권이나 특혜가 아니라 취소 가능한 면허를 '쿠바회사'에 줌으로써 섬을 가로지르는 철도를 건설할 수 있을 것이라고 생각했다.

우드와 반 혼은 포레이커 수정안을 우회하는 데에만 그러한 허점을 이용한 게 아니었다. 우드는 이 방식을 매우 좋아하여 쿠바에서 벌이고자 하는 사실상 모든 사업에 확대하여 적용했다. 이 방식을 이용하여 그는 특히 카마구에이와 오리엔테 지방의 광산 회사, 제당 공장, 부동산 회사에 수백 개의 특허권과 허가권을 비롯한 특혜를 주었다. 우드는 또한 거대한 기반시설을 비롯한 공공사업 프로젝트를 수행하는 데에도 취소 가능한 면허권을 이용했다.[26)]

포레이커 수정안을 우회하는 데 성공함으로써 반 혼은 중앙 철도 건설 프로젝트를 추진할 수 있게 되었다. 그의 회사 모델에서 중요한 점은 쿠바인들을 사업에 끌어들이는 것이었다. 이를 위해 중간 관리자들(엔지니어, 회계사, 기업 변호사)과 중역을 포함하여 회사의 모든 직급에서 쿠바인들을 고용하여 유지하는 '협력' 전술을 사용했다. 반 혼은 회사가 성공하려면 자산계급에 속하는 다른 구성원들과의 접촉이나 연계가 있고 쿠바 문화에 대한 지식과 이해가 있는 엘리트들이 필요하다고 생각했다.

반 혼은 이 엘리트들에게 회사의 성장과 발전에 관심을 가지게 하고 회사에 대한 충성심을 높이기 위해 부수적으로 회사 주식을 보유할 기회를 주었다. 회사는 주식 소유권을 줌으로써 민족주의적 언사로 회사 편을 들 수 있는 쿠바인들을 확보할 수 있었다. 이러한 틀 속에서 반 혼은 쿠바인들을 단순히 회사 직원으로만 고용한 것이 아니라, 회사가 직면하게 되는 문제나 쟁점들을 처리하는 상담자와 조언자로 삼은 셈이었다. 이런 전략 아래 정치인, 정부 관료, 전문가, 사업가들로 구성된 쿠바 엘리트들과 맺은 관계를 바탕으로 비공식 사업망을 쉽게 구축할 수 있었다.

반 혼은 이러한 비공식 연결망 구축이 쿠바에서 이익을 많이 내고 영향력 있는 회사로 발전시키는 열쇠라고 생각했다. 이런 전략에 깔려 있는 원칙은 상호 이익과 경제적 이득, 그리고 확고한 충성심을 바탕으로 한 쿠바 엘리트들과 쿠바회사 사이의 지속적인 관계 형성이었다. 근본적인 목표는 쿠바 엘리트들이 가지고 있는 충성과 헌신의 초점을 조국에서 회사로 대체하는 것이었다. 반 혼은 이 엘리트들로 하여금, 쿠바회사의 성장과 발전이 자신의 성공과 번영이라는 개인적 전망뿐 아니라 쿠바 사회의 성장과 발전에 중심을 이루는 것이라고 생각하기를 원했다. 이렇게 함으로써 엘리트들도 쿠바 전체의 이익보다 회사의 이익을 우선시하는 것을 쉽게 합리화할 수 있게 된다. 따라서 쿠바에 '안정된' 정부를 세우려는 우드의 전략은 반 혼의 쿠바회사 건설 전략을 훌륭하게 보완했다.

우드는 '유복한 계급'에게 권력을 부여하는 것이 쿠바에 안정된 정부를 세우려는 목표에 결정적 요소라고 생각했다. 그 전략적 계획은 향후 지방선거와 미국 감독 아래 정부 운영에 참여함으로써 향후 자치정부를 구성할 쿠바인들을 마련하고, 쿠바 정부를 구성하고 미국 정부와 미래 관계를 형성할 헌법을 제정하는 과정을 장악하는 것이었다.

우드는 '유복한 계급'의 정치적 주도권을 키우고 헌법 제정에서 성과를 내기 위해 이중 전략을 추진했다. 첫째, 그는 자산계급 구성원들에게서 추천받은 뛰어난 쿠바인들을 군정청의 중요한 자리에 앉혔다. 이렇게 임용된 사람들은 미국에서 교육받고 가능한 한 미국과 친밀한 관계를 맺고 싶어 하는 쿠바인들이었다. 우드는 미군정 산티아고 지방 장관으로 있을 때 그러한 전략을 이렇게 밝힌 적이 있다.

모든 임용에 대한 나의 정책은, 가장 뛰어나고 신뢰할 수 있는 사람들을 한 자리에 모아 놓고 그들에게 상황을 제시하고 내가 바라는 임용이 무엇인지 설명한 다음 그들에게 추천을 받는 것이다. 그때 훌륭한 인물 추천에 실패하면 나는 나대로 신뢰감을 잃게 되고 그들에게도 결국 불행한 결과를 초래할 것이라고 강조한다.[27]

우드는 이런 방식으로 미국에서 교육받은 기술자 호세 라몬 비야론(José Ramón Villalón)을 공공사업부 장관으로, 뉴욕으로 망명했던 엔리케 호세 바로나(Enrique José Varona)를 교육부 장관으로 임명했다. 그밖에도 뛰어난 쿠바인들이 각 주와 시 정부를 포함하여 민정 문제를 다루는 쿠바 정부 내 요직에 임용되었다.

둘째, 우드는 '유복한 계급'이 지방 정부 관직과 제헌의회 대표로 선출되도록 하는 데 정력적인 노력을 기울였다. 우드는 제헌의회가 쿠바 공화국의 형태와 쿠바-미국 관계의 앞날을 결정짓는 역할을 할 것이기 때문에 제헌의회 선거가 무엇보다 중요하다고 생각했다. 선거 전에 매킨리에게 보낸 보고서에서 그는 신중하게 다음과 같이 말했다. "저는 뛰어난 사람들을 대부분 만났고 그들에게 모든 노력을 다해 가장 훌륭하고 유능한 사람들을 당파적 고려 없이 제헌의회로 보내라고 했습니다. 추천된 사람들 가운데 일부는 탁월하지만 나머지는 형편없는 사람들입니다. 그러나 희망하건대 후자는 선거에서 질 것입니다."

우드와 반 혼의 전략은 끊임없이 서로 연계되어 작동했다. 힘 있는 자리를 차지한 유능한 쿠바인들은 쿠바회사가 포레이커 수정안을 우회할 수 있는 법과 정책들을 통과시켜 공포하기 쉽게 해 주었다. 쿠바 법률가들은 에스파냐 법과 쿠바 법률 체계에 관한 전문적 식견을 제공했고 미국 법률가들은 미국 철도법에 관한 지식을 제공했다. 우드는 또한 쿠바회사의 발전을 촉진할 뿐 아니라 철도회사가 취소 가능한 면허의 제한을 우회할 수 있도록 허용하는 쿠바 법을 제정하기 위해 반 혼과 함께 작업했다. 예컨대 우드는 그 거대 철도 회사가 쿠바 철도법을 개정하도록 허용했다. 우드와 그의 동료들은 캐나다 철도 정책을 모델로 초안을 작성하여 미국 주간통상위원회(Interstate Commerce Commission)의 전문가들에게 검토를 받은 뒤 쿠바 철도법을 입안했다. 여기서 중요한 사실은 철도에 관한 일반 법률 제11조 3항에 따라 쿠바회사가 미군 점령이 끝난 이후에도 유효한 '취소할 수 없는 인가'(irrevocable permit)를 보장받았다는 점이다.

쿠바의 앞날에 제헌의회가 차지하는 중요성이 컸기 때문에 반 혼은 회사 이익을 옹호하는 사람들이 확실하게 제헌의회에 참여하도록 했다. 회사는 이전에 뉴욕에서 쿠바혁명당 자문관을 지낸 오라티오 루벤스를 회사의 변호사 겸 대표자로 제헌의회에서 일하도록 했다. 게다가 반 혼은 부유한 쿠바 출신 변호사 라파엘 만둘레이(Rafael Manduley)와 곤살로 데 케사다(Gonzalo de Quesada)를 비밀리에 영입하고 제헌의회에 대리인으로 파견하여 쿠바회사의 이익을 보호하도록 했다.

이 모든 활동에도 불구하고 반 혼은 쿠바에서 회사 미래에 대해 걱정하지는 않았다. 그는 미국이 쿠바와 미국 관계의 장래를 지배할 '플랫 수정안'(Platt Amendment)을 제정하려 한다는 것을 알고 있었기 때문이다. 이 수정안 제4조는 쿠바회사를 위해 만들어진 것이었는데 그 내용은 다음과 같다. "군사 점령 기간 동안 미국이 쿠바에서 공포한 모든 법령들은 비준되어 효력을 가지며 그 아래에서 취득된 모든 법률적 권리는 유지되고 보호될 것이다." 플랫 수정안은 미군정에 의한 어떤 결정도 쿠바 공화국이 폐기하거나 뒤집지 못하게 함으로써 쿠바회사의 미래를 보장했던 것이다.

이 수정안에 따라 새로운 공화국은 미군정이 점령기간 발급한 이른바 취소 가능한 인가를 더 이상 무효화할 수 없게 된 것이다. 우드와 반 혼은 취소 가능한 인가라는 개념을 포레이커 수정안을 우회하는 데 교묘하게 이용했고, 그 다음에 취소 가능한 인가에 붙여진 제한을 회피하는 데에는 플랫 수정안을 이용했다. 요컨대 우드와 반 혼은 미국 의회가 경제적 착취로부터 쿠바를 보호하기 위해 강제한 장애물을 교묘히 넘어 미국 재계의 이익을 실현하고 공고하게 했다. 이러한 기만이 자유 쿠바의 대변자들에게 들키지 않은 것은 아니다. 제헌의회 의원이자 해방군 대변인 호세 라크렛 모를로트(José Lacret Morlot)는 아바나의 유력 일간지 《라루차》(La Lucha) 편집장에게 보낸 통찰력 넘치는 편지에서 이렇게 선언했다. "합법적이지 않은 회사들이 플랫 수정안에 따라 합법화될 것인데 이는 법 정의를 짓밟는 짓이다."

그렇지만 쿠바회사와 그들의 동맹자들 사이에 유지된 관계 덕분에 회사의 사업망은 유난히 효과적이었다. 쿠바에서 엘리트들은 공직 생활과 민간 생활 사이를 넘나들었다. 이 때문에 시간이 지나면서 쿠바회사는 도움을 받을 수 있는 영향력 있고 힘 있는 자리에 있는 친구들을 언제든지 확보할 수 있었다. 예컨대, 회사 초기에 밀접하게 접촉했던 사업가이면서 도지사였던 호세 미구엘 고메스(José Miguel Gómez)는 1909년 쿠바의 대통령이 되었다. 그는 나중에 민간 생활로 돌아온 뒤 쿠바회사 제당소의 사탕수수 공급자가 되었다. 제당소 관리자로 쿠바회사와 밀접한 관계를 맺었던 마리오 메노칼(Mario G. Menocal)도 1913년에 대통령이 되었다. 쿠바회사의 부회장 도밍고 갈도스(Domingo A. Gáldos)는 나중에 상원의원이 되었으며, 쿠바회사의 대주주이자 간부였던 호세 타라파(José Tarafa) 또한 상원의원이 되었다.

쿠바회사의 경험은 쿠바에 있는 다른 미국 회사들에게 본보기가 되었다. 비록 회사마다 구체적 전략은 다양했지만 가장 성공한 회사들은 공통적으로 쿠바 엘리트들이 자기 회사를 정부와 쿠바 전문가 계급에 연결함으로써 비공식 사업망을 구축했다. 바로 이런 환경에서 엘리트들의 충성과 헌신의 초점이 '조국'에서 '미국 회사'들로 바뀐 것이다. 동시에 이 다양한 사업망은 미국 재계의 이익과 쿠바 정부 사이의 동맹에 기초한 촘촘한 관계의 거미줄을 짜놓았다. 이 동맹은 미국 회사에 유리한 법을 공포하고 정책을 수립하는 데 영향을 주는 통치 체제를 형성했다. 이 통치 체제로 인해 미국 기업은 쿠바 사회를 변화시키고 발전시키는 데 주도적 역할을 할 수 있었다.

미국 기업의 이해관계와 임시정부는 경제를 지배함으로써 쿠바를 미국의 종속국으로 만들었다. 1896년부터 1914년까지 미국 기업의 투자는 5,000만 달러에서 2억 1,500만 달러로 증가했고, 미국 기업들은 쿠바 섬에서 일자리와 기회를 제공하는 가장 중요한 원천이 되었다. 1925년이 되면 미국이 쿠바 경제를 완전히 지배했는데 특히 설탕 산업은 대부분 미국의 수중에 들어갔다. 미국은 쿠바의 모든 제당소 가운데 41%를 소유했고 사탕수수 수확량의 60%를 통제했는데 액수로는 총 7억 5,000만 달러에 달했다.

우드는 쿠바에 안정적 정부를 확립하는 데 성공한 바로 그 시점에 그 정부의 지속 가능성에 대해 깊은 관심을 가졌다. 그는 미국이 군정을 끝내면 자산계급이 권력을 유지할 수 없게 될까 우려했다. 크게 약화되었다고는 해도 자유 쿠바 사상과 독립주의의 힘은 여전히 강했다. 이런 맥락에서 우드와 엘리후 루트는 미국의 이익을 보호하고 '유복한 계급'이 권력을 유지할 수 있게 하기 위해 안전장치가 필요하다고 생각했다. 다시 한 번 플랫 수정안이 안전장치로서 이용되었다.

1902년 2월에 미국 의회에서 제정된 플랫 수정안은 점령이 끝난 뒤에도 미국의 이익을 보호하기 위해 필요한 마지막 장치였다. 플랫 수정안은 쿠바가 다른 나라와 조약을 체결하는 것을 제한하고 부채 한도를 강요했다. 또 미국을 제외한 어떤 외세에게도 영토를 할양하는 것을 금지함으로써 쿠바가 독립된 공화국으로 기능할 수 있는 능력을 제한했다. 본질적으로 이 수정안은 쿠바가 국제무대의 일원이 되지 못하도록 했으며 쿠바의 호혜적 관계를 미국에 거의 배타적인 관계로 한정했다. 무엇보다 중요한 사실은, 플랫 수정안 탓에 점령기간 동안 군정이 취한 모든 조치가 영구적으로 유지되었으며 미국은 '쿠바의 독립을 유지하기 위해 개입할 권리'를 가지게 되었다는 점이다.

끝나지 않은 혁명

'유복한 계급'이 허약했음에도 불구하고 군정 시기 동안 쿠바 엘리트들과 미국 기업의 이익 사이에 강고한 연결 고리가 만들어졌기 때문에, 미국은 쿠바 사회에서 헤게모니를 행사할 수 있었다. 그 결과 형성된 통치 체제로 인해 쿠바 섬에 대한 미국의 투자는 촉진되었고 미국 재계의 투자와 교역에 유리한 법과 정책들이 계속 개발되었다. 하지만 쿠바는 결코 우드가 전망한 앵글로-색슨 모델의 공화국이 되지 않았다. 미국인들은 쿠바에 현대 자본주의 국가의 핵심 가치와 신념을 결코 불어넣을 수 없었다. 자산계급은 자유주의적 발전이라는 이상을 제대로 파악하지 못했으며, 현대 기업 국가를 지탱하는 제도적 틀이나 사회문화적 질서를 만드는 데 성공하지 못했다.

두 가지 구조적 문제가 사태의 중심에 놓여 있었다. 첫째, 미국 기업의 이익이 쿠바 경제를 통제하게 됨으로써 사실상 쿠바인 경쟁자들이 제거되었다. 쿠바인들은 주로 중간 관리자의 지위로 한정되었고 사업 발전에서도 주변에 머물렀기 때문에, 쿠바 엘리트들이 미국인들에 견주어 경쟁력이 있는 몇 안 되는 분야 가운데 하나가 바로 정치였다. 미국 자본이 지배하는 쿠바 사회에서 정부는 대부분의 쿠바인들이 부와 권력을 얻을 수 있는 일차적인 수단이 되었다. 그 결과 뇌물과 부패가 새로운 공화국의 특징을 이루었다.

둘째, 미군정에 의해 법제화된 정책들은 쿠바 경제를 설탕 산업이 지배하는 단일경작 경제로 전환했다. 우드가 실시한 토지개혁은 미국 기업들이 거대한 토지를 손에 넣을 수 있게 해 주었고, 그 토지에서는 설탕 생산이 이루어졌다. 다음에는 설탕 중심의 개발이 쿠바의 정치와 사회에 근본적 논리를 확립했다. 사탕수수제당소소유자연합의 호세 마누엘 카사노바(José Manuel Casanova)가 자주 말한 "설탕 없이는 국가도 없다"(Sin azucar, no hay país)는 말이 이 나라의 신조가 되었다. 산업이 설탕 생산에 집중됨으로써 악순환이 심화되었다. 곧 설탕 없이는 쿠바도 없었고, 미국 시장이 없는 설탕은 상상조차 할 수 없었다. 상호 호혜적 무역(미국에 수출되는 쿠바 설탕의 특혜 관세와 쿠바에 수출되는 미국 수출품의 저율 관세의 교환)은 다른 생산물의 개발을 희생한 채 설탕에 우선권을 줌으로써 단작농업을 강화하고 경제적 다양성을 가로막았다.

설탕 생산은 또한 경제적 착취를 낳았다. 설탕 산업은 계절노동에 의존했고 가장 비옥한 토지를 잡아먹었다. 설탕 생산은 높은 수준의 구조적 실업과 토지 집중을 불러와 생계 농업과 소농 경제의 토대를 허물었다. 사탕수수가 자라지 않는 기간에는 수많은 설탕 노동자들이 도심으로 마구 모여들었고 생계를 이어 가기 위해 발버둥 쳤다. 또한 쿠바 사회 자체가 설탕 산업에 지배당함으로써 미국에 대한 종속이 심화되고 경제 성장이 저해되었다. 생활수준이 억제되고 경제적 착취가 제도화되고 인종적·사회경제적 정의를 위한 투쟁이 방해받았다.

1902년 5월 20일 미국은 쿠바 독립을 승인하고 새로 선출된 대통령 토마스 에스트라다 팔마에게 권력을 이양했다. 에스트라다 팔마는 말했다. "나는 쿠바 공화국의 대통령으로서, 미국 대통령이 통지한 명령에 따라 나에게 넘겨준 쿠바 섬의 통치를 수락하며, 이 조치로 쿠바에 대한 군사 점령은 끝나는 것이라는 점을 지적해 둔다." 태동기의 미 제국주의와 자산계급의 열망 사이에 이해관계가 융합함으로써 이 날의 독립이 가능했다. 하지만 플랫 수정안이 쿠바 섬에 그림자를 드리웠다. 플랫 수정안으로 미국은 쿠바 섬이 미국의 이익을 위협할 만한 사태가 발생하면 군사력을 동원해 개입할 권리를 가졌을 뿐 아니라, 쿠바 영토에 해군 기지를 위한 땅 임대권도 획득했다. 장차 이 군사 기지는 쿠바 영토에 미국인들의 영속적 주둔지를 제공해 줄 터였다.

플랫 수정안은 쿠바의 '유복한 계급'과 미국 기업 이익 사이의 '협력적' 관계와 더불어 쿠바 섬이 에스파냐 식민지에서 미국에 종속된 땅으로 전환되는 것을 촉진했다. 이런 맥락에서 1902년 쿠바 공화국의 수립은 민중계급에 대한 자산계급의 승리를 말해 주는 것이다. 그렇지만 이 승리가 민중계급을 한편으로 하고 자산계급과 미국인 동맹자들을 다른 한편으로 하는 투쟁에 종지부를 찍은 것은 아니었다. '자유 쿠바' 안에서 이데올로기적 분열로 인해 태어난 이 투쟁은 그 뒤로도 끝없이 이어졌다.

'야라의 외침'에서 시작된 혁명이 아직 완수되지 않았기 때문에 이는 당연한 일이었다. 호혜성의 원리, 부의 공정한 분배, 사회경제적 정의에 기초한 사회 건설은 미루어진 꿈으로 남았다. 이러한 꿈과 이상은 19세기 에스파냐에 대항한 독립투쟁의 대의가 된 것처럼 이번에는 미국 헤게모니와 종속에 맞서는 20세기 투쟁에 끊임없이 연료를 제공할 터였다.

2장

이번 혁명은
현실이다

"이번 혁명은 현실이다!" 1959년 1월, 피델 카스트로는 산티아고데쿠바(쿠바 남동부의 항구도시 ─ 옮긴이)에 입성하여 이렇게 선언했다.

산티아고에서 아바나까지 도시와 농촌 마을을 행진하면서 피델은 쿠바의 '정화'(淨化)와 번영을 호소했다. 길거리로 몰려나온 군중들은 카스트로와 그의 '털보 부대'(barbudos)를 향해 '만세'(Viva)를 외치며 박수갈채를 보내고 꽃을 뿌렸다. "이번 혁명은 현실이다"라는 표현은 1868년 선조들이 시작한 혁명을 피델과 혁명군이 완수하겠다는 것을 의미했다. 그들은 지난날 쿠바 해방군의 꿈이었던, 호혜성의 원리, 부의 공정한 분배, 인종적 · 사회경제적 정의에 기초한 사회를 건설하려고 했다.

열정 넘치는 피델은 군중들에게 거듭 강조했다. "올해는 일하는 해가 될 것입니다. 우리는 지금까지는 앞으로 전개될 삶보다 조용한 삶을 살았습니다. 이제 우리는 이 나라를 '정화' 하려고 합니다".[1] 이 연설은 혁명군이 민중계급의 이미지로 쿠바를 개조하겠다는 의지의 표현이었다. 1953년 바티스타 정부 시절의 재판 변론(나중에 《역사가 나를 무죄로 하리라》라는 제목으로 출판되었다)에서, 피델 카스트로는 쿠바 사회의 재구성을 위한 프로그램의 윤곽을 밝힌 바 있다.

아바나 시내로 들어오고 있는 혁명군(1959년 1월)

　　토지소유, 산업화, 주택, 실업, 교육, 보건 등 여섯 가지 문제는 우리가
앞으로 혼신의 노력을 기울여야 할 중요한 과제들입니다.

　　혁명으로 쿠바 사회에는 새로운 논리가 스며들었고 이제 민중계급의
이익이 국가 발전의 중심이 되었다. 혁명군 프로그램의 핵심에는 모든
'쿠바인'의 생활수준과 삶의 질을 높인다는 목표가 있었다. 그 중에서도
특히, 농민, 실업자, 계절노동 농민과 가내 노동자, 그리고 비공식 부문
노동자들의 삶은 중요한 문제로 꼽혔다. 이 새로운 사회를 위해 카스트
로는 공간적 · 사회적 환경을 재편성할 뿐 아니라 일상생활을 풍요롭게
할 수 있는 문화를 창조하고자 했다. 혁명군은 큰 그림을 마음에 품고 있
긴 했지만 그것을 실현하기 위한 구체적 청사진을 가지고 있지는 않았

다. 민중계급의 이미지로 사회를 재창조하는 데에는 지성과 창조성, 결단력, 인내심이 필요했다.[2]

1959년 1월 1일 혁명이 승리했을 때 아바나는 낙후된 섬을 지배하는 '자본주의' 도시였다. 쿠바는 실업, 취약한 산업화, 부족한 사회 기반시설, 낮은 기술 수준, 열악한 교육과 보건 상태 등 낙후된 국가의 전형적인 특징을 가지고 이었다. 이 모든 특징은 수도인 아바나뿐 아니라 작은 도시들에서도 뚜렷이 나타났다. 이 시기 쿠바의 가장 두드러진 특징은 농촌과 도시로 양극화된 지리적 분열이었다. 그래서 혁명군은 우선 농촌 개발에 모든 노력을 쏟아 부었고 민중계급의 이미지로 도시를 개조하려는 노력은 이러한 맥락 속에서 이루어졌다.

엘리트 중심의 공화국 도시(1898~1958년)

혁명군은 권력을 장악했을 때 자본주의적으로 건설된 도시 환경을 물려받았다. 이 도시에는 식민지 시기(1512~1897년)와 공화국 시기(1898~1958년) 엘리트 사회의 조형물, 소유관계, 토지이용 구조, 공간 조직 등이 고스란히 반영되어 있었다. 도시는 무려 450년 동안 자본주의적 발전을 통해 진화해 온 모습을 띠고 있었다. 도시 형태는 지리적 공간의 유형과 위치뿐 아니라 도로, 공장, 사무실 빌딩, 상점, 주택, 문화와 유흥 시설, 교육기관, 보건 시설을 비롯한 총체적인 환경을 포함한다.

도시 건설은 도시계획과 설계, 건축, 그리고 지리적 공간 안에 건물과 장소를 배치하는 것을 포함하여 도시 지역을 발전시키는 과정 전체를 말한다. 도시 건설은 또한 소유권을 규정하는 법적 틀을 만들어 가는 과정이고 부동산 거래를 규정하는 규칙을 수립하는 과정이며, 도시 개발을 특징짓는 토지이용의 틀을 결정하는 과정이기도 하다. 폴 녹스, 리차드 올과 안셀름 스트라우스, 데니스 로렌스와 세타 로 같은 학자들은 건설된 환경이 지배적 사회 집단의 이데올로기, 권력 관계, 태도, 가치, 신념 따위를 드러내는 사회적 메시지를 전달하는 상징성도 지닌다고 말한다.[3] 공화국 시기 동안 아바나의 도시 디자인과 공간 배치에 따른 건물과 공원, 가로수 길, 이웃공동체 등은 크리오요 엘리트들과 미국 지원자들의 권력과 권위를 정당화하는 사회적 메시지를 전달했다. 이런 관점에서 볼 때 건설된 환경은 지배적인 사회경제적 질서를 복제하는 물리적 환경을 생산하는 '당파적' 배치이다.

도시학자 데이비드 하비와 리처드 포글송도 이런 관점에 동의한다. 하비는 자본주의적으로 건설된 환경은 엘리트 사회를 반영하거나 형상화한 것이라고 주장한다. 엘리트 중심의 도시 건설 과정은 인종 및 계급 분리 체계와 시장에 기초한 엘리트 사회에서 부의 불평등한 분배를 반영하는 물리적 환경을 생산하는 과정이 된다.[4] 포글송에 따르면, 엘리트 사회에서는 토지소유의 '이윤 추구' 시장 시스템으로 인해 도시 건설 과정이 땅 투기꾼, 상업적 부동산 개발업자, 주택 건설업자, 그리고 이들과 관련된 건축과 도시계획 회사들의 통제 아래 들어간다.[5] 사적 부문이 도시 건설과 도시 발전 과정을 통제할 수 있게 됨으로써 건설된 환경의 구조는 불균등한 이웃공동체 확산과 계급적 · 인종적 분리라는 특징을 띠게 된다. 따라서 카스트로와 혁명군은 혁명의 원대한 목표를 달성하기 위해 이러한 도시 건설 과정을 급진적으로 변화시켜 새로운 상징성을 만들지 않으면 안 되었다.

1959년 1월의 아바나는 도시 경계 안에 약 127만 명, 도시 외곽 지역

표 2 아바나와 쿠바의 인구 성장, 1899~1958

연도	아바나 인구	쿠바 인구	아바나 인구 비율(%)
1899	253,418	1,572,797	15.0
1907	302,526	2,048,980	14.8
1919	363,506	2,889,004	12.6
1931	728,500	3,962,344	18.4
1943	946,000	4,778,583	19.8
1953	1,223,900	5,829,029	21.0
1958	1,361,600	6,548,300	20.9

Scarpaci, Segre, and Coyula, *Havana*, 120.
* 1931년, 1943년, 그리고 1953년 아바나의 인구 통계는 과거 아바나 시의 행정 편제에 따른 것인데, 오늘날 아바나 시를 반영하도록 수정했다.

에 약 136만 명의 인구가 거주하는 커다란 광역도시였다. 면적이 약 300평방킬로미터에 이르는 이 대도시는 쿠바 섬 전체를 지배하고 있었다. 혁명이 승리했을 때 전체 인구의 21%, 즉 쿠바인 5명 가운데 1명은 아바나에 살고 있었다. 아바나는 이 나라에서 두 번째로 큰 도시 산티아고데쿠바의 6배나 되었다. 아바나는 쿠바의 수도일 뿐 아니라 가장 큰 항구이며 상업 중심지였다.

1519년부터 1958년까지 전개된 엘리트 중심적 도시 건설 과정은 아바나의 발전 형태를 결정지었다. 1519년부터 1897년까지 식민지 시기에 아바나는 주로 성벽 범위 안에서 확장되었다. 19세기 전반기 동안 누린 경제적 호황으로 아바나는 괄목할 만한 인구 성장과 발전을 이루었다. 그렇지만 독립전쟁(1868~1878년, 1879~1880년 및 1895~1898년)으로 이 역동적인 도시 건설과 발전 과정은 중단되었다. 전쟁으로 쿠바 경제는 황폐화되었으며 이로 인한 빈곤과 고난은 인구 성장과 도시 발전의 발목을 잡았다. 예컨대, 1827년과 1862년 사이 아바나의 인구는 90,023 명에서 190,332명으로 102%나 증가했다. 하지만 1869년과 1899년 사이 30년 동안에는 인구가 211,696명에서 253,418명으로 고작 42,000명 (19%)이 느는 데 그쳤고, 이 증가분마저도 이전 인구조사에서 누락된 유입 인구 때문일 수도 있다(표2 참조).

독립전쟁 기간 동안 침체된 경제와 제한된 정부 자원, 불안정한 생활 조건 등이 부족한 도로나 열악한 기반시설과 더불어 도시 건설 과정을 가로막았다.[6] 크리오요 엘리트들과 에스파냐 상인들은 새로운 도시 건설 프로젝트에 착수하려고 애썼으나, 그러한 노력들은 경제적 어려움을 상쇄하지 못하였고 도시 건설과 도시 발전은 좌절되었다. 1895년 전쟁 발발로 도시의 상황은 더욱 악화되었다. 식민지 시기의 도시 건설은 이렇게 끝났다.

미국이 1898년 쿠바에 대한 통제권을 얻게 되었을 때, 비록 독립전쟁이 도시 건설을 방해하긴 했지만 미국인들은 도시 기반시설과 경제적 발전이 여전히 상당한 수준에 있는 도시와 마주쳤다. 당시 아바나 광역시는 세 구역으로 이루어져 있었다. 먼저 '중앙 핵심부'는 아바나 비에하 (Habana Vieja)와 센트로 아바나(Centro Habana), 엘 베다도(El Vedado), 세로(Cerro)의 일부로 구성되어 있었다. 두 번째 구역은 '교외' 아바나였는데, 알멘다레스 강 서쪽의 미라마르(Miramar) 및 마리아노(Mariano)와 남쪽으로는 비보라(Víbora), 루야노(Luyanó), 그리고 산토스수아레스(Santos Suárez)로 이루어져 있었다. 세 번째 구역은 과나바코아(Guanabacoa)와 레글라(Regla), 산티아고데라스베가스(Santiago de las Vegas)를 비롯한 외곽의 소도시들과 촌락들로 구성되어 있었다. 도로 상태와 연결망이 열악했기 때문에 외곽 지역은 도시의 다른 지역과

효과적으로 연결되지 못했다.[7]

미군정 장관 레너드 우드의 목표는 아바나를 쿠바에서 정치와 경제의 중심이 되는 현대적 기업도시로 개조하고 변형시키는 것이었다. 1898년부터 1901년까지 주둔 기간 동안, 그는 아바나를 광대한 엘리트 중심적 도시로 전환할 과감한 도시 건설 프로그램에 착수했다. 이윤을 위한 토지, 주택 시장 및 경제적 발전은 도시의 건설과 개발 과정에 활력을 불어 넣었다. 이러한 도시 건설 과정은 미국의 건축업자, 설계사, 기술 회사, 도시계획가, 은행가, 그리고 법률 회사가 주도했다. 그때는 미국에서 도시 건설이 활발하던 시기였고, 아바나는 미국의 도시 건설가들이 도시 발전의 양식을 놓고 새로운 아이디어를 실험해 보는 실험실이 되었다.

아바나를 현대적 기업도시로 전환하기 위해 우선 도시의 성장과 발전을 지원할 수 있는 기반시설을 건설할 필요가 있었다. 이 목표를 위해 미국은 주둔 기간 동안 상수도망, 천연가스와 하수 설비, 전기 가로등, 전신과 전화 회선, 쓰레기 수거 체계 등을 구축했다. 포장도로를 확대하고 시내 교통을 마차에서 전차로 대체한 것도 눈에 두드러진 변화였다.

새로운 교통 체계가 등장함으로써 현대적 토지 이용과 소유가 발전할 수 있었고 도시의 공간적 팽창도 가능해졌다. 시내 전차 시스템은 남쪽 교외의 헤수스델몬테(Jesús del Monte), 라우톤(Lawton), 루야노, 산토스 수아레스 지역과 서쪽 교외의 베다도, 미라마르, 부에나비스타(Buena Vista), 라플라야(La Playa), 마리아노 지역을 중앙 핵심부(아바나 비에하와 센트로 아바나)에 연결했다. 말레콘(Malecón, 방파제를 따라 만들어진 도로)을 확장하고 1920년대 중반에 건설한 알멘다레스 강 다리가 시내 전차와 연결됨으로써 미라마르를 비롯한 서쪽 교외 지역의 엘리트 이웃공동체 발전을 촉진했다.

1940년대 후반과 1950년대에는 알멘다레스 강과 아바나 만 아래에 터널을 건설함으로써 미라마르와 서쪽 교외 지역의 발전이 속도를 더했다. 이와 동시에 아바나 만 아래로 뚫린 터널은 아바나 동부 지역의 발전을 촉진했다.[8] 이처럼 교통망은 도시의 뼈대가 되어 도시의 성장과 발전의 기틀을 마련하고 그 방향을 제시했다.

1958년이 되면 이 현대적 기업도시는 중앙 핵심부와 행정·교육·유흥 기능을 하는 부도심, 그리고 위계적인 주거지역으로 구성되었다. 중앙 핵심부는 도시의 통치·행정·상업·소매·사교·관광 지역으로 기능했는데, 이런 장소는 아바나 비에하와 센트로 아바나를 나누는 경계지역에 집중되어 있었다. 통치·교육·사교·관광 기능을 하는 부도심은 1930년에서 1958년 사이 베다도의 플라사 시비카(Plaza Cívica)와 라람파(La Rampa) 지역에 형성되었다.

아바나의 도시 형태는 위계적 주거 구조로 이루어져 있었다. 사람들은 저마다 주택과 환경 조건에서 차이가 큰 이웃공동체에서 살고 있었다. 주택과 이웃공동체는 한 도시의 영혼과 사회의식을 반영한다. 기념관과 거대한 조형물이 한 사회의 두드러진 문화적 요소를 규정한다면, 그 사이에 있는 이웃공동체는 그 도시의 진정한 가치와 신념, 태도를 드러낸다.

공화국 시기 동안 분리된 주거지와 공간의 배타성은 엘리트 중심적 도시의 전형적인 특징이 되었다. 이윤 추구를 위한 토지와 주택 시장은 고전적 유형을 닮은 주거 발전 모델을 낳았다. 그것은 주택의 가격과 종류에 따라 이웃공동체들을 계층화하고, 인종과 계급에 따라 사람들을 분리시켰다. 이러한 형태의 주거지 분리는 도시가 외곽으로 확장되면서 형성되었다. 엘리트들이 아바나 비에하와 센트로 아바나에 있는 자신들

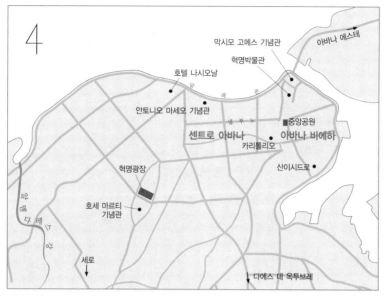

막시모 고메스 기념관

아바나 에스테

혁명박물관

호텔 나시오날

안토니오 마세오 기념관

센트로 아바나

중앙공원

아바나 비에하

카리톨리오

혁명광장

산이시드로

호세 마르티
기념관

세로

다에스 데 옥투브레

아바나 지도

의 집을 버리고 떠나자 노동자계급과 저소득층이 하나둘 그곳에 대신 들어섰다.

　시간이 지나면서 아바나 비에하와 그 주변 공업지역의 이웃공동체들은 노동자계급, 저소득 계층, 계절적 실업자들 및 이주 노동자들의 주거지가 되었는데, 이들은 대부분 솔라레(solares), 쿠아르테리아(cuarterías), 시우다델라(ciudadelas), 파사헤(pasajes), 악세소리아(accesorias) 같은 주거 형태 속에 살았다. 솔라레와 쿠아르테리아는 아바나 비에하, 센트로 아바나, 세로 및 엘베다도의 오래된 바로크 · 신고전주의 · 절충주의 양식의 저택을 개조하여 만든 낡은 셋집이었다. '시우다델라'는 안뜰을 따라 방이 있는 단층 또는 이층집으로 셋집의 일종이었으며, '악세소리아'는 도로에 바로 맞닿아 있는 빌딩의 맨 아래층에 침대 하나 있는 방으로 이루어진 아파트였다.

한편 이들 저소득층 노동자들은 도시의 남부와 서남부 경계 지역을 따라 형성된 빈민가로 모여들었다. 임시로 만든 오두막집이 모여 있는 이러한 빈민가 가운데 가장 악명이 높았던 곳은 라스야구아스(Las Yaguas)와 예가이폰(Llega y Pon), 라쿠에바델우모(La Cueva del Humo)였다. 1950년대 후반 아바나의 주택 가운데 거의 절반은 열악한 상태였고 인구의 6%가 빈민가에 살았다. 이 가난한 변두리 지역공동체들은 기본적인 기반시설이 부족했으며, 노동자들에게 버젓한 주택을 공급하려는 몇 안 되는 정부의 시도마저 지속적인 효과가 없었다.[9]

이와 동시에 도시계획가와 개발업자들은 베다도와 미라마르를 비롯한 서부 지역에 엘리트 이웃공동체들을 세웠다. 거기에는 무성한 초목과 공원에다가 전문가가 설계한 조형물까지 있는 '정원 도시' 환경을 갖추고 있었다. 이러한 배타적 이웃공동체에 사는 엘리트들의 욕망은 건축가들의 기업가 정신과 함께 이웃공동체 계획과 디자인에 영향을 끼쳤다. 토지에 대한 접근은 땅과 건물 가격을 통해 '통제'되었기 때문에, 가장 나은 공간은 부자들에게 돌아가기 마련이었으며 빈민과 노동자계급에게는 그보다 덜한 지역과 공업지구만이 남겨졌다.

이러한 자본주의적 도시 건설 과정으로 인해 1958년에 이르면 주택의 질과 이웃공동체의 상황에 따라 주거 환경이 한눈에 구별되었다. 아바나의 주거 공간 형태는 계급적 낙인을 낳았다. 부자들이나 상류계급은 베다도와 미라마르를 비롯한 서부 이웃공동체에 거주한 반면, 중간계급은 비보라와 라우톤 같은 남부 교외 지역을 차지했다. 노동자들은 헤수스마리에, 센트로 아바나, 아바나 비에하, 아바나 에스테, 그리고 외곽 소도시와 촌락을 차지했다. 그 밖에 일부 노동자들은 도시 변두리를 따라 흩어져 있는 빈민가에 무리를 이루어 살았다.

인종도 계급과 더불어 아바나의 주거와 토지 이용 유형에 영향을 미친 요인이었다. 그렇지만 아바나에서는 인종에 따른 주거 분리가 오직 엘리트들이 사는 이웃공동체에서만 발생했다는 점에서 미국의 도시 중심가와는 달랐다. 엘리트 이웃공동체에서는 아프리카계 쿠바인일 경우 심지어 지식인들이나 전문가들도 통과할 수 없을 정도로 인종 구분선이 뚜렷했다. 아프리카계 언론인 쿠스타보 우루티아(Gustavo Urrutia)에 따르면, '고상한' 흑인 가정도 고층빌딩과 현대식 아파트 입주권을 얻는 데 어려움을 겪었다.[10] 아프리카계 쿠바인들이 배타적 이웃공동체에 있는 아파트를 빌리려고 하면 건물주는 흔히 그 집이 이미 임대되었다고 말하곤 했다.

하지만 노동자계급의 이웃공동체에서는 사정이 달랐다. 그곳에서는 아프리카계 쿠바인들이 주거 차별을 겪지 않았다. 흑인들과 백인들이 함께 살았을 뿐만 아니라 일상생활에서 서로 지속적으로 교류했다. 어떤 백인들은 심지어 아프리카계 쿠바인들의 상징이었던 춤, 음악 및 종교 의례까지 받아들였으며, 나아가 인종 간의 정신적 · 정서적 관계를 발전시킴으로써 인종 구분선을 깨뜨렸다. 이러한 현실 때문에 외국 사람들이 쿠바 섬에서는 인종이 사회적 관계에 영향을 미치지 않는다고 강조하기도 했다.

인종 간 친화성에도 불구하고 아프리카계 쿠바인들은 도시의 직업 구조에서 가장 낮은 임금을 받는 형편없는 일자리에 집중되어 있었다. 그래서 노동자계급의 이웃공동체 안에서도 가장 낙후된 곳에 집을 구할 수밖에 없었다. 말하자면 아프리카계 쿠바인들이 노동자계급 이웃공동체에서 인종 장벽에 부딪히지 않았다 하더라도, 낮은 소득 때문에 가장 열악한 주택과 이웃공동체 환경에서 살 수밖에 없었던 것이다. 그리하여 그들은 솔라레와 시우다델라가 많은 빈민가에 비교적 많이 거주했다. 그러나 아바나의 노동자계급 이웃공동체에서 주거 차별이 미국의 노동자계급 이웃공동체와 같은 방식으로 작동했다고 할 만한 증거는 없다.

이처럼 인종적 분리가 크지 않았지만 주택 문제는 여전히 아바나의 모든 노동자들에게 심각한 문제였다. 예컨대, 1951년까지만 해도 4만~5만 명의 아바나인들이 빈민가에 살았으며, 20만 명으로 추산되는 사람들은 솔라레와 시우다델라에 살았다. 도시 인구의 3분의 1가량이 아주 열악한 조건을 견뎌야 했다는 말이 된다. 이처럼 아바나에 사는 엘리트들(크리오요와 미국인)은 민중계급, 특히 아프리카계 쿠바인들과는 완전히 딴판인 세계에서 생활했다.

공화국 시기 동안 엘리트들은 자신들의 사회경제적 가치와 신념이 담긴 메시지를 전달하고 민중계급에 맞서 자신들의 이데올로기와 권력 관계를 강화하는 상징적 환경을 아바나에 새겨 넣었다. 미군이 점령한 이래로 아바나의 정부 행정기관은 '기념물 도시'(monumental city)를 건설하려고 했다. 자본주의의 우월성을 찬양하고 부르주아적 부와 권력을 찬미하며 미국의 지배와 사회의 위계질서를 정당화하는 서사를 아바나의 경관에 새겨 넣고자 했다.

기념물 도시 건설에는 여러 해가 걸렸다. 엔리케 몬토우리에우(1922년), 페드로 마르티네스 인클란(1925년), 장-클로드 니콜라스 포레스티에(1926년), 에두아르도 카냐스 아브릴(1951년), 폴 레스터 비에너(1958년) 같은 수많은 설계자와 건축가들이 동원되어 다양한 건축 양식을 반영하는 종합 계획이 수립되었다. 이러한 틀 속에서 그들의 활동은 지배 엘리트의 신념과 이데올로기, 문화를 전달하는 기념물의 창조라는 단일한 목표 아래 형성되고 통합되었다.[11]

이 도시 건설가들(정부 관료, 도시계획가, 조경설계사, 설계사, 기술자, 건축가 등)은 도시 건설이 도시 지역의 정치와 도시의 생활 방식, 지도자가 추구하는 미래에 영향을 끼치는 활동이라는 것을 잘 알고 있었다. 장-클로드 니콜라스 포레스티에는 프랑스 경관 건축을 종합하는 작업을 한 경험을 바탕으로 다른 사람들과 더불어 절충적인 기념물들을 배합하여 아바나에 통치 이데올로기를 불어넣는 상징적 배치를 설계했다.[12]

통치 체제의 사회적 질서를 표현하는 데 어떤 상징들은 다른 무엇보다 더 중요했다. 아바나의 기념 건축물은 네 가지 위계적 유형에 따라 구성되었다. 첫 번째는 상징적 핵심부이다. 가장 중요한 기념물들이 아바나 비에하와 센트로 아바나를 가르는 경계선에 자리를 잡았고, 다음으로 아바나의 해안 산책로 말레콘을 따라 프라도(Prado)에서 알멘다레스 강까지 이어졌다. 두 번째는 마리아노의 호화로운 컨트리클럽, 시민 광장(Plaza Civica), 콜럼버스 군사기지, 1958년 세워진 힐튼 호텔 등 도시 곳곳에 산재한 기념물들로 구성되었다. 세 번째는 엘리트들의 배타적 주거 공간으로 형성되었으며, 민중계급이 차지한 장소와 공간은 마지막 층을 이루고 있다.

아바나 비에하와 센트로 아바나 사이에 상징적 핵심부가 만들어져 이 핵심부는 '옛 도시'에서 '새 도시'를 가르는 경계가 되었고 식민지 시대의 과거로부터 단절된 쿠바를 상징했다. 이 경계 공간에 확연한 균열을 만들어 내기 위해 설계자들은 전혀 다른 차원의 도시 디자인을 이용했고 디자인과 규모의 측면에서 눈에 띄는 건물들을 세웠을 뿐 아니라 그것들을 공원, 정원, 기념물, 가로수 산책로 등이 있는 녹색 공간에 배치했다.

호화 주택, 정부 건물, 사교 클럽, 카지노, 점포, 극장, 호텔, 담배 공장, 공원 등을 섞어 놓음으로써 상징적 핵심부는 통치의 중심인 동시에, 사회·문화적 활동과 엘리트들의 유흥뿐 아니라 관광의 중심이 되었다. 이와 같은 다양한 구조들의 배합은 다른 라틴아메리카의 도시에 견줘 봐도 독특한 도시 환경을 만들었다. 담배 공장이 노동자계급 이웃공동체에 아주 가까이 위치한 것은 특히 이색적이다. 더욱이 이처럼 건물들과 공적 공간들이 노동자계급 주거 구역과 아주 가까이 배치되어 있었기 때문에 중심부의 상징적 권력이 강화되었다. 중심부가 이처럼 민중계급과 가까이 있었기 때문에 민중계급은 사회 질서 속에서 놓인 자신들의 위치와 미국 및 자산계급의 전능한 힘을 일상적으로 되새기게 되었던 것이다.

상징적 중심부의 건물과 공원, 기념물은 엘리트들의 문화와 생활방식에 관한 서사를 형성했다. 예컨대, 대통령궁(Palacio Presidencial, 1920년)과 카피톨리오(Capitolio, 1929년)는 통치 권력과 크리오요 엘리트, 미국 협력자들의 권위를 표현했다. 대통령궁은 미국의 백악관에 견줄 수 있는 상징물이었고 카피톨리오는 쿠바 섬의 통치 권력이 자리한 곳이었다. 대통령궁의 절충적인 외관은 권력과 지배를 뿜어냈고 미국 국회의사당과 닮은 카피톨리오는 미국의 권위와 영향력을 표현했다. 카피톨리오의 돔 천장은 아바나의 스카이라인을 압도하며 아바나인들에게 미국인의 존재를 끊임없이 상기시켰다.

부와 고급문화, 쾌락을 추구하는 엘리트들의 생활양식을 찬미하고 그들이 만든 도시의 세계시민적 성격을 강조하는 상징물도 곳곳에 있었다. 센트로 데 데펜디엔테(Centro de Dependientes, 1907년)와 센트로 가예고(Centro Gallego, 1915년), 센트로 아스투리아노(Centro Asturiano, 1927년)는 엘리트들의 풍요로움을 반영하고 정당화하는 사교 클럽이나

아바나의 상징적 중심부(오른쪽의 돔은 카피톨리오)

상호부조 모임 공간이었다. 프라도를 따라 늘어선 고급 호텔 인글라테라
(Inglaterra), 플라자(Plaza), 텔레그라포(Telégrafo), 세비야 빌트모레
(Sevilla Biltmore) 등과 극장, 카지노, 그리고 엘리트들의 우아한 주택은
도시의 세계시민적 성격을 두드러지게 했다.

그리고 엘리트들은 독립 투쟁의 영웅들이 곧 자신들의 영웅이라고 주
장함으로써 지배를 정당화하려 했다. 그렇게 함으로써 미국의 지배와 자
산계급의 통치를 정당화할 수 있다고 생각했다. 그들은 도시 곳곳에 호
세 마르티, 막시모 고메스, 안토니오 마세오, 칼릭스토 가르시아와 같은
19세기 전쟁 영웅들의 동상을 전략적으로 배치함으로써 그러한 목표를
달성했다. 이렇게 건설된 환경이 상징하는 바는 매우 강력했다. 1895년
독립전쟁의 지도자 호세 마르티 동상은 카피톨리오의 그림자 속에 자리
잡았다. 카피톨리오와 센트로 가예고를 배경으로 중앙공원(Parque
Central)에 높다랗게 서 있는 마르티는 마치 대중들에게 "나는 이 엘리트
체제와 그것이 편드는 모든 것을 지지한다"고 설교하고 있는 것처럼 보
였다.

혁명군 총사령관 막시모 고메스의 동상은 말레콘 쪽에 공원처럼 꾸며진 대통령궁 정면에 세워졌다. 이러한 배치는 지난날부터 현재까지 고메스가 모든 쿠바 대통령들의 성스러운 수호자임을 표현했다. 동시에 고메스, 안토니오 마세오, 칼릭스토 가르시아의 동상은 해안 산책로를 따라 전략적으로 배치하여 전쟁 영웅들을 엘리트 중심적 도시와 국가의 정신적 수호자로 탈바꿈시켰다. 고메스와 가르시아의 동상은 플로리다 해협 쪽에 밖을 향해 서 있는데 반해 마세오의 기념비는 안쪽을 바라보고 있다. 고메스와 가르시아는 외부의 적으로부터 나라를 보호하고 마세오는 내부의 적으로부터 나라를 지킨다는 것을 상징했다. 아바나 비에하 경계라는 유리한 위치에 자리 잡고 있었기 때문에 중심부는 자신의 상징적 그림자를 도시 전체에 드리울 수 있었다. 기념물에서부터 마이네(Maine)와 나시오날 호텔(Hotel Nacional)까지, 미라마르에 있는 엘리트들의 배타적 주거지로부터 사창가와 아바나 비에하의 낡은 주택들까지, 이 상징 도시는 통치 체제의 무한한 힘과 문화적 우월성을 강화했다.

민중의 도시, 아바나 건설(1959~2006년)

피델 카스트로는 《역사가 나를 무죄로 하리라》에서 쿠바 사회에 대한 전망을 개괄적으로 밝힌 바 있다. 거기에서 카스트로는 쿠바 사회를 급진적으로 재구성하기 위한 틀을 마련하기는 했지만 그러한 전망을 실현할 수 있는 구체적 지침을 제시하지는 않았다. 아시아와 유럽의 사회주의 도시에서도 지도자들이 이윤 추구를 위한 토지와 주택 시장을 해체시켰지만, 도시 건설 과정이나 인종과 민족 문화의 역사에서 쿠바와는 매우 달랐다.[13] 그들의 경험이 아이디어를 주기는 했으나 쿠바 사회에 직접 적용할 수 있는 모범은 되지 못했다. 한편 미국에서는 시장 중심적 발전이 도시 건설의 특징을 이루었다. 1959년 1월의 아바나는 라틴아메리카의 어떤 대도시보다도 미국식 도시 발전의 모습을 더 많이 담고 있었다.

뭉뚱그려 말하면 이러한 요소는 아바나를 민중 중심의 도시로 전환하는 과제를 대단히 복잡하게 만들었다. 그러나 동시에 혁명에 대한 대중적 지지는 그러한 전환 과정을 수월하게 했다. 쿠바혁명은 매우 폭넓은 지지를 받았고 민중들 대다수는 급진적 변화를 원했다. 따라서 혁명군은 쿠바를 변혁하고 도시를 개조하는 과제를 의심받지 않고 추진할 수 있었다. 혁명군은 민중계급을 발전 전략의 중심에 두고 이윤 추구가 아니라 생활수준과 삶의 질을 혁명의 지침으로 삼았다.

혁명 초기에 혁명군은 도시보다 농촌 발전을 우선했는데, 특히 아바나 지역에서 그랬다. 피델 카스트로는 쿠바를 민중 중심의 사회로 재창조하기 위해서는 농촌을 변화시키는 것이 핵심이라고 보았다. 수도인 아바나와 나머지 다른 지방 사이에 나타나는 현격한 생활 차이를 메우는 것을 목표로 삼았다. 1959년 무렵 도시와 농촌 사이에 나타난 생활수준의 불균등, 특히 농촌에서 발견되는 광범위한 빈곤과 비참한 생활 조건은 이러한 신념을 더 확고하게 했다.[14] 하지만 혁명군이 농촌에 초점을 맞추었다고 해서 아바나와 다른 도시들을 잊은 것은 아니었다. 그들은 특히 인종과 계급 분리, 임대주택과 빈민가의 증가, 터무니없이 비싼 아파트와 주택의 임대료 같은 문제가 심각한 수도 아바나에 깊은 관심을 보였다. 그리하여 제한된 자원에도 불구하고 혁명 정권은 민중계급의 이미지로 도시와 농촌을 동시에 개조하는 대담한 계획을 추진한다.

도시를 재창조하기 위해 혁명군은 사회 발전이라는 개념을 이용하여 도시 발전의 내용을 채웠다. 그 기본 원칙은 도시의 토지시장 시스템을 비판한 1960년 10월의 도시개혁법 전문에 윤곽이 드러났다.

주택 위기라는 전반적인 문제는 우리 나라와 같은 저개발 국가에서 특히 심각하다. 여기에서는 투기적 요소가 개입함으로써 우리의 필요와 가능성에 알맞게 산업 발전이 이루어지지 않았다. 도시의 토지에서 소득을 얻기 위한 건축에 사적 자본이 투자되고, 과도한 이윤을 획득하기 위한 투자 행태가 나타남으로써 소유의 사회적 기능이 완전히 무시되었다.[15]

법 전문은 도시를 건설하는 과정에서 '사회적 기능'의 핵심적 역할과 사회 발전을 추진하는 데 경제 개발을 이용해야 할 필요성을 역설했다. '사회적 기능'이란 개념은, 적절하게 기능한다면 이웃공동체는 단순히 장소일 뿐 아니라 바람직한 사회적 결과를 가져올 수 있는 사회 조직이라는 전제에 바탕을 두고 있었다. 강력한 이웃공동체란 양질의 주택과 식량, 교육, 보건에 대한 접근성을 포함하여 주민들의 복지와 삶의 질을 높이는 속성을 띠는 것이었다. 밑바닥에 깔린 원리는 강력한 이웃공동체 건설이라는 물리적 환경을 개선하는 것뿐 아니라 생동하는 조직을 건설하고 이웃공동체가 하나의 사회적 단위로서 기능할 수 있도록 촉진하는 기구들을 설치하는 것이었다.

또한 혁명군은 이러한 이웃공동체 발전 전략에 따라 최소 생활수준을 정하여 어떤 주민들도 그 아래로는 떨어지지 않도록 하려고 했다. 그래서 어려움에 처하기 쉬운 사람들을 위한 '안정망'을 구축하거나 가난한 사람들을 대상으로 하는 특별 프로그램을 만드는 방식보다는, 사회복지를 '기본적 인권'으로서 선언하고 전체 민중들에게 혜택이 가도록 설계된 보편적 정책을 입안했다. 이런 정책 아래에서는 정부로부터 지원을 받는 사람들에 대한 사회적 낙인을 피해갈 수 있었다. 동시에 결핍이 생기거나 경제적으로 어려운 시기가 닥치면, 정부는 가장 취약하고 위험에 노출된 주민들부터 살피고 그들을 가장 우선적으로 지원했다.[16]

혁명군은 또한 경제 발전의 성과는 나라의 사회적 기능에 자금을 조달하는 데 사용되어야 한다고 생각했다. 목표는 사유재산을 불리는 것이 아니라 사회 발전을 보장하고 지탱하는 데 필요한 자원을 얻는 것이었다.

> 우리 조국의 경제 발전, 생산의 증가, 부의 공평한 분배, 낡은 특권(이러
> 한 특권으로 인해 우리 진보의 수단들이 외국 자본의 수중에 장악되어 왔다)의
> 완전 폐지, 그리고 경제 발전을 위한 결정적 기반 등은 사회 구조의 문제
> 들에 해결책을 제공할 수 있다. 그러나 혁명은 이러한 것들이 반드시 확
> 고한 경제 발전에 기초하지 않았다는 사실을 증명했다.[17]

도시 건설 전략을 성문화하기 위해 혁명군은 이윤을 추구하는 토지와 주택 시장을 제거할 법적 틀을 재구성하고 도시 발전을 이끌 새로운 정책을 입안했다. 1959년부터 1963년까지 혁명 정권은 부동산 소유권을 제한하고, 소유자의 미개발 토지를 고시 가격으로 정부에 강제로 매각하게 하는 일련의 도시 법률들을 통과시켰다. 이러한 법률에 따라 토지 투기는 실질적으로 제거되었다. 정부가 주택 공급과 분배에 대한 책임을 맡겠다고 발표한 데다가 이 법률들이 공포되자 영리 목적의 주택 시장은 사라졌다. 그 뒤로도 도시개혁법 개정에서 이 법률들의 취지를 소중하게 여기고 그 원리를 더욱 발전시켜 갔다.[18]

정부는 농촌과 도시의 주택 문제를 국가의 가장 중대한 문제 가운데

하나라고 생각했다. 주택과 이웃공동체는 서로 관련이 크기 때문에 주택 문제는 이웃공동체 발전 전략과 떼려야 뗄 수 없었다. 민중계급의 주택 상황을 개선하고 그들이 사는 이웃공동체를 발전시키지 않고서는 민중 계급의 이미지로 도시를 개조할 수 없었다. 이 때문에 주택과 이웃공동 체의 발전은 민중 중심적 도시 건설 과정의 초점이 되었다.

도시 건설의 방향을 선회한 첫 단계는 주택과 이웃공동체 개선 방식에 관한 철학적 기초를 분명히 하는 일이었다. 정부는 도시개혁법 전문에서 '주택은 상품이 아니라 기본적 인권'이라고 선언했다. 따라서 모든 가족 이 버젓한 주거 단위를 보유할 권리를 가져야 하고 그것을 가능하도록 하는 것은 정부의 책임이었다. 궁극적 목표는 쿠바인들에게 무상으로 주 거를 제공하는 것이었다. 주택을 '안정시키고' 비용을 줄이기 위해 정부 는 혁명 후 석 달 만에 강제 퇴거를 중단시키고 임대료를 30~50% 줄였 으며 전화와 전기료를 큰 폭으로 내렸다. 나중에는 임대료가 가계소득의 10%를 초과할 수 없도록 하는 법령을 공포했다.

경제적으로는 최하층에 있는 주민들의 생활수준을 개선하는 데 온 힘 을 기울였다. 혁명 정권은 예가이폰, 라스야구아스, 라쿠에바델우모를 비롯한 가장 규모가 크고 열악한 빈민가뿐 아니라 라람파 부근에 위치한 '카레뇨'(Carreño)라는 악명 높은 임대 주택가를 해체하기 위해 의욕에 찬 운동에 착수했다. 이 지역의 주민들은 '자조와 상호부조 프로그램'을 통해 기존의 집을 대체하는 주택을 지었다. 그대로 방치된 빈민가들은 '불결한 바리오'라는 새 이름을 붙였다. 문제는 주민들의 경제적 상태가 아니라 주택의 질이라는 점을 강조하기 위해서였다.

빈민가 정돈과 교체의 두 번째 물결은 1960년대 후반과 1970년대 초반 아바나 그린벨트를 창출하는 과정에서 일어났다. 정부는 '불결한 바리오'

에 남아 있던 주민들과 협력하여 그들의 이웃공동체를 개선하고자 했다. 혁명군은 이 이웃공동체에 학교와 의료 시설을 세우고 주민들에게 무상으로 임대주택을 제공했다. 나아가 '불결한 바리오'와 도시의 다른 지역들을 연결하는 교통체계도 확립했다. 그 결과 여러 거주지의 상태가 크게 개선되어 이제 더 이상 빈민가라는 말이 적합하지 않을 정도가 되었다.

빈민가와 인구 과밀은 심각한 주택 부족의 징후였다. 정부는 좋은 주택의 공급량을 늘리기 위해 새 집을 아주 많이 짓기로 결정했다. 그리하여 1959년부터 1993년까지 새 집이 무려 130만 채나 지어졌다. 혁명군의 진정한 목표는 자가 주택 소유를 이웃공동체 발전을 가속화시키는 엔진으로 전환하는 것이었다.[19] 그들은 다음과 같은 효과가 일어남으로써 자가 주택 소유가 이웃공동체를 강화하고 안정시킬 것이라고 생각했다.

- 사람들과 사는 지역 사이의 튼튼한 결합.
- 스스로 자신들의 집을 보존하고 개선하도록 동기 부여.
- 이웃공동체의 사회적 기능 발전.
- 사회적 자본과 이웃공동체의 결속력 향상.

그래서 혁명군은 임차인 계급을 만들어 내는 공공주택 전략이 아니라 쿠바인 대부분을 주택 소유자로 만드는 전략을 추구했다. 1960년 제정된 도시개혁법은 자가 주택 소유와 정부 소유 주택의 장기 임대라는 두 가지 기본적 보유 형태를 규정했다. 정부가 짓거나 보급한 주택에 살고 있던 임차인들은 대부분 1984년과 1988년에 제정된 주택법에 따라 주택 소유자로 전환되었다. 또한 스스로 지어 소유한 수많은 주택의 모호한 소유권을 법률적으로 인정했다. 1958년에는 전체 쿠바인의 75퍼센트 가량이 임대한 집에서 살았다. 1990년대 후반이 되면 쿠바인 가구 가운데 집을 보유한 가구가 85퍼센트를 넘었고, 유지비와 수리비, 주거 관련 사용료 말고는 주거비 지출이 거의 없었다.

이처럼 혁명 정부는 임차인들의 나라 쿠바를 아메리카 대륙에서 자가 주택 소유 비율이 가장 높은 나라로 바꾸었다.[20] 만약 무상임대주택 보유자까지 포함시킨다면, 쿠바는 세계 최고 수준의 주택 안정도를 기록하고 있는 나라 가운데 하나가 될 것이다. 사람들은 집을 소유하고 있다는 확신을 가지고 있을 뿐 아니라 아무도 자신들의 집을 빼앗아 가지 않을 것이라는 보증을 받고 있다.

자가 주택 소유와 무상임대 시스템으로 사람들이 주거 공간에 '뿌리 박는' 현상이 나타났다. 새로운 주택 보유 시스템의 등장으로 혁명 이전에 살았던 장소는 그 사람이 혁명 이후에 사는 곳을 결정했다. 이 규칙에 예외는 있지만, 쿠바인 대부분은 혁명 이후에도 '그 자리'에 남아 있었다. 대부분의 부동산 거래에서 정부가 중개자 역할을 맡았기 때문에 사람들은 살던 집에서 다른 곳으로 이사하기 어려웠다. 이러한 주거지 이동 제한은 이웃공동체의 안정성을 증가시키는 의도하지 않은 결과를 가져왔다. 집을 사고파는 일이 복잡했기 때문에 많은 쿠바인들은 주택 교환(permutas)을 선호했다. 물물교환이 가능했던 것은, 주택 대부가 담보 대부(mortgage)가 아니라 신용 대부로 간주되었기 때문이다. 주택은 담보물로 이용될 수 없었고 거주자들의 대부는 그들이 어디로 가든지 따라다녔다. 이러한 대부 시스템은 교환을 원하는 사람만 찾으면 되도록 주택 교환을 간소화했다.

마리아 로페스 마세오의 사례는 이런 과정을 잘 보여 주고 있다. 마리아는 딸과 함께 산토스수아레스 이웃공동체에 살았다. 그녀가 살고 있는 아파트에는 침실 두 칸과 주방, 욕실, 발코니가 있었다. 그렇지만 마리아는 살고 있는 이웃공동체가 마음에 들지 않았다. 그곳은 적막하고 가로등이 거의 없어 밤이 되면 너무 어두웠다. 그녀는 좀 더 활기찬 마을에서 살고 싶어 이사하기로 결심했다. 마리아는 아바나 비에하에 훨씬 작은 집을 가진 사람 가운데 산토스수아레스에 있는 자신의 큰 집과 교환하기를 원하는 사람을 찾았다. 주택 교환 단위가 동등하지 않을 경우 교환이 공평해지도록 더 큰 집을 가지고 있는 사람이 현금을 요구하는 경우도 있다. 이런 행위는 일반적으로 정부의 개입 없이 이루어지는 은밀한 비공식 계약이다. 하지만 마리아 로페스 마세오는 현금을 추가로 요구하지 않았다.

마리아가 이사 간 새 아파트는 방 하나에 주방과 작은 욕실만 갖추고 있었다. 건축법의 제한이 없었기 때문에 그녀는 높은 아파트 천장 공간을 활용해서 다락방(barbacoa)을 만들 수 있었다. 이런 모습은 아바나에서 흔히 있는 일이다. 혼잡한 생활환경에서도 마리아는 이사 온 새 이웃공동체를 사랑한다. 마리아의 경우처럼, 사람들은 대개 양 쪽 주택의 구조가 서로 크게 다르다 하더라도 주택 교환을 원하는 사람들을 찾을 수 있다.

1959년 피델 카스트로는 쿠바인들이 헤쳐 나가야 할 과제를 밝히고 이렇게 선언했다. "이 평화의 시기에 여러분 모두가 영웅이 되어야 합니다. 쿠바인은 지혜로워 스스로 해야 할 일을 충분히 해낼 수 있습니다." 피델의 말 속에는 혁명군이 민중계급의 이미지로 사회를 개조하기 위해서는 대중들이 국가 건설 과정에 참여해서 역할을 해야 한다는 의미를 담고 있었다. 혁명 정권이 문맹을 제거하기 위해 수많은 쿠바인들을 동

원한 1961년 '문맹퇴치운동'(Literacy Campaign)은 혁명의 기본 정서가
되었다.

1971년 피델 카스트로는 정부의 주택 건설 활동을 보완하기 위한 전
략으로 직접 '소여단'(microbrigade) 운동을 입안했다. 이 계획에 따르면
일부 노동자들(소여단)에게 주택을 지을 자유 시간을 주고 그 동안 일터
에 남은 나머지 사람들은 통상적인 산출을 유지하는 생산 활동을 계속하
는 것이었다. 소여단은 지어진 주택을 여단 구성원들 뿐 아니라 다른 노
동자들에게도 필요와 성과를 기준으로 분배했다. 시간이 지나면서 정부
가 이웃공동체를 점점 더 강조하고 소여단을 지역공동체의 발전 과정에
연계시킴에 따라 소여단은 사회적 여단으로 탈바꿈한다. 사회적 여단은
이웃공동체 주민들과 긴밀히 협력하여 탁아소와 장애인 학교, 보건 진료
소, 이웃공동체 가정의의 진료실 같은 사회적 편의시설을 지었다.

이웃공동체 발전 전략은 다른 조직과 집단들도 도시 건설 과정에 참여
하도록 유도했다. 예컨대 1988년 혁명 정권은 '바리오의 통합적 전환을
위한 작업장'(Los Talleres de Transformacion Integral del Barrio)을 만들
었다. 이 작업장은 건축가와 사회학자, 기술자, 사회사업가 등 여러 분야
에서 함께 참여하는 팀으로 구성되었다. 그들은 주택과 경제 발전, 그리
고 지역공동체와 사회적 개선의 여러 측면에 관련된 문제를 해결하는 전
략을 개발했다. 이 틀 내에서 혁명수호위원회는 도시 건설 활동을 이웃
공동체 단위에서 안착시켰다.

혁명수호위원회는 원래 이웃공동체에서 발생하는 반혁명 활동을 적
발하기 위해 1960년에 설립된 기구였다. 이제 혁명수호위원회는 이웃
공동체의 발전을 지원하는 하부구조를 이루었다. 위원회는 도시의 모든
구역(block)마다 존재했고 어떤 문제에 관해서든지 주민들을 동원할 수

있는 역량을 보유했다. 이런 역량은 위원회가 이웃공동체와 그곳 주민들에 관해 속속들이 파악하고 있었기 때문에 가능했다. 이웃공동체의 주민들이 모두 회원이 되지 않는다 하더라도 반드시 지역 혁명수호위원회에 등록은 해야 했다. 위원회의 활동은 이웃공동체에 바탕을 둔 다른 조직들의 역할을 보완했다. 위원회의 조정과 동원 능력은 정권이 어떻게 그런 높은 수준의 공동체 참여를 성취할 수 있는지 설명하는 데 도움을 준다.

이웃공동체 장벽과 공간적 배타성을 무너뜨리는 것은 민중 중심적 도시 건설 과정의 또 다른 목표였다. 혁명 이후 배타적 이웃공동체들은 소유자들이 거의 완전히 포기했기 때문에 이 과정은 수월했다. 혁명군이 권력을 장악하자 수많은 엘리트들은 너도나도 쿠바 섬을 탈출했다. 정부는 그들이 버리고 간 집을 몰수하여 대부분 학교 시설과 어린 학생들을 위한 기숙사로 전환했다. 몰수한 집 가운데 일부는 정부 관료와 고위 인사, 외국인 전문가, 외교관의 집 또는 박물관과 대사관을 비롯한 다양한 사회적 용도로 전환했다. 주인이 버리고 떠난 집을 과거에 그 주인에게 고용된 사람들이 차지하는 경우도 있었다. 정부는 또한 도시 서부 지역에 생물의학연구센터와 의과대학 건립을 위한 부지를 마련했다. 이런 조치들은 서부 지역의 계급적 성격을 완전히 변화시켰고 아바나를 포용력이 큰 도시로 전환했다.

이런 노력이 완벽하지는 않았다. 사람들을 사실상 이웃공동체 공간에 붙들어 둔 주택 보유 시스템 탓에 공화국 시기부터 내려오던 여러 주거 유형이 그대로 남았다. 이런 상태는 일부 이웃공동체들의 환경 조건과 삶의 질이 다른 곳보다 나았다는 것을 의미한다. 다만 이러한 차이가 더 이상 이데올로기로 아로새겨지지 않았으며, 도시 건설 과정에서 재생산

되지도 않았다. 따라서 비록 새로운 민중 중심적 도시의 환경 또는 구조적 특징이 과거 엘리트 중심적 도시와 닮은 측면이 있다고 해도 새 도시는 그 내용과 본질에서 확연히 달랐다.

민중 중심적 도시 건설 과정은 아바나에 근본적인 변화를 가져왔다. 도시의 토지 시장이 해체된 데다가 도시의 사회적 기능을 강조함으로써 과거와는 전혀 다른 도시 환경이 만들어졌다. 쿠바인의 일상생활은 대부분 저밀도 공동체라는 특징을 지니게 되었다. 동시에 도시 기반시설을 개선하고 녹지를 늘리고 새로운 문화나 오락 시설들을 만들고 모든 해변을 대중들에게 개방하는 사업이 꾸준히 추진되었다. 이러한 조치들로 인해 아바나는 진정으로 포용적인 도시가 되었다.

자본주의적 소비 시장이 사라짐으로써, 특히 센트로 아바나의 넵투노(Neptuno), 칼사다데갈리아노(Calzada De Galiano)를 비롯하여 오래된 상가들에서 소매 활동이 몰락했다. 이 거리들은 여전히 활기찼지만 고급 브랜드 물건을 파는 상점들이 없어졌고 소비자의 구매욕을 높이기 위한 전시도 더 이상 찾아 볼 수 없었다. 상점들은 기본적 물품과 일반적인 상품들을 팔았으며 소비자를 자극하기 위해 진열장을 꾸미지도 않았다.

프라도와 말레콘 거리와 같은 공공장소들은 생기 넘치는 공간이 되었

프라도의 광장과 가로수 길

말레콘 해변

다. 그곳에서 사람들은 도미노와 체스 놀이를 하거나 배구와 야구를 하고 롤러블레이드를 타고 친구나 연인들과 이야기를 나누고 운동을 하고 단순히 사색에 잠기기도 하는 등 다양한 활동을 즐겼다. 예컨대, 카피톨리오의 광장에서는 아이들이 축구를 하거나 무술 훈련을 하며, 프라도 산책로에서는 때때로 농산물 시장이 열리고 예술가들은 그림을 팔고 청년들은 그 옆에서 롤러블레이드를 탄다. 옆에 있는 거리에서는 차를 고치기도 하고 사람들을 만나고 음악을 듣고 갖가지 길거리 게임을 즐긴다. 프라도를 따라 나 있었던 엘리트들의 여러 사교 클럽과 호화로운 주택들은 학교, 도서관, 극장, 댄스홀 등 사회적 기능을 담당하는 시설로 탈바꿈했다.

한편, 말레콘은 아바나에서 가장 인기 있는 장소가 되었다. 여름이면 바위 해안이 해수욕장으로 바뀌고 아바나인들은 1년 내내 방파제를 따라 둘러 앉아 이야기하고 럼주를 마시고 낚시를 하고 아니면 그냥 시원한 바람을 즐긴다. 민중 중심적 도시의 이러한 공공장소로 사람들의 생활공간이 확장된다. 이러한 공동체의 공유지에서는 사람들 사이에 친밀한 만남이 일어나고 폭넓은 상호작용이 이루어진다.

도시의 사회적 기능을 강화하고 주택 문제를 해결하려는 노력에도 불구하고 아바나는 무너져 가는 도시가 되었다. 페인트와 건축자재의 만성적인 부족 사태 등 제한된 자원 탓에 정권은 농촌 지역과 아바나를 동시에 개발할 수 없었다. 때문에 도시는 급속히 쇠락했다. 1994년에는 건물 약 614채가 저절로 붕괴되었으며 375채는 해체되어야만 했다.[21] 1988년 작가 제임스 미체너가 아바나를 처음 방문하고 이렇게 외쳤다. "세상에! 너무나 충격적이다. 이 도시는 흰색 페인트 1천만 달러어치가 필요하다! 도시의 주택과 사무실은 외관이 너무 낡아서 이 도시를 사랑하는 사람이라면 누구나 항의할 수밖에 없다. 모든 거리가 다 그런 상태이고 어느 곳도 성한 구석이 없다. 아름다운 도시가 사라져 가는 광경에 눈감을 수 없다."[22]

아바나를 엘리트 중심적 도시에서 민중 중심적 도시로 전환하기 위해서는 도시를 재상징화하는 작업도 필요했다. 1898년부터 1959년까지 엘리트들과 미국 협력자들은 도시 경관을 자신들의 이데올로기적 관점으로 채색했다. 이에 따라 위계적 사회질서가 당연한 것으로 여겨졌고 민중계급은 밑바닥에 놓였다. 혁명군은 이러한 도시 배치를 그대로 두고서는 혁명의 목표를 온전히 실현할 수 없었다.

재상징화 과정은 상징적 중심부를 강조하면서, 건물과 공공장소, 토지를 새롭게 이용하는 것을 포함했다. 첫 단계는 공공장소를 변화시키는 것이었다. 예컨대, 중앙공원은 조용한 쉴 곳을 마련하여 아바나인들이 평화롭게 앉아 사람들을 구경하고 친구들과 이야기를 나눌 수 있는 공원으로 바뀌었다. 호세 마르티 동상 바로 남쪽에는 '열띤 마당'(esquina caliente)이 생겨 야구 팬들이 정기적으로 모여 스포츠에 대한 토론을 벌인다. 중앙공원은 호세 마르티 동상 아래에서 정부가 집회를 여는 등 정치 토론의 마당이 되기도 한다. 또한 과거에 엘리트의 산책로였던 프라도는 이제 아이들이 뛰어놀고 사람들이 이야기하고 산책하고 신문을 읽고 주택 교환을 협상하는 등 격식 없이 모이는 장소가 되었다.

두 번째는 중심부의 빌딩과 주택을 새롭게 이용하는 재상징화 과정이었다. 카피톨리오는 도서관이 되었고, 갈리시아인의 사교 클럽이었던 엘 센트로 가예고(El Centro Gallego)는 국립극장 그란 테아트로(Gran Teatro)로 바뀌었다. 이 극장은 모든 쿠바인들이 즐길 수 있는 합리적 가격으로 국립 발레단과 오페라단의 다양한 공연을 제공한다. 아스투리아스인의 사교 클럽이었던 센트로 아스투리아노(Centro Asturiano)는 혁명 후 처음엔 인민최고법원이 되었다가 나중에는 국립예술박물관이 되었다. 프라도 쪽에 있는 엘 센트로 디펜디엔테(El Centro Dependiente, 5천 쌍을 수용할 수 있는 거대한 사교 클럽)는 도서관과 국립발레학교로 바뀌었고 그 밖에 엘리트들의 여러 우아한 주택들은 민중계급의 집으로 바뀌었다. 여전히 관광호텔과 고급 음식점이 이 지역에 집중적으로 남아 있긴 하지만 핵심부의 사회적 기능과 계급적 특징은 크게 바뀌었다. 이렇게 탈바꿈한 도시 경관에서 새로운 이야기가 출현했다. 그것은 대중들에 의해, 대중들을 위해 창조된 생동감 넘치는 공공장소로서 도시의 사회적 기능에 관한 서사이다.

가장 중요한 재상징화 프로젝트는 대통령궁을 혁명박물관(Museo de la Revolucion)으로 탈바꿈시킨 것이다. 대통령궁은 미국 백악관과 같은 상징적 건물로서 도시의 중심부에 자리 잡고 있었으며, 원래는 쿠바 섬

혁명박물관으로 탈바꿈한 대통령궁

에 대한 미국의 지배력과 쿠바 엘리트들의 권력과 권위를 상징했다. 혁
명군은 대통령궁을 혁명박물관으로 전환하면서 1961년 피그만 침공을
격퇴할 때 사용한 탱크를 대통령궁 앞에서 배치하고, 이전에는 궁전 정
원이었던 뒤 쪽에 그란마기념관(Granma Memorial)을 세웠다. 이 기념관
에는 피델 카스트로, 체 게바라, 카밀로 시엔푸에고스, 라울 카스트로와
그들의 동지들이 1956년 12월 2일 멕시코를 떠나 쿠바에 상륙할 때 타
고 온 요트를 전시하고 있다. 상륙 직후 바티스타 군은 그란마 부대를 공
격하여 대부분 사살했다. 스무 명 남짓한 혁명군이 탈출해 다시 규합하
여 마침내 혁명을 승리로 이끌었다. 이 기념관에는 또 1957년 학생특공
대가 대통령궁을 습격할 때 사용한, 총탄으로 구멍 난 '속달' 트럭과 같
은 혁명의 아이콘도 전시하고 있다.

　대통령궁을 박물관으로 탈바꿈시킨 것은 자산계급과 그들의 미국 동

맹자들에 대한 민중계급의 승리뿐 아니라, 강력하고 멈출 수 없는 혁명 운동의 성격을 압축적으로 보여 준다. 이 변화는 상징적 중심부의 나머지 기념물들이 갖는 상징성을 바꾸는 도미노 효과를 만들어 냈다. 지난날 공화국 지도자들은 말레콘 가의 대통령궁 앞에 총사령관 막시모 고메스의 동상을 세웠다. 그렇게 함으로써 자산계급을 전쟁 영웅으로 둔갑시키는 상징을 만들어 내고 자신들과 미국의 지배를 정당화했다. 더욱이 말레콘 가를 따라 고메스와 마세오, 가르시아의 동상을 배치함으로써 독립전쟁의 영웅들을 공화국 정부의 상징적 수호자로 바꾸어 버렸다.

재상징화 과정은 이러한 사회적 메시지를 변화시켰다. 대통령궁을 박물관으로 전환함으로써 혁명군은 고메스와 마세오, 가르시아의 동상을 민중계급과 1959년 혁명의 승리에 연결했다. 이러한 재상징화된 배치에 따라 플로리다 해협을 바라보고 있는 고메스와 가르시아 동상은 이제 외부의 적, 즉 미국인들과 미국에 살고 있는 쿠바 엘리트 망명자들로부터 쿠바를 보호해 주는 의미를 가지게 되었으며, 안쪽을 바라보고 있는 마세오 동상은 내부의 적, 즉 혁명적 연대를 파괴하고 적과 협력하려 하는 쿠바인들로부터 섬을 보호하는 의미를 가지게 되었다. 광역 도시 전체에 걸쳐 상징체계가 혁명의 이야기를 전하는 것으로 바뀌었다. 시민 광장(Plaza Civica)이 혁명광장(Plaza de la Revolucion)으로 바뀌었고 컬럼비아 군사기지는 '도시 해방'(Ciudad Libertad, 초등과 중등을 합친 복합 학교)으로 전환되었으며 아바나 힐튼 호텔은 아바나 리브레(Habana Libre)로 이름이 바뀌었다. 이렇게 재상징화된 도시는 혁명군의 새로운 이데올로기와 가치, 신념을 반영하고 있다.

특별시기와 관광도시 아바나

세상에 영원한 것은 없는 법이어서 쿠바의 황금 시기는 1989년 소련과 동유럽 사회주의 블록이 붕괴하자 갑작스레 멈춰 버렸다. 뒤따라 사회주의 국가들의 무역 블록인 경제상호원조회의(CMEA)가 해체되어 쿠바 섬은 심각한 경제 위기로 빠져들었다. 설상가상으로 미국이 경제 봉쇄를 강화함으로써 쿠바는 식량과 기술, 해외 자본 투자를 확보하기가 훨씬 더 어려워졌다. 위기가 깊어짐에 따라 식량 부족은 영양실조를 낳았고 전력 공급이 자주 중단되었으며 소비 재화의 부족은 절망감을 주었고 명성이 높은 쿠바의 교육과 보건 시스템도 고통 받았다. 석유 부족은 교통 재난을 초래했다. 사람들이 일터에 가는 것이 어려워졌고 공장들은 문을 닫았으며 농산물을 시장에 가져갈 수 없는 일이 종종 벌어졌다. 절망감이 깊어지고 실업도 증가했다.

상황이 악화되자 전 세계에서 몰려든 기자들은 너도나도 카스트로 쿠바의 몰락을 예측하는 증언을 쏟아냈다. 쿠바에 붕괴가 임박했다는 견해는, 혁명이 소비에트 팽창주의의 부수적 현상이었을 뿐이라는 논리에 기초했다. 도미노 이론에 따르면, 소비에트 프로젝트가 내부로부터 붕괴하고 유럽 사회주의 블록이 몰락함에 따라 카스트로 정권도 조만간 해체될 것으로 내다봤다. 아르헨티나 기자 안드레 오펜에이메르(Andre Oppenheimer)는 거의 5백 페이지에 달하는 예언적인 저서 《카스트로 최후의 시간: 공산주의 쿠바의 임박한 몰락 배후의 비밀 이야기》에 그런 이야기를 썼다. 전례가 없는 경제 위기에 발목 잡힌 피델 카스트로는 1990년 7월 국민들 앞에 비장한 심정으로 쿠바가 '평화 시대의 특별시기'(Periodo Especial en Tiempo de Paz)에 처했다고 선포했다. 그는 평화시대에 발생한 이 국가적 비상사태가 강력한 적과 벌이는 전쟁만큼 국가의 생존에 심각한 위협이 되고 있다고 주장했다. 이제 쿠바인들은 환상을 버리고 이 고난의 시기에 벌일 투쟁을 준비하지 않으면 안 되었다.

선택의 여지가 거의 없었기 때문에 정권은 쿠바 경제를 세계 경제 속으로 다시 편입시키는 공세적인 정책을 추구했다. 국제 관광을 새로운 경제 전략의 주요한 부문으로 삼고 외국 기업과 합작회사를 발전시켰으며 사적 부문에서 백 개가 넘는 자영업을 허용하는 조치를 취했다. 그리고 모자라는 신용을 벌충하기 위해 필요한 경화(硬貨)를 안정시키고 세계시장에서 좀 더 효과적으로 작동하기 위해 1993년 미국 달러를 합법화하고 해외에서 보내오는 가족 송금도 허용했다. 송금은 쿠바 가정에 새로운 소득을 가져다주었고 국가의 수입에 매우 중요한 원천이 되었다. 예컨대, 1997년 한 해 동안 쿠바로 들어온 송금액이 7억 달러가 넘는 것으로 추산되었다. 이러한 경제 발전 정책은 도시 건설과 발전에 변화를 가져왔으며 아바나의 도시 경관도 크게 바꾸게 된다.

이러한 위기 상황에서 혁명군은 경제 발전을 강조했지만 사회 발전의 중요성을 과소평가하지 않았다. 목표는 경제 발전과 사회 발전을 결합하여 강력한 경제를 건설하면서 동시에 도시의 사회적 기능을 높이는 것이었다. 그럼에도 특별시기의 민중 중심적 도시 건설 과정에서는 경제 발전에 얼마간 강조점이 두어졌다. 하지만 어디까지나 그것은 혁명의 사회적 목표를 강화하는 방식이었다. 국제 관광은 경제 부흥을 가속화하는 엔진이 되었다. "설탕 없이는 국가도 없다"라고 말해 온 쿠바인들은 이제 "관광 없이는 국가도 없다"고 말하게 되었다. 경제적 재난 상황에 대응하기 위한 도시 건설의 주요한 목표는 크게 세 가지였다. 첫째 아바나를 관광 도시로 개조하고, 둘째 관광객과 쿠바인으로부터 미국 달러를 '확보'

할 수 있는 소매상점들을 만들고, 셋째 공동체 참여와 이웃공동체의 사회적 기능을 강화하는 것이었다.

이러한 방식은 예측할 수 없고 다방면에 걸쳐 있어서 이따금 모순적인 길로 나아갔다. 아바나를 관광 도시로 전환하는 것은 미묘한 문제였다. 무릇 도시 관광은 관광객들에게 도시 자체가 상품이며 소비의 장소가 되는 독특한 산업이다. 그래서 도시를 국제 관광지로 전환하려면 관광에 적합한 장소가 지정되고 개발되어야 할 뿐 아니라 세련된 관광 인프라도 갖추어야 한다. 아바나는 식민지 건축양식으로 경쟁력 있는 카리브 해 관광 산업에 적합한 독특한 입지를 가지고 있었고 그 때문에 도시 문화유산 관광의 발전이 경제의 주된 요소가 되었다. 5백여 년에 걸쳐 아바나에는 아메리카 대륙에서 가장 훌륭한 식민지 건축물들과 성채가 있어 이 도시의 가장 중요한 관광 자원이 되었다. 도시 문화유산 관광으로 새로운 관광 경제가 자리 잡았고 역사적 건물과 장소를 복원하고 보수하여 관광 발전을 추동했다.[23]

아바나를 세계적인 관광 도시로 전환하는 일은 서로 관련된 두 가지가 얽혀 있는 복잡한 과제였다. 우선, 식민지 건축물과 성채 같은 보물을 지니고 있는 구도심 아바나 비에하를 복원하는 일이 도시 관광 전략의 핵심이 되었다. 1982년 유네스코 세계문화유산으로 지정된 아바나 비에하는 다채로운 풍경을 지닌 좁은 거리들과 에스파냐, 무어, 그리스, 로마 건축양식의 광장들을 가진 살아 있는 박물관이었다. 그곳은 또한 낡은 건물들이 많고 대부분 아프리카계 쿠바인들이 사는 인구밀도가 높은 지역이기도 했다. 따라서 아바나 비에하를 도시의 가장 중요한 관광지로 변화시키기 위해서는 유적의 보전과 보수뿐 아니라 지역공동체의 발전도 필요했다.

카스트로 정권은 이런 목표를 달성하기 위해 지난날 혁명에도 참여했던 도시역사가 에우세비오 레알(Eusebio Leal)에게 책임을 맡겼다. 1970년대에 레알은 아바나 비에하의 보석 같은 건축물이 과거 부르주아지의 부와 영광을 보여 주는 유산이지만 보전하고 기릴 가치가 있는 국가 문화유산이라고 주장했다. 그는 국제 관광이 수익을 창출할 수 있는 수단이라는 전제 아래 아바나 비에하의 복원 전략을 추진했다. 그것은 문화유산을 복원하고, 지역공동체를 살기 좋은 곳으로 바꾸고, 국가에 필요한 자원을 공급하는 일이었다.

아바나 비에하를 관광객들과 아바나인들 모두에게 편리하고 살아 있는 지역공동체로 만드는 것이 목표가 되었다. 이런 목표에 따라 관광객들의 필요와 욕망, 기대에 부응하는 역사적 건물, 기념비, 성채, 박물관, 기타 편의시설을 갖춘 진정한 장소로 구도심을 설계함과 동시에, 상점, 가정의 · 간호사 진료실, 학교 같은 사회 시설도 갖춘 편리한 지역공동체로 재건해 나갔다. 레알의 지도 아래 아바나 비에하의 북쪽 중심부는 가장 중요한 관광지가 되었으며, 관광객들의 기대에 부응할 수 있도록 진정한 역사적 장소로 복원되어 꿈같은 경관으로 바뀌었다. 오랜된 건물들이 호텔, 술집, 식당, 유흥 공간, 박물관, 미술관, 상점, 식료품 가게로 전환되었다. 아바나 비에하는 과거와 달리 안전한 장소로 변화되었다.

목표를 달성하기 위해 정권은 전례 없는 경제 발전 조직을 설립했다. 1993년 제정된 법률 143호는 도시역사국을 정부와 같은 권력과 권위를 가지는 비정부기구로 대체했다. 이 기구는 과세와 국내외 회사 간 관계 설정을 포함하여 아바나 비에하의 모든 개발에 대한 기획, 재정, 보수의 감독 및 지휘 권한을 가지고 있었다. 에우세비오 레알의 지도에 따라 아바나 비에하의 문화유산은 아바나 관광의 밑바탕이 되었으며 이 도시로 수많은 방문객들을 끌어들이는 자석 역할을 했다.

아바나를 관광 도시로 전환하는 두 번째 열쇠는 관광 산업을 뒷받침하는 세련된 인프라를 개발하는 일이었다. 비록 아바나 비에하는 도시의 한 부분에 지나지 않았지만 이곳이 아바나의 가장 중요한 여행지로 전환함에 따라 특히 베다도와 미라마르를 비롯한 도시 전역에서 역사 유적의 복원과 혁신 또는 새로운 건설이 촉발되었다. 도시 관광은 수많은 방문객들을 즐겁고 흥미로운 여가시간을 보내도록 도시로 끌어들이는 고도로 경쟁적인 산업이다. 이 방문객들의 편의를 충족시키기 위해서 도시는 훌륭한 호텔과 좋은 식당, 이국적인 놀이 장소, 아름다운 기념품점 같은 것은 물론이고 금융 시설, 통신망, 회의장, 효율적인 교통 체계 같은 인프라를 구축해야 했다.[24]

아바나는 이러한 틀 안에서 새 호텔을 짓고 기존의 것들은 개조했다. 1990년부터 2000년까지 쿠바 전체의 호텔 객실 수는 입국자 증가에 보조를 맞춰 18,565개에서 37,178개로 두 배나 늘어났다. 아바나에서만 총 객실 수가 1988년 4,682개에서 2002년 12,002개로 증가했다. 1990년대 쿠바 호텔의 질은 경쟁 상대인 다른 카리브 해 여행지들에 견줘 매우 낮은 수준이었다. 1998년 쿠바 호텔 가운데 단지 7.1%만이 별 다섯 개 등급을 받았고, 30%가 별 네 개 등급, 66%는 별 두 개 또는 세 개 등급이었다. 관광이 확대됨에 따라 쿠바는 이용 가능한 객실 수뿐 아니라 질도 향상시켜야 하는 압력을 지속적으로 받았다. 2000년대 중반 쿠바 관광 당국은 보유 객실 가운데 64%가 별 네 개에서 다섯 개 등급 안에 들어갈 것이라고 예상했다.

풍족한 관광객들과 달리 젊은 여행자나 예산이 넉넉지 못한 관광객은 시내에 있는 좀 더 값싼 곳에 머물면서 평범한 쿠바인들과 만나는 것을 선호했다. 이 틈새시장을 메우기 위해 혁명군은 자영업 부문으로 눈을 돌렸다. 1993년부터 정부는 쿠바인들에게 자기 집의 방을 관광객들에게 빌려주는 것을 허용했다. 1998년부터 2002년까지 민박집(casas particulares) 숫자는 섬 전역에 걸쳐 2,284곳에서 4,980곳으로 증가했고, 아바나에서만 1,537곳에서 2,730곳로 증가했다. 이런 자영업 덕에 많은 주택들이 다시 사용될 수 있었다. 많은 쿠바인들은 여행자들에게 자기 집의 방을 빌려줌으로써 추가 수입을 올리는 기회로 삼았다. 그 수는 확실하지 않지만 상당수의 아바나 주택이 파트타임 민박집이 되었다.

호텔과 상점, 사무 공간이 도시의 다른 지역에서도 증가함에 따라 관광 인프라의 발전은 아바나 비에하를 넘어 확대되었다. 미라마르는 외국인 투자자들과 아바나로 이사 온 기업 임원들, 학생들, 그리고 회의 참가자들이 일하거나 거주하는 곳으로 선호하는 장소가 되었다. 한때 엘리트 이웃공동체였던 이곳은 상업 활동이 활발해지면서 그 면모가 바뀌었다. 1996년 도시학자 조세프 스카르파시(Joseph L. Scarpaci)는 미라마르의 토지 이용에 관해 조사한 바 있다. 그에 따르면 관광과 수출입 부문(광고, 통신, 환전소, 은행, 합작회사의 본부 등)을 기반으로 하는 쿠바인과 외국인의 상업 시설들이 미라마르에 많았다. 그 가운데 다수가 과거에 사회적 기능을 하던 건물을 사용했다. 예컨대 쿠바인 회사들과 합작회사들은 큰 주택들을 사무 공간, 판매소, 식당, 그리고 외국인 아파트로 전환했다. 이러한 주택들은 이전에는 지방에서 공부하러 온 학생들이나 동부 지방에서 아바나로 온 이주자들이 묵었던 공간이었다.[25]

이러한 유형의 도시 건설과 도시 발전에 힘을 북돋운 것은 자영업과 달러의 합법화, 그리고 해외로부터 송금 받는 가족의 능력이었다. 1993년 이후 이웃공동체를 기반으로 한 소규모 사업이 등장하면서 거리의 생활과 아바나 전역의 도시 짜임새가 변화되었다. 한편, 교통수단의 위기로 자전거 이용이 눈에 띄게 늘어났다. 1990년에 아바나인들은 자전거를 이용해 여가와 스포츠를 즐겼지만 교통 위기가 닥치자 상황이 달라졌다. 1990년부터 1995년까지 자전거가 도시의 중요한 이동 수단이 됨에 따라 아바나의 자전거 수는 7만 대에서 무려 100만 대로 늘어났다. 또한 쿠바인들은 구식 미국 자동차들을 택시로 바꾸어 자영업을 하는 경우가 많았다. 그런가 하면 자전거와 자전거 택시, 자동차, 그 밖에 모터 달린 차량들의 이용이 늘어남에 따라 자전거와 자동차 정비소 그리고 주차장도 증가했다.

아바나의 거리를 따라 굽이치는 이 독특한 차량들의 물결은 초현실적 분위기를 만들어 이웃공동체에 이국적 특징을 가져다주었다. 이런 거리 풍경에 변화를 더 얹어 준 것은 구두나 시계를 고치고 담배 라이터에 가스를 넣어 주고 꽃이나 땅콩을 파는 노점상들이 늘어선 풍경이었다. 가정 식당(paladares)이나 민박을 알리는 표시가 도시 곳곳에 붙어 있었다. 이 표시는 건축 환경이 관광 경제에 적합하도록 변화되고 있다는 사실을 알려 주는 또 하나의 증거였다. 이런 것들을 비롯한 모든 자영업은 국가의 허가를 얻어야 했으며 높은 세금을 포함하여 엄격한 규제 아래에서 운영되었다. 그럼에도 민간 서비스 시장이 확대됨에 따라 자영업은 번영을 누렸다.

달러가 합법화되고 송금이 허용된 데다가 관광객들과 외국인 투자자들이 유입됨으로써 아바나에서는 다양한 소매 부문이 활기를 되찾았다. 주로 아바나 비에하의 오비스포 거리와 라람파 지구, 아바나대학 부근, 미라마르 같은 곳에 상점이 들어섰다. 이러한 소매상점에서는 조각, 그림, 크리오요 풍 의류, 럼주, 담배, 시가, 기념품 따위가 거래되었다.

또한 주로 쿠바인들에게 재화와 서비스를 파는 소매 부문(물론 관광객도 이용할 수 있었다)도 활기를 띠기 시작했다. 앞에서 말한 것처럼 소련

프라도 부근 넵투노의 백화점 진열장

붕괴 이후에 쿠바는 세계시장에서 사용할 수 있는 화폐가 필요했다. 정권은 경화인 달러를 '확보'하기 위해 소매 부문을 만들었다. 가장 중요한 소매상점은 '메르카도'(mercado)라는 달러 상점이었다. 이 작은 상점들은 물건을 팔 때 오직 달러나 태환페소(convertibles)만 받았다(쿠바에서는 두 가지 화폐를 쓰고 있는데 원래 화폐인 쿠바 페소CUP와, 달러와 일대일로 대응하는 태환페소CUC가 있다 ─ 옮긴이). 이 상점들은 소비자들을 끌어들이기 위해 페소 상점이나 배급소(bodegas)보다 훨씬 다양하고 질 좋은 상품을 갖추었다. 일반적으로 메르카도는 맥주와 럼주를 비롯한 식료품과 음료를 판매했는데, 어떤 메르카도는 전기제품과 전자제품, 의류 따위를 팔기도 했다. 메르카도는 변화하는 도시 구조의 특징이 되어 아바나 어디에나 자리 잡고 있었다. 모든 이웃공동체의 상업 지구와 해안가, 그리고 곳곳의 관광 구역에서 그것을 찾아볼 수 있다.

메르카도의 증가는 쿠바인들에게 '시장 스타일' 소매 부문이 출현했다는 것을 의미했다. 전통적인 소매업에서는 오직 페소로만 거래를 했는데, 대개는 헌옷과 값싼 의류, 신제품이나 중고 전기제품을 팔았다. 상점 분위기는 단조롭고 개성이 없었으며, 구매를 자극하기 위해 가게를 세련되게 꾸미거나 진열장에 전시하는 일도 없었다. 새로 생겨난 상점들은 달랐다. 시장에 기초한 소비사회의 상점 디자인을 모방했다. 여기서는 소비자들의 구매를 자극하는 분위기를 만들고 진열장에 전시했으며 고급 브랜드 의류와 최첨단 전자 제품 등을 판매했다.

중앙공원 건너편 수엘루에타(Zuelueta)와 넵투노가 교차하는 지점에 있는 만사나 데 고메스(Manzana de Gómez) 빌딩, 아바나 비에하 서쪽 끝 베르나사(Bernaza)에 있는 해리스브라더스 컴퍼니 빌딩, 그리고 센트로 아바나의 칼사다 데 갈리아노와 넵투노가 교차하는 지점에 있는 라에

포카 백화점은 모두 이런 새로운 유형의 소매상점의 대표적인 사례이다. 더불어 프라도와 칼사다 데 갈리아노 사이에 있는 산라파엘(San Rafael)은 2004년 아바나인들이 즐겨 찾는 상업 구역으로 변했다. 그 구역에는 소매상점뿐 아니라 유흥시설과 식당, 술집, 메르카도가 들어섰다.

　매우 흥미로운 사실은, 이 새로운 상점들이 쇼핑뿐 아니라 유흥을 위해서 설계된 것처럼 보인다는 점이다. 사람들은 물건을 구입하는 것만큼 아니 그 이상으로 구경과 사교를 즐기는 것 같다. 예컨대, 산라파엘 상업 구역은 늘 사람들이 모여들지만, 길가에 있는 메르카도, 간이식당, 술집에서 꼭 필요한 소비만 할 뿐 사실상 쇼핑은 거의 하지 않는 대중적인 모임 장소이다. 라에포카 백화점 지하에는 심지어 맥주나 럼주를 한잔 하며 쉬는 술집이 있다. 쿠바인들은 대개 이런 상점에서 물건을 구매할 형편이 되지는 않는다. 하지만 이곳에서 의류와 전기 및 전자제품을 입수할 수 있게 됨으로써 암시장 거래가 약해지고, 동시에 정부는 상징적으로나마 소비 물품 공급량을 증가시킬 수 있었다. 하지만 의류를 취급하는 암시장은 계속 번성하고 있다. 몇몇 옷 가게에서는 여유가 있는 쿠바인들에게 유명 디자이너의 옷과 구두를 팔았다.

　관광은 제3세계라면 어떤 나라에서도 문젯거리가 되는 산업이다. 왜냐하면 관광객 자체가 자국과 관광하러 온 국가 사이에 놓인 부와 권력의 불균등을 드러내기 때문이다. 관광객은 자신의 의지나 의도와 무관하게 제1세계와 제3세계 사람들 사이에 불평등이 존재한다는 것을 나타내며, 주민들과 가까이 접촉하게 되면 주민들은 관광객과 비교하여 자신들의 빈곤을 끝없이 상기할 수밖에 없다. 이러한 문제는 개인주의와 서구 스타일의 소비문화를 삼가는 쿠바와 같은 민중 중심적 사회에서는 더 커진다. 이런 맥락에서 쿠바 관광은 새로운 엘리트주의를 낳고 아바나에 배타적 공간을 만들었다. 해마다 관광 산업은 공부하고 일하고 운동하고 여가를 즐기는 데 돈 쓸 여유가 있는 수많은 방문객을 아바나로 끌어들였다. 이러한 방문객들의 편의를 위해 정부는 나이트클럽과 식당, 상점, 호텔 같은 배타적인 공간을 만들었다. 그 가운데에는 해변을 '소유'한 몇몇 호텔도 있었다.

관광 시설들은 뜻하지 않게 새로이 부와 권력의 상징이 되었으며, 외국인 관광객들의 높은 지위를 찬양하고 시장 자본주의의 성공과 문화를 칭찬하는 곳이 되었다. 예컨대, 관광객들은 호텔을 단순히 잠자는 곳이 아니라 독특하고 즐거운 경험을 주는 안식처로 여겼다. 그래서 여행자가 고급 호텔에 묵기를 원한다면 그 이유는 이국적 경험을 할 수 있는 환경 때문이었으며, 식당을 찾을 때는 색다르고 지역 문화를 맛 볼 수 있는 곳을 원했다.

긍정적 관점에서 보자면 관광은 경제 회복에 불을 지폈으며 보건과 교육, 여가 활동을 비롯한 사회 발전 프로그램의 재정에 필요한 자원을 마련해 주었다. 이와 동시에 국제 관광은 아바나를 관광 도시로 변화시켰다. 변화 과정에는 관광 경제 부문의 편의를 도모하기 위한 물리적 환경의 발전이 뒤따랐다. 역설적이게도, 이러한 도시 건설 과정은 도시 풍경을 엘리트주의라는 새로운 상징과 시장 경제 찬양으로 물들였다.

이웃공동체와 사회 발전

혁명군이 1959년 권력을 장악했을 때 아바나는 라틴아메리카에서 가장 번성한 도시 가운데 하나였다. 하지만 경제적 불평등과 엘리트 중심적 도시 건설과 개발로 인해 민중계급은 경제적 주변지역에서 살 수밖에 없었다. 많은 사람들이 열악한 주택에 거주했고 사회경제적 상승의 기회가 거의 차단된 채 부족한 학교와 보잘것없는 보건의료 환경으로 고통받는 이웃공동체에서 살아갔다. 혁명군은 소도시와 농촌 지역에 널려 있는 비참한 생활 조건뿐 아니라 이러한 도시 문제를 해결하려고 했다. 사회 발전과 민중계급의 삶의 질 향상이 도시 건설과 국가 건설 활동의 중심이 되었다. 이런 맥락에서 혁명군은 경제 발전의 목적이 도시와 농촌 지역의 사회적 기능을 강화하는 데 필요한 자원을 만들어 내는 것이라고 생각했다. 그래서 높은 수준의 사회 발전을 지탱할 수 있는 경제를 건설하는 것이 민중계급의 이미지로 사회를 개조하는 지름길이라고 생각했다. 하지만 미국의 경제 봉쇄는 시장을 차단하고 자원을 제한함으로써 쿠바 정권이 혁명의 원대한 목표를 성취하는 데 위협이 되었다.

이 때문에 쿠바는 사회주의 블록과 동맹을 맺을 수밖에 없었다. 소련과 경제상호원조회의의 후한 원조와 무역협정으로 여유가 생기자 혁명군은 민중계급 이미지로 도시와 국가를 개조하는 공세적인 프로그램에 착수했다. 사람이 우선이라는 철학에 바탕을 둔 정권은 토지 투기를 뿌리 뽑고 이윤추구를 노리는 토지와 주택 시장을 해체했다. 그들은 쿠바를 자가 주택 소유자들의 나라로 전환했으며, 빈민가를 없애고 교사와 의사를 양성하고 학교와 병원, 보건소를 짓고 보편적 의료 서비스를 확립하고 민중계급의 생활수준과 삶의 질을 향상시켰다. 여러 모로 이 시기는 혁명의 황금기였다.

소련이 붕괴하고 경제상호원조회의가 해체되자 이 번영과 성취의 시기는 끝났다. 이제 생존이 최우선 과제가 되어 정권은 사회 발전에서 이룬 성과를 유지하면서 동시에 경제 발전에 집중하는 정책으로 위기에 대응했다. 도시 건설과 도시 발전의 모습은 변화되었지만 사회 발전을 먼저 생각하는 초심을 잃지 않았다. 그럼에도 파멸적인 경제 위기에서 살아남기 위해 쿠바는 스스로를 혁신하지 않으면 안 되었다. 다른 선택은 없었다. 시장을 포함하는 경제 전략을 추구하고 세계시장에서 쿠바의 경쟁력을 높이는 또 다른 개혁에 착수했다. 가장 눈에 띄는 개혁으로는 관광 산업의 강조, 자영업과 미국 달러 합법화, 해외로부터의 가족 송금 허용 같은 조치이다.

쿠바가 혼합경제를 만들고 새로운 국제 동맹자를 확보하고 경제 발전에 대한 일련의 다른 태도를 조성함에 따라 쿠바인들의 일상생활과 문화에는 두드러진 변화가 나타났다. 자영업이 허용되고 달러가 유통됨으로써 민중계급의 사회적 관계가 재편되기 시작하여 사회경제적 분리가 나타나고 인종주의가 그 추악한 머리를 드러냈다. 곧 좌절과 불만이 깊어지면서 새로운 민중 문화가 출현했다. 관광 탓에 외국 방문객들을 비롯한 새로운 경제 요소들의 편의를 위한 환경이 재창조되었다는 것은 매우 중요한 점이다.

도시 건설과 도시 발전이 엘리트주의의 상징을 낳고 모순을 만들어 내긴 했어도 정부는 민중을 중심에 두는 초점을 잃지는 않았다. 도시 건설 전략은 과거(1959~1988년)보다 훨씬 복잡하고 불안정해진 환경에 적응해야 했다. 정권이 경제 발전과 관광 도시 건설을 강조했다고 해서 사회 발전을 포기한 것은 아니었다. 오히려 반대로, 위기가 깊어지자 정권은 민중계급의 복원력과 진취성, 창조성에 더 많이 기대게 된다. 목표는 이웃공동체 조직을 강화하여 사회적 기능을 높이고 참여민주주의를 확대하며 이웃공동체와 정부의 연계를 강화하는 것이었다.

© 유재현

이웃공동체와
쿠바의 운명

이웃공동체는 지역공동체의 사회 발전에서 대단히 중요한 문제이다. '이웃 효과' 연구는 이웃공동체가 범죄, 폭력, 마약 중독, 열악한 학교교육, 비만, 그 밖의 건강 문제와 같은 부정적인 사회적 결과를 초래할 수 있다는 것을 보여 준다. 동시에 이웃공동체는 건강한 생활과 문화를 위해 필요한 자원들을 제공해 줌으로써 위험을 낮추는 능력도 지니고 있다.[1] 이처럼 이웃공동체는 주민들의 취약성을 심화시킬 수도 있고, 물리적·사회적 복지를 향상시켜 주민들의 복원력을 키울 수도 있다.

　　달리 말하면 이웃공동체는 단순히 일상생활과 문화가 펼쳐지는 중립적 장소가 결코 아니다. 오히려 그것은 정부와 이웃공동체 사이의 관계를 비롯하여 사람들, 물리적 환경, 사회 조직, 제도적 인프라 사이에 상호작용이 이루어지는 촉매 장소이다. 이웃공동체가 의식적 사고나 행동과 무관하게 그저 자연발생적으로 생겨난 것이 아니라는 점은 매우 중요하다. 이웃공동체는 명시적으로 표현되든 그렇지 않든 간에 어떤 의도적인 정책의 결과물이다.

도시 건설과 이웃공동체

바리오(el barrio)의 발전은 호혜성의 원리, 부의 공정한 분배, 인종적·사회경제적 정의에 기초한 사회를 건설하려는 혁명군의 노력을 반영했다. 어떤 청사진도 없었기에 그들은 민중 중심적 이웃공동체를 어떻게 창조할 것인지를 건설 과정을 통해 배워 나갔다. 이러한 방법은 인내, 유연성, 이상주의와 실용주의의 결합, 그리고 시행착오를 통해 배우는 능력을 요구했다. 이러한 방식을 통해 쿠바의 이웃공동체는 안정적이고 잘 조직된 공동체로 바뀌었으며, 소련이 붕괴되었을 때 사회경제적 위기의 가장 해로운 영향을 완화함으로써 쿠바인들이 살아남을 수 있도록 도왔다. 그리하여 경제상호원조회의와 동유럽 공산주의 블록의 해체가 경제적 재난, 고난, 좌절, 분노, 사회 불안을 낳았지만, 그것이 정권 교체 요구나 자본주의의 부활로 이어지지는 않았다. 바리오 내부의 일상생활과 문화를 살펴보면 어째서 그런 일이 벌어지지 않았는가에 대한 결정적인 통찰을 얻을 수 있다.

쿠바 이웃공동체의 환골탈태는 주민들의 복원력과 호혜성, 연대성, 건강을 지원하는 지역공동체를 건설하려 한 카스트로의 목표가 만들어 낸 결과였다. 1980년대에 혁명군은 바리오를 강화하는 사업에 온 힘을 쏟았다. 예컨대, 1987년 정부는 '수도의 통합적 발전을 위한 모임'(GDIC)을 설립했다. 이 학제적 조직은 지역공동체의 사회적 기능에 기초한 이웃공동체 발전의 새 모델을 개발했다.[2] 주민들은 그들이 살고 있는 이웃공동체와 상호관계를 맺는 생물학적·심리학적·사회적 존재라는 믿음이 이 모델을 떠받치는 토대였다. 사람들의 건강과 사회복지는 그들이 살고 있는 이웃공동체의 생활 조건과 밀접한 관련을 맺는다. 이러한 관점은 이웃공동체와 사회 발전이라는 개념을 한데 융합시켰고, 그러한 융합을 지역공동체 발전 과정의 핵심에 놓았다.

이러한 맥락에서 '수도의 통합적 발전을 위한 모임'은, 지역공동체 발전이란 주민들이 전문가들과 협력하여 스스로 자신들의 이웃공동체를 발전시키는 과정이 되어야 한다고 생각했다. 이 목표를 위해 '모임'은 가장 문제가 심각한 이웃공동체에 '바리오의 통합적 전환을 위한 작업장'을 설립했다. 이 작업장은 건축가, 사회학자, 사회사업가, 기술자, 주민으로 구성된 학제적 팀으로서 이웃공동체의 사회적·환경적·경제적 발전에 초점을 맞추었다.

사회적 자본의 발전은 이러한 접근법이 뿌리내릴 수 있게 한다. 사회적 자본이란 신뢰, 연대성, 호혜성, 그리고 행위의 규범적 표준에 기초한 공식적·비공식적 관계망을 말하는데, 그것은 개인·가구·이웃공동체가 가지고 있는 자원, 기술, 능력과 함께 집단적 가치, 신념, 태도의 의해 형성된다. 이러한 개념화는 사회적 자본이 개인·가구·이웃공동체 수준 어디에든 존재할 수 있다는 것을 말해 준다. 이런 의미에서 사회적 자본은 역동적 힘이다. 즉, 그것은 사람들이 문제를 해결할 수단을 갖추게 하고 행위의 규범적 표준을 만들고 고난의 시기를 완화하고 이웃공동체의 진보적 변화를 만들어 내고 지속가능한 사회적 환경을 정착시킨다.[3]

소련이 붕괴하기 전인 1980년대에 혁명군은 아바나가 너무 크고 지역공동체마다 과제가 천차만별이어서 '일률적 단일화' 방법으로는 문제 해결을 할 수 없다는 사실을 깨달았다. 대도시 아바나는 주택 유형, 지역공동체 디자인, 물리적 환경이나 형편이 매우 다양한 이웃공동체들이 서로 맞물려 사방으로 퍼져 있는 도시이다.[4]

예컨대, 아바나의 핵심 중심부에는 아바나 비에하, 센트로 아바나, 베

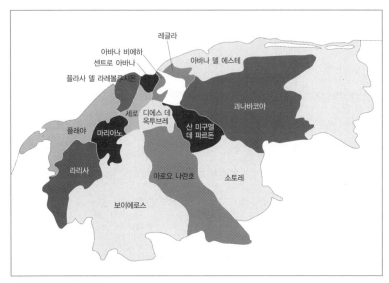

레글라

아바나 비에하

센트로 아바나

아바나 델 에스테

플라사 델 라레볼루시온

세로 디에스 데 옥투브레

플래야

마리아노

산 미구엘 데 파르돈

과나바코아

라리사

아로요 나깐호

소토레

보이에로스

아바나 광역시의 행정구역

다도와 같이 인구밀도가 높고 활력 넘치는 이웃공동체들이 있다. 도시의
보물 같은 건축물들은 대부분 이 지역에 집중되어 있다. 드문드문 있는
고층 아파트들과 함께 단층 또는 이삼층으로 된 주택 단지들이 늘어서
도시 주거 경관을 이루고 있다. 단독주택을 포함하여 대부분의 건물들은
서로 붙어 있고 길에 바로 닿아 있다. 중심부 이웃공동체의 많은 건축물
은 오랫동안 방치되었기 때문에 열악한 조건에 놓여 있고 개방된 공간이
나 녹지도 부족하다. 하지만 동시에 식민지 건축 환경은 혼잡하고 생동
감 넘치는 거리 풍경과 조화를 이뤄 18세기나 19세기 도시를 떠올리게
하는 풍경을 자아낸다. 이 이웃공동체들의 이미지는 아바나의 명물이 되
어 도시에 특징을 불어 넣고 있다.

핵심부의 바로 남쪽에는 라우톤, 비보라, 세로 같은 이웃공동체가 있
다. 이 이웃공동체들은 대부분 한 가구만 사는 단독주택들이 이층 건물

들과 섞여 있다. 이곳은 개방된 공간과 녹지가 더 많고 인구밀도는 낮은 이웃공동체이다. 또한 입구에 현관이 있어 장식을 할 수 있도록 설계된 단독주택이 많다. 19세기 후반에 엘리트들의 여름 별장으로 사용되었지만 오늘날 이 일대의 주택과 기반시설의 상태는 상당히 열악하다.

아바나 만 건너 도시의 동부 지역은 주택의 건축양식과 일상생활 리듬이 중심부 이웃공동체들과 크게 다르다. 도시 동부에는 아담한 단층과 이층 주택들로 이루어진 오래된 공업지구 이웃공동체인 레글라와 카사블랑카(Casablanca)뿐 아니라, 구역을 나누지 않고 세워진, 평범하고 단조로운 소비에트 스타일의 다층 아파트들이 들어선 알라마르(Alamar) 같은 이웃공동체가 자리 잡고 있다. 동쪽의 이웃공동체들은 대부분 혁명 이후에 개발되었고 정부의 질 좋고 값싼 주택 단지 건설 노력을 반영하고 있다. 비록 많은 주택들이 미관상 문제가 있지만, 이곳의 전반적인 주택 조건은 레글라, 카사블랑카, 아바나 비에하, 센트로 아바나와 같은 오래된 지역보다는 양호한 편이다.

이 새로운 동부 아바나 이웃공동체들과 대조를 이루는 곳으로 작가 헤밍웨이의 집으로 유명해진 그림 같은 코히마르(Cojimar)가 있다. 코히마르는 이색적인 해안가 이웃공동체인데, 높이 솟은 소비에트 스타일의 주택에서부터 19세기 풍의 해안 별장으로 지어진 단독주택에 이르기까지 다양한 주택들이 모여 있다. 반(半)농촌 환경에 있지만 동부 이웃공동체들은 활기차고 국제적인 성격을 갖고 있다. 그런 이유 가운데 하나는 주민 상당수가 원래 아바나 비에하와 센트로 아바나에서 이주해 오면서 중심부 도시 생활의 숨결도 함께 가져왔기 때문이다.

서쪽으로 가 보면 미라마르와 라플라야와 같은 이웃공동체들이 있다. 이곳은 아바나에서 가장 국제화된 지역으로 자신감과 세련미, 현대적 분위기를 내뿜고 있다. 서부 이웃공동체들은 대부분 공화국 시기에 건설되었고 도시 경관은 미국의 도시미화 운동을 연상시킨다. 이 이웃공동체들은 과거에 부르주아의 공동체였던 쿠바나칸(Cubanacan)과 시보네이(Siboney)에서부터 아름다운 해변의 독립된 단층 별장들이 있는 이웃공동체 산타페(Santa Fe)까지 이어져 있다. 모자이크처럼 늘어선 주택 단지들 사이에는 수많은 현대식 고층 아파트와 고급 호텔이 들어서 있다.

서쪽의 이웃공동체들과 극단적인 대조를 이루는 곳은 트레볼(Trebol), 와하이(Wajay), 카카아울(Cacahaul), 산티아고데라베가스(Santiago de la Vegas) 같은 외곽의 이웃공동체들이다. 도시의 남서쪽 가장자리에 있는 이 이웃공동체들은 조그만 오두막, 어슬렁거리는 가축, 그리고 도시와 농촌이 뒤섞인 생활 방식으로 소읍이나 시골 분위기를 자아낸다. 이곳에서는 들판에서 말이 풀이나 나무 잎사귀를 뜯어먹고 있는 모습이라든지, 해질녘 농부가 간선 도로를 따라 염소를 몰고 집으로 가는 광경을 볼 수 있다. 이 이웃공동체들은 다른 세상 같아 보이지만 핵심 중심부에서 자동차나 기차로 금방 갈 수 있는 거리에 있다.

이러한 반(半)농촌 공동체들에서는 매우 다양한 유형의 주택과 이웃공동체들이 있다. 그곳에는 주민들 스스로 건설한 단층이나 이층 건물도 있고 고층 아파트도 있다. 주택은 대부분 아담한 구조로 대개 시멘트 벽돌로 지어져 있다. 단독주택 단지는 대개 가족들이 자원을 더 확보하면 방을 추가로 지을 수 있도록 평평한 지붕으로 되어 있다. 변두리 이웃공동체들 가운데에는 '불결한 바리오'가 드문드문 자리 잡고 있다. 이러한 주거지들은 철로를 따라 나 있거나 구석진 곳에 있어 겉으로는 잘 보이지 않는다. 이 이웃공동체는 길거리가 지저분하고 주택 상태도 매우 열악하다. 이렇듯 천차만별인 이웃공동체들의 현주소는 왜 혁명군이 '위에서 아래로' 방식의 이웃공동체 발전 전략을 포기했는지 설명해 준다. 그렇지만 혁명군은 '위에서 아래로' 또는 '아래에서 위로' 발전이라는 문제를 양자택일의 관점으로 보지 않았다. 오히려 그들은 의사결정 과정에 집중과 분산의 조화를 바탕으로 '위에서 아래로'와 '아래에서 위로' 접근을 통합하여 이웃공동체를 발전시키고자 했다.

혁명군은 자가 주택 소유와 주거 안정성을 이웃공동체 발전 전략의 기초로 삼았다. 그들은 주택을 자유 시장에서 사고파는 상품이 아니라 인권이라는 관점에서 바라보았다. 그래서 혁명 초기부터 혁명군은 주택 보유 안정성에 바탕을 두고 이웃공동체 발전을 위한 조치를 단행했다. 예컨대, 강제퇴거를 중단시키고, 대부분의 집세를 30~50% 인하했으며, 건축을 촉진하고 땅 투기를 없애기 위해 입안된 유휴토지법에 따라 잠재적 주택 소유자들을 지원했다. 유휴토지법은 자가 주택 소유와 정부 소유 주택의 장기 임대라는 두 가지 기본적인 보유 형태를 정했다. 개인은 영구주택 하나와 별장 하나까지만 소유할 수 있었고, 사적인 임대를 일체 금지했다. 이런 새 조치로 임차인들은 대부분 자가 주택 소유자가 되었으며, 임대료로 집값을 상환했다.[5]

담보대출 또는 토지나 재산에 대한 세금은 없다. 주택을 보수하는 데 드는 자재 구입에 필요한 융자는 담보대출이 아니라 단순 대부로 간주되며 주택은 담보로 잡힐 수 없다. 임대료를 지불하지 못하거나 빚을 상환하지 못할 때는 강제퇴거가 아니라 임금이나 은행 계좌를 압류하게 된다. 1990년대 말, 쿠바 가구의 85퍼센트 이상은 주택을 소유하고 있었고, 집을 유지·보수하거나 추가 설비를 하는 데 따르는 비용을 제외하면 집에 들어가는 지출이 거의 없었다. 나머지 쿠바인들은 대개 열악한 환경의 무상임대주택에 살았다. 이런 주택 분배 방식으로 쿠바는 아메리카 대륙에서 가장 안정된 주택 시스템을 보유하게 되었다.

혁명군이 추진한 주택 전략은, 의도하지는 않았지만 사람들이 한 곳에 오래 사는 매우 안정된 이웃공동체를 창조했다. 주택이 자유 시장에서 판매되지 않고 정부에 의해 행정적으로 할당되고 분배되었기 때문에 쿠바인들은 주택을 옮겨 다른 주택으로 이사하기가 어려웠다. 그래서 장기간에 걸쳐 같은 주택과 한 이웃공동체에 살게 되는 사람들이 많았다. 이러한 안정성은 거꾸로 주민들로 하여금 자신들이 살고 있는 지역에 강한 애착심을 가지게 하고 주택과 이웃공동체의 발전에 직접적 이해관계를 가지게 했다. 이처럼 혁명은 사람들을 지역에 뿌리내리게 했고 그에 따른 높은 안정성은 쿠바의 이웃공동체가 진화하고 사회적 자본이 축적되는 배경을 이루었다.

가구 구조와 직업·인종의 다양성

주택 분배 시스템이 고도로 안정된 이웃공동체를 낳았지만 아바나의 심각한 주택 부족은 가구의 구조와 구성에 영향을 끼쳤다.[6] 대부분의 아바나인들은 확대가족 또는 결혼이나 동거하는 커플로 이루어지는 핵가족 속에서 산다. 쿠바는 카리브 해와 중앙아메리카에 있는 다른 나라들처럼 결혼보다는 합의에 의해 동거하는 커플 비율이 높다. 예컨대 1995년 쿠바 세대주 가운데 42.2%는 기혼이었고 24.6%는 합의에 의한 동거 상태였다. 어떤 쿠바인들은 세대주와 혈연관계가 아닌 가족이 적어도 한 명 이상 포함된 가구를 이루어 산다. 쿠바의 도시학자 마리오 코율라(Mario Coyula)가 '혼성가족'이라고 부르는 가구 형태를 말한다. 혼자 사는 쿠바인은 극소수에 불과하고 어머니와 자식으로만 구성된 가구는 더 적다. 미국과 달리 쿠바에서는 편모 가족의 경우 외가나 다른 친척들과 함께 사는 경우가 많다.

문화적으로 보면 쿠바 가구들은 가족 구성원들에 대해 책임감을 가지고 보살피는 전통이 깊다. 예컨대, 호세 반데라스는 뇌졸중으로 쇠약해져 휠체어에 의지하는 44세 퇴직 노동자이다. 그는 아내와 누이 셋, 어머니와 아버지(80세, 알츠하이머병을 앓고 있다), 장모 이렇게 모두 여덟 명으로 이루어진 가구에 살고 있다. 호세와 아버지는 그의 누이들이 보살핀다. 누이들은 가족의 일원으로 마땅한 책임이라고 여기며 이렇게 돌보지 않는 가정환경을 생각조차 할 수 없을 것이다. 장애인과 노약자, 미혼 여성처럼 취약한 사람들을 거두어 부양하는 확대가족은 구성원들의 사회경제적 문제와 건강 문제로 나타날 수 있는 위험을 줄인다. 이러한 가구 구성은 공동체의 사회적 기능을 강화하고 이웃공동체 안정성을 보강한다.

쿠바 이웃공동체의 직업 다양성 또한 이웃공동체의 사회적 기능을 강화하는데, 이 또한 주택 분배 시스템으로 나타난 안정성을 반영하는 것이다. 주민들은 소득이 증가하더라도 다른 지역으로 이사 가지 않고 대개 같은 이웃공동체에 남는다. 이것은 이웃공동체에 강력한 노동 문화를 불어넣는 사회적 자산이다. 심지어 가장 낙후된 이웃공동체에서도 대부분의 가구는 구성원들이 노동을 하고 있고 은퇴한 구성원들이 한둘 있을 뿐이다. 대부분 노동자들이 여러 명 있기 때문에 실업률이 높은 시기에도 가족 중에는 누군가 일하고 있는 사람이 있다. 게다가 공식 또는 비공식 경제 부문에서 부업을 하고 있는 구성원들도 있다. 노동 문화는 이웃공동체의 안정성과 결합하여 여러 직업 유형이 폭넓게 섞여 있는 이웃공동체를 만들어 냈다. 예컨대, 전형적인 이웃공동체에는 의사, 간호사, 재봉사, 정비사, 댄서, 경비원, 전화 교환원, 잡역부, 교사, 정원사, 회계사, 바텐더, 택시 기사, 컴퓨터 기사, 전기공, 목수, 매춘부, 건달 등 갖가지 직업을 가진 사람들이 있다.

주민들의 높은 교육 수준은 이웃공동체를 더욱 강하게 만든다. 혁명군은 교육을 혁명의 기초 가운데 하나로 삼았고 1960년대의 문맹퇴치운동으로 사실상 문맹을 제거했다. 쿠바의 모든 교육 과정은 무료이고 2000년 현재 여섯 살부터 열네 살까지 아바나 어린이들 가운데 98%는 학교 교육을 받고 있었다. 쿠바인 대부분은 고등학교를 마쳤으며 그 가운데 많은 수가 기술학교나 대학에 진학했다. 높은 교육 수준과 결합된 이웃공동체의 인종 및 직업의 다양성 덕에 이웃공동체들은 대부분 공동체 발전 과정을 이끌 수 있는 기술과 능력을 가진 주민들을 확보하게 된다.

혁명은 사람들을 살아가는 지역에 뿌리박게 했다. 그래서 혁명 이전 아프리카계 쿠바인들과 백인 노동자계급이 같은 이웃공동체에 살던 주거 유형이 반영되어 이웃공동체의 인종적 다양성이 이어졌다. 인종은 쿠바에서 매우 까다로운 사회적 개념이라는 점에 주목할 필요가 있다. 19세기를 거치면서 쿠바는 두 층위의 인종 분류 시스템을 가지게 되어 그 뒤로도 '유색인종' 또는 '유색 계급'이라는 개념이 그대로 쓰였다. 물라토와 흑인은 서로 차이를 두지 않고 모두 흑인(Negros)이라고 불렀다. 언뜻 보아 미국과 인종 시스템이 유사한 것처럼 보이지만 쿠바에서는 결정적으로 다른 점이 있다. '흑인 피 한 방울 규칙'(one drop of black blood rule)이 아니라 '눈으로 구별되는'(visible) 아프리카 혈통이 흑인과 백인, 그리고 흑인과 물라토를 구분하는 기준이었던 것이다.[7]

이러한 관점에서 카스트로 정권은 인구조사와 그 밖의 인종적 · 민족적 차이에 관한 인구학적 연구에서 '인종'이라는 용어보다 '피부색'이라는 용어를 사용한다. 그런데 실제로는 최근의 문화에서 '머릿결과 피부색의 조합'이 백인·흑인·물라토를 구분하는 결정적인 요소인 것 같다. 예컨대, 검은 피부에 머리 모양이 유럽 스타일의 곱슬머리인 오마르 카르데나스는 스스로를 물라토라고 말하는데, 이 자기규정이 신분증으로 확인된다. 아나 마리아도 마찬가지로 검은 피부에 유럽 스타일의 곱슬머리이고 스스로를 물라토라고 말한다. 그런가 하면 아프리카 스타일의 꼰 머리를 하고 있는 로베르토는 오마르와 안 마리아보다는 피부색이 밝지만 스스로를 흑인이라고 생각하며, 이 자기규정 또한 신분증으로 확증된다. 인종을 구분할 때 피부색 이상은 아닐지라도 그 만큼 머릿결도 중요한 것 같다. 동시에 쿠바인들은 밝은 피부의 아바나인이 아프리카 스타일의 꼰 머리를 하고 있으면 물라토라고 여긴다. 현지조사를 통해 보니 스스로를 물라토라고 여기는 아바나인들 가운데 다수가 미국에서라면 아마 흑인으로 분류되었을 것 같다.

이러한 인종 구분에도 불구하고 쿠바인의 일상생활 가운데에는 심지어 가장 열악한 주택 조건과 가장 취약한 인구 집단으로 이루어진 경우에도 인종적 구성은 매우 다양하다. 코율라와 함베르그(Coyula and Hamberg)의 〈슬럼가의 이해〉라는 연구 결과로 알 수 있듯이, 무엇보다 중요한 점은 아바나의 가장 낙후된 이웃공동체들에서도 백인들이 인구의 다수를 이루고 있다는 점이다. 흑인이든 물라토든 이웃공동체에서 아프리카계 쿠바인들이 백인들로부터 고립되어 있지 않다. 사람들이 인종적 차이를 넘어 함께 어울려 산다는 사실은, 특히 심각한 과제들에 직면하게 되는 이웃공동체에서는 인종 갈등을 완화하고 연대를 튼튼하게 하며 사회적 자본을 강화한다.

이웃공동체의 높은 안정성은 친밀하게 서로 얼굴을 마주보는 도시 환경을 만들어 신뢰와 연대가 공동체 생활을 뒷받침하는, 마을 같은 분위기를 조성했다. 사람들은 여러 해 동안 한 이웃공동체에서 살았기에 우정·신뢰·호혜성이 결합된 공동체 의식을 기를 수 있었다. 바리오의 물리적 조직과 구조는 쿠바 이웃공동체의 마을 같은 성격을 강화했다. 예컨대, 아바나 사람들은 고층 아파트에 많이 산다. 이런 아파트에서는 협력적·호혜적 성격이 커 공동체의 힘이 특히 강하다. 물 부족, 과도한 소음, 엘리베이터 고장 같은 공동의 생활 문제를 해결하는 데 주민들이 반드시 협력해야 하기 때문이다. 이와 비슷하게, 아바나 비에하, 센트로 아바나, 베다도와 같은 지역의 이웃공동체 안에는 미로처럼 얽혀 있는 길과 공터가 있는 게 특징인데, 이것은 말하자면 '이웃공동체 속 이웃공동체'를 형성한다. 그래서 이 공유 공간에서 사람들은 일상적으로 교류하고 생활환경을 개선하기 위해 함께 일한다. 이처럼 주거 공간의 공유와 협력의 필요성은 쿠바의 이웃공동체 생활이 기초하고 있는 신뢰·연대성·호혜성의 토대를 형성했다.

이웃공동체와 참여민주주의

엘리트 중심적 사회와 달리 쿠바에서 지역공동체 발전은 정부와 이웃공동체 주민들 간의 협력 관계에 바탕을 두고 있으며, 시민사회는 일차적으로 통치 구조 속에서 작동했다.[8] 이런 지역공동체의 발전을 위해서는 세 가지 목표가 달성되어야 했다. 첫째로 거의 모든 인구를 포괄하는 대중조직들의 연결망을 수립하는 것, 둘째로 이웃공동체에 바탕을 둔 대중조직 및 주민들과 상호관계를 가지는 이웃공동체 기구를 발전시키는 것, 그리고 마지막으로 이웃공동체와 정부 사이에 상호 연계를 확립하는 것이다.[9] 이 목표를 위해 혁명 초기 혁명군은 모든 주민들을 주거와 나이, 성별, 직업에 따라 다양한 대중조직에 소속시킨 다음 그 조직들을 가로세로로 구조화했다. 핵심적인 조직은 다음과 같다.

- 혁명수호위원회(CDR: Comités de Defensa de la Revolución)
- 쿠바여성연맹(FMC: Federación de Mujeres Cubanas)
- 전국농민연합(ANAP: Asociación Nacional de Agricultores Pequeños)
- 쿠바노동자총연맹(CTC: Confederación de Trabajadores de Cubano)
- 대학생연맹(FEU: Federación de Estudiantes Universitarios)
- 중등학생연맹(FEEM: Federación de Estudiantes de Enseñanza Media)
- 호세마르티선봉대(OPJM: Organización de Pioneros José Martí)

이 조직들은 사회 내 서로 다른 집단의 '이해관계'를 반영하고 상호부조와 자조적 조직으로서 역할을 했으며 시민참여 문화를 만들어 냈다. 이러한 조직들의 목적은 국가의 가장 중요한 사회·정치·경제 문제와 방위 문제를 결정하는 과정에 모든 쿠바인이 쉽게 참여하도록 하는 것이었다. 이러한 조직들과 정부 사이의 연계를 위해 혁명군은 모든 대중조직을 정부의 공식 기구로 지정했다. 이러한 조직들은 이웃공동체 곳곳에 퍼져 이웃공동체의 생활과 문화에 연대·협력·호혜·참여의 정신을 강화했다.

이웃공동체 수준에서 가장 중요한 조직은 혁명수호위원회(CDR)이다. 1960년 9월 처음 만들어졌을 때 이 조직의 목표는 반혁명 활동에 맞서 쿠바 사회 내부를 경계하는 것이었으나, 시간이 지나면서 단일 조직으로는 가장 중요한 이웃공동체 조직으로 바뀌었다. CDR은 쿠바의 이웃공동체들을 함께 묶어 주는 사회적 접착제이며 이웃공동체 생활을 추동하는 엔진이다.[10]

CDR은 무려 8백만 명의 회원을 가지고 있는 자발적인 조직으로 14세 이상 인구의 80퍼센트 이상을 포괄하고 있다. 도시의 모든 구역과 큰 아파트 단지에는 CDR이 있고 임원은 해마다 선거를 통해 민주적으로 선출된다. 대부분의 CDR에는 의장, 사무국장, 회계 등의 임원이 있으며, 회원 가운데에서 이웃공동체 경비, 공공 의료, 청소년, 재활용 처리, 재정, 자원봉사 등 6개 영역의 조정 책임자를 임명한다. 그들은 한 이웃공동체에 살며 일상적으로 교류하기 때문에 서로를 잘 안다. 임원에게 불만이 있을 때 주민들은 임원을 해임할 수 있는 권한을 가지고 있다.[11]

모든 사람들은 자신이 거주하고 있는 구역에 있는 CDR에 반드시 등록해야 하며, CDR은 모든 주민들의 친구, 방문자, 가족 성원, 노동 경력, 일상 활동, 이웃공동체 활동 참여 등에 관한 기록을 보유한다. 주거지를 변경하려면 가족 식량 카드를 새 주소로 이전하기 위해 반드시 CDR로부터 허가를 얻어야 한다. 주택을 보수하거나 개조하는 데 필요한 건축 자재를 요청하기 위해 CDR로부터 증명서를 발급받아야 한다. 자원봉사 프로젝트들은 CDR의 후원 아래 조직되며, CDR의 모니터 시스템은 이웃공동체의 재화와 서비스를 분배하고 불만과 제안을 시(구)의회에 전달한다.

나아가 CDR은 주민들에게 중요한 '신원 보증' 역할을 한다. 이 때문에 이 조직은 대부분의 아바나인들의 삶에서 중요한 역할을 한다. 예컨대, 대학교와 의과대학, 직장에 들어가려고 하는 사람들은 반드시 CDR의 추천서를 받아야 한다. '최우수' 학생이 되려면 학교 성적도 좋아야 하지만 이웃공동체의 생활과 문화에 참여한 경력이 좋아야 한다. 같은 이유로 만약 어떤 사람이 말썽을 일으킨 경우 경찰이 그 사람의 평판을 조사하고자 할 때 CDR의 긍정적 답변은 매우 큰 도움이 된다.

CDR은 점차 이웃공동체 발전을 추진하는 조직으로 진화해 나갔다. CDR은 다양한 쟁점들에 관한 주민 동원, 이웃공동체의 안전과 안정 유지를 비롯하여 이웃공동체 생활과 문화의 측면에 걸친 모든 영역에 관심을 가진다. 예컨대, 주요 법률들을 제정하기 위해 대중 토론을 조직하고, 헌혈과 예방 접종, 공중위생, 공해 방지, 태아 검진, 건강 교육과 같은 지역공동체 건강 캠페인을 벌이기도 한다. 나아가 학교와 문화 · 스포츠 · 교육 활동 조직을 관리하기 위해 교사와 학생, 학부모, 시 정부와 협력하며 재난 대비에서도 주도적 역할을 한다.[12]

CDR의 동원 능력은 공산당이나 정부와 연결된 공식 관계로부터 나온다. 예컨대 CDR은 쿠바공산당 중앙위원회의 혁명지도위원회, 내무부, 경찰청, 노동자총연맹, 여성동맹, 나아가 다른 대중조직들이나 정부 부처 및 기구들과 밀접한 조직적 관계를 유지한다. 또한 나아가 종횡으로 조직되어 있기 때문에 이웃공동체, 도시 지역, 그리고 나라 전체를 가로질러 주민들을 연결한다. 조직의 구조는 국가 수준의 관리위원회, 각 도의 위원회, 그리고 CDR 지구들로 이루어지는 지역위원회로 구성되며, 지역위원회는 아래로 구역(block) 단위까지 뻗어있다.[13]

국가가 후원하는 대중조직 말고도 두 가지 다른 형태의 핵심 조직이 있다. '훈타 데 베시노'(Junta de Vecinos), 즉 이웃공동체위원회는 이웃공동체와 주택 상황들을 다루는 비공식적 조직이다. 이 조직의 역할은 다층 건물 복합체에서 특히 강하다. 왜냐하면 엘리베이터 고장, 물 부족, 건물 유지와 같은 문제를 해결하기 위해 주민들이 반드시 협력해야 하기 때문이다. 다른 하나는 다양한 종교 조직이다. 대표적인 것은 요루바족을 중심으로 하는 아프리카 종교 집단인 '산테리아'(Santeria)이다. 쿠바인들은 영혼을 중시하는 사람들이어서 종교가 일상생활에서 매우 중요한 부분을 차지한다. 산테리아는 대부분의 쿠바인들이 신자이거나 가족 가운데 신자가 한 명은 있을 정도로 종교 집단들 가운데 가장 영향력이 큰 것 같다. 산테리아는 아프리카계 쿠바인들의 종교이지만 인종과 사회경제적 집단에 상관없이 거의 모든 쿠바인들이 예배를 본다.

도시 생활에서 참여를 통해 친구, 가족, 이웃 사이의 공동체 결속이 강화되기 마련이다. 이웃공동체의 회의에서 여러 사회 문제에 대한 토론을 통해 집단적 목표가 분명해지고 쿠바 사회의 연대감이 증진된다. 이러한 공동체 정신은 비공식적이고 이차적인 관계의 촘촘한 연결망을 만들어내어, 신뢰·연대·협력·호혜성으로 특징지어지는 이웃공동체를 창조함으로써 주민 스스로 이웃공동체 생활을 실질적으로 관리할 수 있게 한다.

혁명군은 오직 공동체 주민들에 의해 통제되는 안전하고 안정적인 환경에서만 강한 이웃공동체가 발전할 수 있다고 생각했으며 이웃공동체를 그러한 곳으로 만들어 내는 데 성공했다.

쿠바는 아메리카 대륙 전체에서 범죄율이 가장 낮은 국가 가운데 하나이다. 그것은 바로 사람들이 두려움 없이 거리와 공공장소를 다닐 수 있는 이웃공동체 덕분이다. 쿠바가 범죄율이 상대적으로 낮고 '살만한' 거리가 된 것은, 주민들 대부분이 스스로 CDR과 더불어 범죄 통제와 예방에 역할을 하기 때문이라고 생각된다.[14] CDR이 지원하는 이웃공동체 감시 프로그램은 공동체 범죄 통제 전략의 주요 수단으로 활용된다. 모든 CDR 구성원들은 '이웃공동체 감시 프로그램'에 참여하도록 요구받는다. 예컨대 아바나 비에하에 살고 있는 오마르 카르데나스에 따르면,

CDR은 정기적으로 보고해야 할 사람·시간·장소를 적시한 참가 일정에 관한 정보를 보낸다. 그것을 받은 사람은 지정된 날이 오면 이웃공동체 감시 책임자에게 보고서를 제출하고 서명한 다음 지정된 경비 장소로 간다. 카르데나스는 "당신이 당번을 선다고 생각해 봐. 그 시간에 도둑이 하나도 없기를 진정으로 바랄거야!"라고 웃으며 말했다.

주민들은 공동체의 안전을 위해 단지 이웃공동체 감시 프로그램에만 의지하지는 않는다. 그들은 "길거리를 항상 주시하는데, 특히 하루 종일 집에 있는 노인들과 은퇴자들이 그렇다. 또한 범죄를 비롯한 부적절하고 의심적은 행동이 있는지 이웃공동체를 면밀히 살펴본다." 아구스틴 세브레코는 10대 시절 친구들과 매점에서 물건을 훔쳤는데 이웃들이 그걸 보고 신고했기 때문에 경찰에 붙잡혔다. 하지만 아구스틴은 나쁜 마음을 품지는 않는다. "이웃들은 그저 이웃공동체를 지키려 했을 뿐이니까요" 하고 덧붙였다.

알라마르에 거주하는 마리아 람파리야에 따르면, 이웃공동체 경계와 감시 활동에 참여하는 일은 어릴 때부터 시작된다고 한다. 그녀가 살고 있는 이웃공동체에서는, 호세마르티선봉대의 구성원들이 해마다 4월 4일 '선구자의 날'에 이웃공동체를 경계한다. 또 선거일에는 부정투표가 없도록 투표함을 '감시'한다. 어린이들이 이런 임무를 수행하는 것은, 어린이들이야말로 공동체 구성원 가운데 가장 신뢰할 만하다고 믿고 있기 때문이다. 공동체 범죄 예방의 목표는 심지어 CDR이 학교와 협력하여 아이들이 어떤 문제를 가지고 있는지 파악하고 부모들과 함께 문제 해결을 시도하는 데까지 나아간다. 예컨대 만약 한 아이가 학교에 규칙적으로 나오지 않을 경우, CDR 구성원들은 가족과 함께 결석 문제의 성격을 점검하고 문제를 해결하기 위해 힘쓸 것이다. 만약 10대 청소년이 말썽을 일으킬 수 있는 활동에 빠져 있다면, CDR 구성원들은 문제가 더 심각해지는 것을 막기 위해 아이는 물론 그 가족들과 이야기를 나눌 것이다.

청소년 지원과 사회사업

범죄를 예방하는 방법 가운데 하나는 위험 청소년들을 찾아내어 돕는 일이다. 이런 활동은 위험 청소년들을 이웃공동체의 생활과 문화에 다시 연결시키려는 목적을 가지고 있다. 경제 위기는 실업과 식량 부족을 비롯한 생활고를 가져왔다. 어린이과 장애인에 대한 사회경제적 도움이 증가했다. 학교 중퇴자, 실업자, 불만을 가진 청소년, 임신한 10대와 미혼모, 수감자와 출소자, 그리고 고령자의 수가 증가했다. 이러한 사회경제적 요인으로 마약과 알코올 중독, 매춘, 거리 범죄 등 쿠바 사회에 오랫동안 없었던 문제들이 다시 나타났다. 청소년들은 특히 위험했다. 어떤 청소년들은 범죄를 저지르거나 암시장에서 활동했으며 민중 중심적 사회의 꿈과 이상에 대한 믿음을 잃었다.

사회경제적 문제들의 증가에 대응해 정부는 1990년대에 사회사업을 벌이는 과정에서 공동체 지향적 방법론을 발전시켰다. 사회사업가와 지역 주민들, 지역공동체 조직의 대표들, 그리고 지방 정부기관의 공무원들 사이에 밀접한 관계를 수립하는 것을 기초로 했다. 이러한 개혁을 통해 쿠바 역사상 처음으로 대학에 사회사업 학위 과정이 개설되었을 뿐 아니라, 청소년들을 위한 사회사업 보조원 학교 네 곳이 설립되었다.

2000년에 혁명군은 아바나 에스테의 코히마르에 청소년들을 위한 최초의 사회사업 보조원 학교를 설립했다. 선발된 학생들은 우선 쿠바의 가장 열악한 이웃공동체들에 거주하는 학교 중퇴자들과 청년 실업자들이었다. 청년공산주의자동맹(UJC)의 회원들이 학생들을 모집했다. 청년공산주의자동맹은 집집마다 방문하며 사회사업 경력을 쌓을 젊은이들을 찾아 나섰으며, 정부는 학생들에게 좋은 보수와 승진 가능성을 가진 일자리를 약속했다. 수료자들은 훈련이 끝난 뒤 저마다 자신의 이웃공동체로 돌아가 사회 문제들을 처리하게 된다.

코히마르에 있는 보조원 학교에 다니는 젊은 사회사업가 셋과 인터뷰한 바에 따르면, 그들은 주민들을 잘 알고 있고 그곳의 사회경제적 문제들, 특히 청년들이 직면하고 있는 문제들을 잘 이해하고 있기 때문에 자신들의 이웃공동체로 되돌아가야 했다. 사회사업가들은 사업에 앞서 세 가지 서로 연관된 원칙에 초점을 맞춘다고 했다. 첫째, 사회사업은 반드시 사람 중심이어야 한다. 둘째, 사람들이 다가오기를 기다리는 것이 아니라 먼저 다가간다. 셋째, 사람들의 집에서 일한다. 사람들의 집이 바로 사회사업가의 사무실인 것이다. 사회사업의 목표는 문제를 발견하고 해결하는 전략을 주민들과 협력하여 발전시키는 것이었다. 사업에 어떻게 접근하고 복잡한 문제의 해결책을 어떻게 찾을지 결정하는 데서 사회사업가들은 폭넓은 재량권을 가지고 있었다. 그들은 이렇게 말했다. "우리에겐 자원이 없다. 오직 우리 자신과 우리가 함께 일할 사람들의 아이디어만을 가지고 있을 뿐이다. 우리는 문제의 해결책을 찾기 위해 이 둘을 결합하지 않으면 안 된다."

아프리카계 쿠바인 사회사업가 알레한드로 벨라는 수료자들의 역할을 이렇게 요약했다.

쿠바는 낙원이 아니다. 이 나라에는 여러 가지 문제가 있지만 자원은 거의 없다. 일부 가족들과 가구들은 제대로 역할을 하지 못하고 아이들은 말썽을 일으키고 있다. 그들은 사회주의 발전과는 정반대의 문화를 키우고 있다. 따라서 우리는 이 밑바닥 문화가 만들어 내는 사상들과 싸워야 한다. 우리는 사상과 사상이 충돌하는 문화 전쟁 상태에 있다. 쿠바 사회 곳곳에 기회가 열려 있음에도 불구하고 문화적 이유 때문에 사람들은 가능성을 활용하지 않고 있다. 우리의 목표는 그들이 새로운 사상·신념·문화를 받아들여 새로운 방향으로 움직이도록 개입하는 것이다.

문화에 대한 알레한드로의 언급은 정부의 사상투쟁 캠페인과 관련된 것이다. 그것은 수면 위로 떠오른 '탈법 문화'에 대응해 교육과 사회 프로그램을 통해 공격적으로 대처함으로써 쿠바를 경제적·사회적으로 강화하기 위해 고안된 프로그램이었다. 혁명군은 두 가지 방법으로 탈법 문화를 공격했다. 첫째, 청년들을 사회사업 보조원 프로그램에 끌어들임으로써 정부는 이 집단의 실업을 한꺼번에 줄였으며, 그들에게 지속적으로 봉급을 지급하고 사회사업의 직업 사다리에서 승진할 수 있는 기회를 제공함으로써 더 나은 삶에 대한 희망을 주었다. 예컨대, 유야 람파리야는 모든 사회사업가들이 대학에 진학하고 교사가 되고 전문적인 사회사업가나 행정가가 될 수 있는 기회를 가지게 되었다고 말했다.

둘째, 혁명군은 수많은 젊은이들을 프로그램 수료자로 전환함으로써 청년들 사이에서 탈법 문화가 확대되는 경향에 대항하는 최전선의 일꾼으로 만들었다. 예컨대 알레한드르와 그의 동료들에 따르면, 가장 중요한 두 목표 집단은 16~25세 가운데 일도 하지 않고 학교에도 다니지도 않는 젊은이들과 감옥에 있는 젊은이들이었다. 알레한드로는 이들이 중요한 인구 집단이라고 말한다. 통계 자료에 따르면 쿠바 감옥에 있는 청년들의 58퍼센트가 체포될 당시 학교를 다니지 않거나 실업 상태였다. 이러한 맥락에서 사회사업가들은 이중의 전략을 가지고 있다고 말했다. 하나는 위험 청소년들을 노동·학습 프로그램에 참여시키는 것이고, 다른 하나는 젊은 수감자들이 사회에 다시 통합될 수 있도록 준비시키는 것이었다.

이처럼 혁명군은 이웃공동체의 사회적 기능을 확대할 수 있는 참여 과정을 통해 이웃공동체 문제를 해결하는 창조적 방법을 찾으려 끊임없이 노력했다. 취약한 이웃공동체에 있는 젊은이들을 모집하여 사회사업가로 훈련시킨 뒤 다시 그들의 이웃공동체로 보내 일하게 함으로써, 혁명군은 이웃공동체가 스스로 문제를 해결하는 능력을 키우는 것을 도왔다.

사회주의적 민주주의와 이웃공동체

참여민주주의는 일상생활과 문화에 꼭 필요한 요소이다. 선거 시스템은 책무를 강조하며 통치 시스템에서 지역공동체 대표성을 극대화할 수 있도록 설계된다. 1976년 정부는 유권자가 자유롭게 시(구)의회 후보들을 추천하고 경선에서 비밀투표를 통해 대표들을 선출할 수 있도록 했다. 유권자는 선거구에 살고 있는 16세 이상의 남녀이고 수감자와 정신적으로 부적격 판정을 받은 자는 제외된다. 선거는 적어도 후보자가 2명 이상 나와야 하고 8명을 넘어서는 안 된다. 대표로 당선되기 위해서는 반드시 과반수를 득표해야만 하고, 이 조건이 충족되지 않으면 결선 투표가 진행된다.[15]

선거구는 규모가 작아 기껏해야 1,000~1,500명의 유권자들로 구성된다. 쿠바에서는 후보자들이 공약을 발표하거나 연설과 같은 선거운동을 하지 않는다. 그저 후보자들이 살아온 이력서를 이웃공동체에 배포할 뿐이다. "사람들은 후보자들이 장래에 무엇을 할 것인지를 약속하는 것보다는 그들이 지역공동체에서 과거에 무엇을 했는지 알고 싶어 하기 때문"이라고 어느 아바나대학 교수가 설명했다. 선거 과정에서 힘을 발휘하는 것은 미래에 대한 약속보다 과거의 업적이다.

이러한 선출 방식과 함께 소규모 선거구는 의회 대표자들의 유권자들에 대한 책임성을 보증한다. 그렇지만 국회, 도의회, 시(구)의회로 이루어진 세 수준의 정부 가운데 오직 국회만이 입법권을 가지며, 도의회와 시(구)의회의 예산 배정 권한도 국회가 가지고 있다. 시(구)의회는 권한과 재정이 부족하여 쿠바인들에게 실망을 주기도 하지만, 주민들이 일차적으로 접근하는 정부기관일 뿐 아니라 지역 발전에도 중요한 역할을 담당한다. 시(구)의원들은 지역 문제들을 해결하고, 보건소나 학교 같은 지역 기관의 관리자 선발을 비롯하여 행정구역 내의 사회적 · 경제적 · 사법적 · 정치적 사안을 감독하기 위해 주민들과 협력한다. 무엇보다 중요한 점은, 시(구)의원들은 도의회와 국회에 지역의 관심사와 추진 상황을 확실하게 알려야 한다는 것이다.

비록 지역 의사결정 과정에 공동체의 참여를 강화하는 이러한 노력이 권력의 분산으로 나아가는 중요한 진전이었지만 혁명군은 여기에 만족하지 않았다. 그들은 여전히 시(구)의회와 이웃공동체들 사이의 간격이 너무 크다고 느끼고 중간적 기구로서 1989년 아바나에 '민중평의회'(consejos populares)를 설립했다. 시(구) 내의 약 15개 인접한 선거구로 구성되는 민중평의회가 1993년에는 나라 전체로 확대되었다. 비록 민중평의회가 시(구)의회처럼 입법권이나 재정은 없지만, 주민들과 협력하여 문제들을 해결하고 이웃공동체를 발전시키고 이웃공동체 수준의 사회경제적 활동을 조정하고 주민들을 정부와 접촉하게 하는 데 꼭 필요한 기구이다.

'특별시기' 동안 사람들은 자신들의 문제를 해결하기 위해 더 이상 정부나 전문가들에게만 의존할 수 없었다. 자원이 부족하거나 아예 없던 이 시기에, 주민들은 문제를 해결하기 위해 스스로 우선순위를 정하고 전략을 수립하고 독창성과 창의성을 발휘하지 않으면 안 되었다. 이러한 자조적 움직임을 지원하기 위해 정부는 '작업장'(talleres)을 설립하여 사회적·물리적 계획을 통합하도록 장려하고 의사결정 과정에 광범위한 참여를 촉진했다. 이를 위해 정부는 작업장 요원을 확대하여 건축가와 기술자뿐 아니라 사회학자와 지역공동체 조직가도 포함시켰다.[16]

초등교육 시스템

혁명군은 초등교육과 가정의·간호사 프로그램, 그리고 재난 대비를 이용하여 이웃공동체의 생활과 문화를 안착시켰다. 혁명군은 사회 발전에서 가장 중요한 두 가지 요소인 초등교육과 보건의료를 이웃공동체 수준에서 제공함으로써 이 둘을 바리오의 주요 경관으로 만들었다. 그리고 극단적인 상황이 닥쳤을 때 사람의 생명 보호가 가장 앞선 고려 사항이라고 확신했기 때문에 혁명군은 지역공동체에 바탕을 둔 재난 대비 시스템을 강화했다. 쿠바의 이런 유명한 프로그램들에 대해 여러 기록이 있지만, 우리가 알고 있는 대부분은 정부나 국가 공인 연구의 공식적 관점을 반영하는 '위에서 아래로' 관점에 입각한 것들이다.

이 프로그램들이 아바나 이웃공동체 발전에 어떻게 하여 중요한 요소가 되었는지에 대한 '아래로부터'의 관점을 얻기 위해 우리는 이웃공동체 주민들을 상대로 249건의 인터뷰를 진행했다. 이 인터뷰는 아바나의 가장 취약한 이웃공동체들에 살고 있는 아바나인의 핵심적인 견해들을 드러내 주고 있다. 인터뷰의 대부분은 아바나 에스테와 아바나 비에하, 센트로 아바나에 있는 이웃공동체에서 수행되었다.

무상교육은 카스트로 쿠바의 최우선 정책이었다. 왜냐하면 혁명군은 모든 시민들이 읽을 줄 알고, 국가 생활에 온전히 참여하기 위해 필요한 지식과 기술을 습득해야만 혁명 사회를 건설할 수 있다고 생각했기 때문이다.[17] 이 목표를 위해 혁명군은 교육을 중시하고 학업 성취를 지원하는 이웃공동체를 건설하고자 했다. 쿠바 헌법은 교육이 모든 사회가 참여해야 할 과제라고 선언하고 있으며, "교육·문화 정책을 개발하는 데 나라의 사회적·대중적 조직들을 통하여" 단지 학부모들뿐 아니라 모든 시민들이 학교교육 과정에 관여하도록 규정했다.[18]

여섯 살에서 열네 살까지 학생들의 취학은 의무이다. 따라서 쿠바인 대부분은 초등교육과 기본 중등교육을 보장받는다. 초등교육은 1학년부터 6학년 과정(6~11세)이고 기본 중등교육은 7학년부터 9학년까지(12~14세) 학생들에게 제공한다. 추가 중등교육은 10학년부터 12학년까지(15~17세) 대학 준비학교·직업학교·기술학교 과정으로 구성되는데, 이 과정도 무료이지만 의무교육은 아니다. 중등교육으로 진학하는 학생들은 대체로 세 과정에 고르게 나뉜다. 중등교육을 이수하고 나면 학생들은 노동 현장으로 들어가거나 쿠바의 무상 대학 시스템으로 진학한다.

모든 초등학교들은 이웃공동체에 있기 때문에 학생들은 집에서 가까운 학교에 다닐 수 있다. 쿠바의 초등학교는 오랫동안 가장 높은 수준이라고 평판이 자자했으나, 국가의 학업 성취도가 세계적으로 주목받게 된 것은 유네스코(UNESCO)의 1998년 보고서 때문이다. 유네스코 보고서는 쿠바의 3학년과 4학년 학생들이 인접한 라틴아메리카 11개국(아르헨티나, 볼리비아, 브라질, 코스타리카, 칠레, 도미니카공화국, 온두라스, 멕시코, 파라과이, 페루, 베네수엘라)의 학생들보다 학업 성적이 월등히 높다는 것을 보여 주었다. 심지어 쿠바의 4학년 학생들 가운데 최하위권조차, 다른 나라 엘리트 사립학교에 다니는 학생들을 비롯한 같은 또래 집단의 초등학생들보다 성적이 뛰어났다.

쿠바 학생들에 대한 연구 결과가 너무 충격적이어서, 시험을 주관한 유엔 기관이 쿠바에 되돌아와 학생들을 상대로 다시 시험을 치렀다. 재시험은 처음의 결과를 확증했다. 쿠바는 틀림없이 초등교육에서 라틴아메리카 지역을 선도하고 있다.

어떻게 라틴아메리카에서 가장 가난한 나라 가운데 하나인 쿠바의 학생들이, 멕시코, 아르헨티나, 베네수엘라, 브라질 같은 부유한 나라의 학생들을 포함한 또래 집단의 학생들보다 더 뛰어난 학업 성취도를 보일 수 있었을까? 교육사회학자 마틴 카노이와 제프리 마셜은 교육과 학업 성취가 중시되는 사회 환경이 쿠바 초등학생들의 우수함을 설명하는 데 도움을 준다고 말한다.[19] 이 주장은 제임스 콜맨이 처음 내세운 이론, 즉 교육 과정에서 '집합적' 사회적 자본이 수행하는 역할에 바탕을 두고 있다.

콜맨에 따르면 학생들의 학업 성취도는 층을 이루는 과정이고, 가족·이웃공동체·학교 세 수준을 통해 받은 지원의 정도에 따라 성패가 좌우된다. 예컨대 가족의 지원을 받는 아이들은 그렇지 못한 아이들보다 학업 성취도가 더 뛰어날 것이다. 가정과 이웃, 건실한 학교의 지원이 풍부한 환경에서 공부하는 아이들은 낮은 수준의 지원 환경을 가진 아이들보다 학업 성취도가 더 뛰어날 것이다.[20]

카노이와 마셜은 쿠바 초등학생들의 성공적인 학업 성취가 가족·이웃공동체·학교 세 수준 모두에서 강력한 학업 지원이 존재하는 데 따른 것이라고 본다. 따라서 이 세 수준들을 고찰함으로써 쿠바 초등학생들의 학업 성취도에 대한 통찰을 가질 수 있을 뿐 아니라 이웃공동체 발전의 사회적 기능 모델의 복잡성에 대해서도 깊이 이해할 수 있을 것이다.

이웃공동체 생활과 문화에서 초등교육의 역할에 대해 알아보기 위해 초등학생이 있는 98가구를 인터뷰했다.[21] 이 표본은 인종을 섞어 구성했는데, 백인(37%)과 흑인(32%), 물라토(26%)를 비슷하게 안배했고 극소수의 아시아계 가구도 포함시켰다. 이러한 인종적 혼합은 아바나 이웃공동체에서 일반적으로 나타나며 이웃공동체의 인종적·직업적 통합성을 반영하고 있다.

코율라와 함베르그는 아바나 슬럼가에 관한 연구에서 네 가지 유형으로 가구를 구분했다. 확대가족 가구(가족이 아닌 다른 친척 포함), 혼성가족 가구(세대주와 혈연관계가 없는 사람 한명 이상 포함), 핵가족 가구, 그리고 독신 가구 이렇게 네 가지이다. 우리가 수행한 쿠바 프로젝트 연구의 조사 자료에 따르면 가족 구성이 이것보다는 좀 더 복잡하게 나타났다. 그것은 아바나 이웃공동체를 분류할 때 좀 다른 보완적인 시스템을 사용했기 때문이다.

대부분의 초등학생들은 다세대 가구(57%) 또는 전통적 가족 가구(18%)에 살고 있었다. 표본 가구의 75%가량이 이 두 범주에 속한다. 연구 목적을 위해 '다세대 가구'는 두 세대 이상의 친족들을 포함하는 단위로 정의된다. '전통적 가족'은 아이들이 부모(의붓 부모 포함)와 함께 살고 있는 핵가족을 가리킨다(부모는 결혼했을 수도 있고 그렇지 않았을 수도 있다). '배우자'라는 용어는 함께 사는 커플을 가리킬 때 사용된다. 쿠바는 카리브 해와 중앙아메리카 다른 나라와 비슷하게 결혼보다는 합의에 의한 동거 형태로 사는 커플들이 많다.[22] 다세대 가구와 전통적 가족 가구 외에 공동가족 가구(familly-communal)에 살고 있는 아이들도 있다 (10%). 공동가족 가구는 사촌, 형제, 자매와 같은 친족들이 결합하여 사는 경우처럼 같은 세대의 가족 구성원들이 함께 사는 가구를 말한다.

이처럼 쿠바 초등학생들의 압도적 다수는 부모뿐 아니라 다른 친족들과 함께 살고 있었다. 대체로 초등학생들은 평균 4명으로 구성된 가구에서 살았다. 미국의 불우한 이웃공동체들과 달리 쿠바에서 편부모 가구의 수는 매우 적다. 표본으로 뽑은 인구 가운데 불과 10%가 한쪽 부모하고만 살고 있었는데, 이는 편모의 경우 보통 부모나 친족들과 함께 살거나 동거인과 함께 살기 때문이다. 예컨대 조사한 가구의 52%는 아버지가 있었고, 45%는 할머니가, 32%는 할아버지가, 28%는 이모가, 26%는 삼촌이 있었다. 이러한 확대가족 가구 환경 속에서 편모는 자녀 양육에 지원을 받음으로써 부모로서의 책임 부담을 덜 수 있다.

표본에 있는 초등학생들은 가족 구성원들이 노동에 가치를 두는 가구에서 살고 있다. 가구마다 평균 적어도 두 명의 노동자가 있었고 소수의 가구(6%)는 은퇴한 노동자를 포함하고 있었다. 아바나에서 일하는 사람이 아무도 없는 가구는 거의 없다. 사람들은 직장만 다니는 것이 아니라, 공식 또는 비공식 경제 부문에서 부업을 하는 가구 구성원도 많다. 따라서 초등학생들이 사는 가구에는 노동 문화가 존재한다. 아이들은 가족들에게 노동을 소중하게 여기는 마음가짐이 있음을 알 수 있고, 이런 마음가짐이 가구 구성원 전체의 복지에 어떻게 기여하는지도 알 수 있다.

가구가 사회적 자본으로 기능하는 또 다른 중요한 요소는 가구 구성원들이 이웃공동체 주민들과 맺는 관계의 정도이다. 이런 관계는 양육을 지원하고 스트레스를 줄이고 행동의 규범적 표준을 제시하는 사회 구조 속에 가족과 가구가 얼마나 잘 융화되어 있는지를 보여 준다. 이 문제를 좀 더 자세히 살펴보기 위해 가구와 다른 주민들을 연결해 주는 역할을 하는 지표로서 다양한 조직들에 대한 소속감을 알아보았다. 응답자들 가운데 약 90%는 혁명수호위원회의 구성원이라고 밝혔다. 많은 이들이 적극적인 참여자였는데, 약 55%는 한 해에 서너 차례 정도 회의에 참석한다고 했고, 23%는 다달이 회의에 참석한다고 응답했다.

또한 응답자의 약 77%는 쿠바여성동맹 회원이라고 말했는데, 이들 가운데 42%는 한 해에 서너 차례 회의에 참석한다고 응답했으며, 14%는 다달이 참석한다고 대답했다. 주민들의 약 51%는 이웃공동체위원회에 소속되어 있다고 응답했고 참여도는 상당히 높았다. 이웃공동체위원회는 주택 문제와 주민들의 직접적인 생활 환경과 관련된 문제를 다루는 비공식적이지만 중요한 조직이다. 다층 건물에 살고 있는 주민들은 대부분 이 조직에 가입하는 경우가 많다. 이 표본에서 응답자의 52%는 한 달에 한 번 위원회 모임에 나간다고 대답했고 34%는 한 해에 서너 차례 정도, 16%는 적어도 한 번은 나간다고 대답했다. 이렇듯 조사 결과로 볼 때 쿠바 초등학교 학생들은 강력한 집합적인 사회적 자본을 가진 가구에서 살고 있다.

쿠바 이웃공동체는 주민들이 오랫동안 살아가는 매우 안정된 장소이다. 조사한 표본에서 초등학생들을 데리고 있는 가구들은 현재 살고 있는 주거지에서 평균 18년을 살고 있었다. 이웃공동체는 안전하고 폭력으로부터 상대적으로 자유롭다. 이것은 혁명수호위원회가 이끄는 이웃공동체에 기초한 범죄 통제 시스템의 결과이다. 더불어 쿠바인의 일상생활, 특히 가장 취약한 이웃공동체들에는 어디에나 국가혁명경찰(PNR)이 있다. 국가혁명경찰은 혁명수호위원회의 활동과 더불어 범죄 행위를 생각할 수 없도록 하고 거리를 안전하게 유지하는 역할을 한다. 외곽 지역의 이웃공동체에서는 아바나 비에하, 센트로 아바나, 베다도만큼 경찰이 눈에 띄지 않는데, 그것은 범죄 발생 가능성이 그만큼 높지 않기 때문이다.

주민 대부분이 자신의 이웃공동체를 안전하다고 느끼는 것은 놀라운 일이 아니다. 예컨대 응답자의 70%는 집 밖에 나가는 게 두렵지 않다고 대답했고, 대다수(64%)는 살인사건을 목격한 적이 없다고 응답했다. 수많은 아이들이 거리를 운동장 삼아 뛰어놀고 있는 모습은 아마도 이웃공동체의 확실한 안전성을 보여 주는 가장 좋은 증거일 것이다. 이웃공동체의 규범 구조로 미루어 짐작할 때 보호자 없이 놀고 있는 아이들은, 말할 것도 없이 거리에 '살고 있는' 많은 어른들이 눈여겨 볼 것이며 이웃들은 아이들이 안전할 것이라고 믿을 것임에 틀림없다.

대부분의 쿠바 가구들은 교육의 가치에 믿음을 가지고 있으며 학업 성취도를 지지하는 것으로 조사되었다. 이것은 응답자들 가운데 많은 사람이 초등교육과 중등교육을 이수했다는 사실로 어느 정도 설명된다. 우리가 조사한 표본에 들어 있는 사람은 100% 초등학교를 마쳤으며, 69%는 중등학교, 대학준비학교, 기술학교 및 직업학교 과정을 이수했다. 눈에 띄는 것은, 표본 가운데 12%는 대학 졸업자였고 6%는 대학원 과정을 이수했다는 사실이다. 또한 표본의 또 다른 8%는 대학 과정을 마쳤으나 학위는 받지 못한 것으로 나타났다. 이처럼 심지어 가장 취약한 이웃공동체들의 경우에도 인구 가운데 26%는 적어도 대학을 다닌 것으로 나타날 만큼 교육 수준이 높은 인구 집단이라는 것을 알 수 있다.

이 점에 대해 유네스코의 연구 팀으로 참여한 후안 카사수스(Juan Casassus)는 이렇게 적었다. "교육은 지난 40년 동안 쿠바의 최우선 가치였다. 쿠바는 진정한 '학습 사회'(learning society)이다."[23] 우리가 조사한 표본에서 나온 통계도 초등학생들은 가구 구성원들이 교육이 중요하다고 믿는 '학습하는 환경' 속에서 살고 있다는 생각을 뒷받침한다. 구체적으로 말하면 응답자들의 92%는 자녀 교육이 중요하다고 대답했고 그 가운데 80%는 매우 중요하다고 응답했다. 나머지 8%도 자녀 교육이 얼마간 중요하다고 생각했다. 대다수인 78%는 학교를 잘 다니는 것이 자녀들에게 큰 기회를 마련해 줄 것이라고 응답했다. 단지 5%만 교육이 자녀들에게 삶의 기회를 보장해 줄 것이라는 것을 믿지 않는다고 응답했다.

학부모들은 학교 교육의 일상적인 사안에 대해 알고 참여함으로써 자녀들의 학업 성취를 위해 지원을 아끼지 않는다. 예컨대, 학부모들의 98%는 자녀들이 집으로 숙제를 얼마나 가져오는지, 숙제를 다 하기 위해서 얼마만큼의 도움을 주어야 하는지 알고 있었다. 응답자의 약 47%는 자녀들이 숙제를 많이 해야 한다고 대답했다. 또 57%는 자녀들의 숙제를 항상 돕고 있다고 했고 31%는 필요할 때 도와준다고 대답했다.

학업을 지원하는 과정에서 꼭 필요한 것은 학부모와 교사의 연계이다. 실제로 모든 학부모들(99%)이 자녀들의 학교에 방문하는데, 그 가운데 24%는 매우 자주 방문하고 28%는 자주 방문한다고 대답했다. 또 학부모 대부분은 정기적으로 교사와의 상담에 참여한다고 응답했다. 5%는 '매우 자주' 교사와 상담한다고 대답했고 29%는 '자주' 교사와 만나고, 49%는 '때때로' 교사와 상담한다고 응답했다. 이처럼 조사 대상자 가운데 83%는 자녀들의 교사와 어느 정도 정기적으로 만나고 있었다. 나머지 15%는 '문제가 있을 때'만 교사와 만난다고 응답했다. 자녀들의 교사와 만난 적이 없다고 한 응답자는 2%에 지나지 않았다.

초등학생들이 살고 있는 이웃공동체도 마찬가지로 학업 성취를 지원한다. 모든 응답자(100%)가 자기 친구들과 이웃이 학교에 다니는 것을 매우 중요하게 여길 것이라고 믿었고, 단지 7%만이 약간 중요하게 여길 것이라고 보았다. 더욱이 조사 대상자 가운데 81%는 자기가 사는 이웃공동체에 있는 어린이와 청소년들도 좋은 성적이 중요하다고 믿고 있을 것이라고 생각했다. 따라서 이 조사를 통해서도 쿠바 초등학생들은 안전하고 안정된 이웃공동체 환경에서 살고 있다는 점이 분명하다. 이러한 환경에서 가정은 학업을 지원하고 거리는 사람들이 사회적으로 교류하는 활기한 공동의 공간이다. 무엇보다 이런 환경 속에서 아이들은 이웃의 주의 깊은 관심을 받으며 안전하게 뛰어놀고 공부한다.

초등학교는 지역공동체 지원 체계 가운데 세 번째 층이다. 카노이와 마셜은 교사의 수준, 교실의 물리적 조건과 학교 학습 시설이 쿠바 초등학생들의 성취를 설명해 줄 수 있다고 본다. 이러한 요소들도 중요하지만, 학생과 학교, 학부모와 학교, 그리고 지역공동체와 학교 사이의 신뢰를 튼튼하게 하는 관계야말로 학교가 학생들을 뒷받침해 주는 환경이 될 수 있게 하는 데 결정적으로 기여했다.

신뢰는 학교교육에서 가장 중요한 요소이며 학교(교장과 교사)를 학생과 학부모, 지역공동체와 이어 주는 연결 세포이다.[24] 조사 자료에 따르면 초등학생을 둔 가족들이 교장과 교사들을 신뢰하는 것으로 나타난다. 자녀들이 다니는 학교의 교장을 존경하거나 신뢰하느냐는 질문에 주민들의 91%가 대체로 그렇다고 응답했으며, 그 가운데 28%는 교장을 대단히 신뢰한다고 대답했다. 또 교사들을 신뢰하느냐는 질문에는 응답자의 92%가 긍정적으로 대답했다. 교사들은 대개 자기가 근무하는 학교의 이웃공동체에 거주하는데, 이 때문에 많은 가족들은 교사가 자신의 자녀들뿐 아니라 지역공동체의 다른 구성원들이 직면한 문제도 이해한다고 믿는다. 앞에서 살펴보았듯이 학부모들은 대개 정기적으로 학교를 방문하여 교사들과 상담을 한다. 이렇게 할 수 있는 이유 가운데 하나는 학부모가 학교를 방문할 때 환영받고 인정받는다고 느끼기 때문이다. 응답자들 가운데 무려 94%가 학교에서 환영받는 것으로 느껴진다고 대답했다. 응답자들의 5%만이 학교 운영진과 교류하는 것이 편안하게 느껴지지 않는다고 대답했다.

신뢰는 역동적인 성질을 가진 것이기도 해서 교장, 교사, 학부모, 학생 사이의 상호작용에 의해 끊임없이 형성되고 재형성된다. 예컨대, 학부모 대부분은 자녀들의 학교에서 교사(86%)나 교장(82%)과 대화하는 것이 편안하다고 응답했다. 학부모들은 교사들이 가르치는 일에 열성적이라고 생각했는데, 42%는 교사들이 매우 그렇다고 대답했고 51%는 교사들이 다소 그렇다고 대답했다. 무엇보다도 학부모의 61%가 자녀들이 다니는 학교의 교육 과정에 영향을 주거나 줄 수 있다고 생각했다. 이 조사 자료는 쿠바의 교육이 협력을 통해 이루어지는 과정이라는 점을 분명하게 보여 준다.

가정과 교사 사이의 신뢰를 강화하는 또 다른 요소는 가정방문이다. 가정방문은 아마도 다른 어떤 것보다 학생의 학업 성취에 대한 교사들의 관심을 잘 보여줄 것이다. 응답자의 약 54%는 자녀들의 교사가 가정 방문을 온 적이 있다고 대답했다. 그 가운데 25%는 교사가 자주 방문한다고 응답했고 58%는 교사가 가끔 들른다고 응답했다. 전체 응답자 가운데 17%는 교사들이 자녀에게 문제가 생겼을 때만 방문한다고 응답했다. 신뢰성이 이렇게 높은 환경을 감안하면, 응답자의 96%가 자녀들의 학교가 공부하고 배우는 데 훌륭한 장소라고 믿는다고 대답한 사실은 놀라운 일이 아니다.

학교와 지역공동체 관계의 또 다른 요소는, 학교와 학교에서 벌이는 활동에 대한 학생들의 태도와 관련되어 있다. 학부모 대부분은 자녀들이 학교 가는 것을 즐겁게 여긴다고 생각했는데, 그 가운데 약 38%는 매우 즐겁게 여긴다고 응답했고 36%는 어느 정도 즐겁게 여긴다고 응답했다. 쿠바에서는 미국을 비롯한 아메리카 대륙의 여러 학교들과는 달리 초등학생들이 학교 청소에 참여한다. 조사 대상자 가운데 약 92%의 응답자들은 자녀들이 학교 청소와 유지에 어느 정도 참여한다고 말했다. 응답자의 6%정도만 자녀들이 어떤 활동에도 참여하지 않는 것으로 알고 있다고 응답했다.

학교와 지역공동체 사이의 연계를 만들어 주는 또 다른 중요한 요소는 학생들을 지역공동체 활동에 참여시키는 특별활동의 정도이다. 응답자의 약 90%는 자녀들이 다니는 학교의 학생들이 지역공동체가 주도하는 행사에 관여한다고 대답했다. 또 학교는 때때로 방과 후 활동을 할 수 있게 한다고 말했다. 집에는 부모를 포함하여 일하는 사람들이 많기 때문에 자녀들을 위한 방과 후 활동이 있다는 것은 학부모들에게 직접적인 이해관계가 걸린 문제이다. 학부모 가운데 절반가량은 학교가 때때로 그러한 활동을 제공한다고 진술했다.

요컨대, 이러한 조사결과는 쿠바의 초등학생들이 가정과 이웃공동체, 학교 수준에서 학업 성취를 지원하는 교육적인 사회 환경 속에 있다는 것을 보여 준다. 쿠바의 이웃공동체에서 발견되는 집합적 사회적 자본은 초등학생들이 학교에서 좋은 성적을 낼 수 있도록 하는 사회적 환경을 만들어 낸다. 쿠바의 초등학생들은 이처럼 학업 성취에 영향을 주는 지역공동체 지원체계의 모든 수준에서 지원받는 환경 속에 있다. 이런 여건으로 인해 쿠바 초등학생들은 이러한 혜택을 받지 못하는 다른 나라의 학생들에 견주어 학업 성취도가 높다고 할 수 있다.

보건의료 프로그램

쿠바 정부의 보건의료 이념의 씨앗은 바티스타 정권에 맞선 혁명 투쟁 과정에서 뿌려졌다. 《역사가 나를 무죄로 하리라》에서 피델 카스트로는 처음으로 혁명군의 보건의료에 관한 관점의 윤곽을 밝혔다. 그는 쿠바의 개탄스러운 보건 상태에 관해 자세히 서술하고 어떤 어린이도 치료를 받지 못해 죽어서는 안 된다고 선언했다. 농촌 주민들의 비참한 빈곤과 심각한 보건 문제는 혁명군의 마음에 큰 동요를 일으켰다.

혁명군 가운데 많은 이들이 의사였으며 체 게바라도 그 가운데 한 사람이었다. 그래서 1959년 그들이 권력을 잡았을 때 보건은 혁명의 주춧돌 가운데 하나가 되었다. 보건은 그 자체로도 중요하지만, 사람들이 "높은 교육과 문화 수준, 지적·육체적 발전, 최적의 노동 능력 등을 성취" 하려면 충분히 건강해야만 했기 때문에 필수 불가결한 과제였다. 혁명군은 그래서 "건강이란 단순히 질병이 없는 상태가 아니라 육체적·정신적·사회적으로 온전한 상태를 말한다"는 세계보건기구(WTO)의 정의를 받아들였다.[25]

쿠바 정부는 이러한 정의에 충실하여 국제적 찬사를 받는 보건 시스템을 갖추었다. 쿠바는 경제적으로는 '개발도상국'임에도 불구하고 선진국 수준의 보건의료 성과를 달성했다. 예컨대, 미국이 보건의료에 국민총생산(GNP)의 14%를 지출하는 데 비해 쿠바는 단지 7%만 지출한다. 의료비는 미국이 1인당 4,540달러를 지출하는데 반해 쿠바는 1인당 193달러만을 지출한다. 하지만 유아 사망률과 기대 수명으로 나타나는 쿠바의 보건의료 수준은 미국과 실질적으로 동일하다.

혁명군은 보건 시스템을 서로 연관된 세 가지 원리에 위에 세웠다. 세 가지 원리란 서비스에 대한 평등한 접근, 보건의료에 대한 통합적 접근, 그리고 건강 증진에 대한 민중 참여를 말한다. 평등한 접근이란 치료의 종류와 무관하게 모든 주민들에게 무상으로 보건의료 서비스를 제공하는 것이다. 동시에 정부가 가장 취약한 도시 이웃공동체나 고립된 농촌 이웃공동체를 비롯하여 온 나라에 질 높은 보건의료를 제공할 책임이 있다는 것을 의미했다. 통합적 접근이란, 초기 진단 및 질병 치료와 더불어 예방 및 건강관리를 보건이라는 하나의 개념으로 결합시킨 것이다. 게다가 정신적·육체적 안녕은 건강한 사람의 필수 조건으로 여겨졌다. 마지막으로 민중 참여란 민중계급이 보건의료에 관한 계획·행정·집행에 참여할 수 있다는 원칙이다. 민중계급은 대중조직의 대표자들이 보건소 책임자나 시 보건 당국 책임자와 정기적인 회의를 통해 제공하는 정보를 가지고 참여할 수 있었다.

비록 쿠바는 제한된 자원을 가지고 있는 개발도상국이지만 보건 시스템은 의사를 기반으로 구축되었다. 심지어 이웃공동체 수준에서도 시스템 속에는 의사들이 자리 잡고 있다. 이것은 다른 사회주의 국가나 개발도상국에서는 찾아볼 수 없는 일이다. 예컨대, 과거 소련에서는 '페드셔'(fedshers)라는 의료 보조원이 보건의료 시스템에서 주요한 역할을 맡았고, 중국에서는 의료 보조원과 전통 치료사 사이에 있는 '맨발의 의사'라고 불리는 사람들이 1차 진료를 맡았다. 다른 개발도상국 정부들도 농촌 지역에서는 일반적으로 의료 보조원을 통해 의료 서비스를 제공했다. 쿠바는 부족한 자원에도 불구하고 다른 방향으로 움직였다. 혁명군은 의사 배출을 강조했다. 그들은 의학 교육 프로그램에서 보건의료 시스템의 전면에 전문의와 일반의를 배치한다는 목표를 가지고 가정의사를 강조했다. 쿠바에서는 농촌지역과 도시지역 할 것 없이 의사가 보건의료 팀을 이끌었다.

보건 시스템이 성공을 거두자 고무된 혁명군은 의료 외교를 외교정책의 필수적인 한 부분으로 삼았다. 쿠바가 처한 대외적 환경이 적대적이었기 때문에 혁명군은 동맹자들을 찾아 나서야 했다. 쿠바는 의료 외교를 하나의 전략으로 발전시켰으며, 이를 통해 다른 개발도상국과 관계를 튼튼하게 하고 미국의 계속되는 비난을 물리칠 수 있었다. 의료 원조와 지원 체계를 갖춤으로써 쿠바는 개발도상국 수백만 민중들의 생활에 크게 도움을 주었다. 2005년 말, 쿠바의 의료 인력은 전 세계 68개국에서 활동했다. 또한 개발도상국의 수많은 의료 인력들이 쿠바에서 무료 교육을 받거나 쿠바 전문의들의 현장 실습을 통한 교육 훈련 과정에 참여했다.

1999년 쿠바는 개발도상국에 질 높은 보건의료를 유지하기 위한 전략의 일환으로 의료 외교 프로그램의 필수적인 한 부분으로 국제적인 '라틴아메리카 의과대학'(ELAM)을 설립했다. 주로 라틴아메리카, 카리브해, 아프리카에서 온 1만~1만 2천 명의 학생들이 등록하고 있는 라틴아메리카 의과대학은 아마 세계에서 가장 큰 의과대학일 것이다. 2000년 초에는 이 학교에 미국의 저소득층 학생들을 받아들이는 프로그램도 마련했다.

　2000년 6월, 미국 흑인의원 모임(Congressional Black Caucus) 소속 파견단이 쿠바를 방문하여 피델 카스트로를 만났다. 베니 톰슨(Bennie Thompson, 미시시피 주) 의원이 자신의 지역구에 의사가 없는 곳이 너무 많다고 말하자, 카스트로는 미국 시민들이 라틴아메리카 의과대학에서 공부할 수 있도록 전액 장학금을 제안하는 것으로 응답했다. 그해 말 뉴욕 리버사이드 교회에서 카스트로는 장래에 미국의 빈곤한 지역공동체에서 의료활동을 하겠다고 약속하는 미국 학생 500명을 입학시키겠다는 제안을 다시 내놓았다. 2004년 라틴아메리카 의과대학에는 88명의 미국 학생들이 다니고 있었는데, 그들 가운데 85%는 사회적 소수자였고 73%는 여성이었다. 지원 자격으로 고등학교 졸업장과 2년 예과 과정을 수료한 학력과 함께, 가난한 지역공동체 출신이고 자신의 지역공동체에 다시 돌아가겠다는 약속을 해야 했다.

　이웃공동체에 기초한 1차 진료 프로그램으로 자리 잡은 '지역공동체 속 의료'라는 이상은 쿠바 보건의료 시스템을 떠받쳤다. 이 방식은 환자들을 이웃공동체 환경에 속한 생물학적·심리적·사회적 존재로서 바라보는 것이 중요하다고 인식했다. 그래서 이웃공동체가 서비스를 제공하는 첫 번째 현장이자 건강한 삶을 위한 환경이 되도록 했다. 1984년 피델 카스트로는 의사·간호사 팀을 모든 도시 구역과 외진 농촌 이웃공동체에 배치시키는 시범 프로젝트를 수립했다. 대개 한 팀이 120~150가구에 살고 있는 사람 약 600~700명을 돌보았다. 보건소는 대기실과 의사 사무실, 검사 및 치료실로 이루어져 있다. 이 의사·간호사 팀은 쿠바 보건의료 시스템의 입구가 되어 이웃공동체 주민과 보건의료 시스템을 연결했다. 의료 팀이 환자들이 살고 있는 이웃공동체의 통합적인 부분이 되도록 대부분의 가정의와 간호사들은 진료실 위층에 있는 아파트에서 살았다.

1980년대 중반에는 혁명군은 3단계로 이루어진 보건의료 프로그램을 확립했다. 첫 번째는 이웃공동체에서 1차 진료를 제공하는 보건소(consultorios)였다. 가정의 · 간호사 팀이 보건소의 직원으로 근무했으며 보건소 주변에 한정된 지역에 사는 가족들을 돌보았다. 2차 진료기관인 전문 진료소(policlinicos)는 지역공동체 단위에서 운영되었으며, 2만5천 명에서 3만 명 정도의 인구를 대상으로 했다. 전문 진료소는 여러 분야의 팀으로 구성되어 다양한 진료 과목에서 특별 치료를 제공했다. 소아과, 내과, 간호, 사회사업, 치과, 물리치료를 비롯하여 때때로 심장학과, 호흡기내과, 안과, 신경과, 내분비과, 피부과, 정신과도 포함되었다. 마지막으로 병원(hospitales)과 의료원(institutos)은 3차 진료기관으로 역할을 담당했다.

쿠바 보건의료 시스템의 입구인 보건소는 주민 건강 문제의 80%가량을 담당하고 건강 증진과 질병 예방에 특히 관심을 기울인다. 일반적으로 아침나절에는 가정의가 보건소에서 환자들을 진료하고, 오후에는 응급 치료가 필요한 환자들의 집을 방문하고 만성 질환자들의 회복 훈련을 돕거나 1차 예방활동에 시간을 할애한다. 가정의는 또 보건소 범위를 넘어서는 치료가 필요한 환자들을 전문 진료소나 병원으로 보낸다.

'특별시기' 동안 사람들은 평판이 높은 쿠바 보건 프로그램이 곤란을 겪고 있으며 치료의 질이 떨어진다는 점을 느끼기 시작했다. 이웃공동체 주민들의 처지에서 이 문제를 알아보기 위해 아바나의 148개 가구를 대상으로 보건의료 시스템 경험에 관해 인터뷰했다.[26] 가정의 · 간호사 프로그램에 대해 묻기 전에, 기초 자료로 쓰기 위해 우선 그들의 현재 건강 상태에 관해 질문했다. 응답자의 거의 63%가 건강이 좋거나 아주 좋다고 대답했고 25%는 상당히 좋다고 말했으며, 11%는 건강이 나쁘다고 응답했다.

보건의료 시스템이 실제로 어떻게 작동하는지를 파악하기 위해 가정의가 배정되어 있는지 그리고 얼마나 자주 보건소나 전문 진료소 또는 병원에 가는지를 질문했다. 약 78%의 응답자들이 가정의가 배정되어 있다고 대답했고 21%는 그렇지 않다고 응답했다. 쿠바 사회에서 뜻밖에도 가정의가 배정되어 있지 않다고 진술한 사람의 비율이 놀랍게도 상당히 높았다. 가정의·간호사 프로그램은 모든 이웃공동체 주민을 포괄하는 것을 의미하기 때문에 모든 주민들에게 가정의가 배정되어 있을 것으로 기대했기 때문이다. 이러한 응답에 대해 몇 가지 해석이 가능할 것이다. 첫째, 일부 주민들은 가정의라는 입구를 통해 보건의료 서비스를 이용하지 않을 수 있다. 그들은 보건소를 거치지 않고 직접 전문 진료소에 치료를 받으러 갈 수도 있다. 쿠바 보건의료 시스템은 위계적이지만 관료적이지는 않다. 가정의의 진료 의뢰서 없이 바로 전문 진료소로 갔다고 해서 쫓겨나는 일은 없다.

또 하나의 가능성은, 최근 해외로 의사 파견이 급증하여 일시적으로 가정의가 공석일 수 있다. 비공식 인터뷰에서 얻은 일화를 통해 일부 이웃공동체에서 이용 가능한 가정의 수가 감소했을 수 있다는 점을 알 수 있었다. 한 여성 응답자는 자신의 이웃공동체에 있던 의사가 "해외로 갔다"고 말했다. 의사들의 의료 외교 프로그램 참여를 유도하기 위해, 정부는 외국에서 근무하는 의사들에게 쿠바에서보다 훨씬 높은 보수를 주고, 쿠바로 돌아왔을 때도 자동차와 '좋은' 집을 얻을 수 있는 혜택을 준다. 그 결과 실력이 뛰어난 의사들 가운데 일부는 해외에서 근무하게 되었다. 이러한 문제가 있음에도 불구하고 주민들 대부분은 지난 한 해 동안 가정의를 한 번 이상 방문한 것으로 나타났다. 11%는 한 해에 7회 이상 가정의를 방문했다고 응답했고, 9%는 4~6회, 55%는 1~3회 방문했다고 응답했다. 26%는 지난 한 해 동안 한 번도 방문한 적이 없었다.

쿠바 보건의료 시스템 아래에서 전문 진료소는 보건의료 체계의 두 번째 단계이다. 이론적으로는 환자들은 먼저 가정의를 찾아가고, 가정의는 더 높은 단계의 치료가 필요할 경우 환자를 전문 진료소로 보낸다. 조사 자료에 따르면 응답자의 86%가 지난해에 적어도 한 번 이상은 전문 진료소를 방문한 것으로 나타난다. 이 가운데 약 13%는 7회 이상 전문 진료소를 방문했고, 24%는 4~6회 방문했으며, 32%는 2~3회 방문했다. 응답자의 약 18%는 전문 진료소에 한 번 방문한 적이 있다고 대답했다. 응답자들 가운데 14%만이 한 해 동안 전문 진료소를 한 번도 방문한 적이 없다고 대답했다.

이러한 결과는 꽤 놀랍다. 보건소가 보건의료 시스템의 첫 단계이기 때문에 누구라도 가정의 방문이 가장 높은 비율을 차지할 것이라고 예상할 수 있기 때문이다. 그렇지만 보건소(75%)보다 전문 진료소(86%)를 방문한 응답자의 비율이 더 높았다. 일부 응답자들이 가정의를 거치지 않고 바로 전문 진료소로 가서 진료를 받았을 수도 있다는 얘기이다. 응답자들의 26%가 가정의를 방문한 적이 없다고 답한 반면, 14%만이 전문 진료소를 방문한 적이 없다고 응답한 것이다. 대부분의 이웃공동체에서 보건소와 전문 진료소는 걸어갈 수 있는 거리 안에 있다. 따라서 보건의료 시스템의 융통성을 고려한다면, 일부 아바나인들은 까닭이 무엇이됐든 가정의를 방문하지 않고 바로 전문 진료소로 가서 진료를 받는다고 할 수 있다.

병원은 쿠바 보건의료 시스템의 세 번째 단계이다. 응답자들의 61%가 한 해 동안 적어도 한 번 이상 병원을 방문한 적이 있다고 대답했다. 이 가운데 약 22%는 병원에 한 번 정도 방문했다고 응답했고, 19%는 2∼3회 정도 방문했다고 응답했다. 또 약 20%는 4회 이상 병원을 방문했다고 대답했다. 39%는 지난 한 해 동안 전혀 병원을 방문한 적이 없었다.

보건 전문가들은 환자와 의사가 서로 좋은 관계를 맺는 데 신뢰가 중요하다고 본다. 보건의료 세계에서는 환자와 의사 관계에서 신뢰가 부족하거나 없을 경우 생사를 바꿀 만큼 중요한 결과를 가져올 수 있다. 사람들은 의사나 의료 서비스가 신뢰할 만하다고 느끼면 진료를 더 원하는 경향이 있고, 치료 방침을 잘 따르며 후속 서비스를 받기 위해 다시 돌아온다. 가정의와 환자 사이의 신뢰 관계를 수립하는 데 영향을 주는 핵심 문제들을 파악하기 위해 응답자들에게 몇 가지 질문들을 했다. 의사의 능력 면에서 대다수 사람들(58%)은 기본적으로 가정의한테 받는 진료의 질에 만족하고 있었다. 11%는 매우 만족, 23%는 만족, 24%는 다소 만족하고 있다고 응답했다.

그렇지만 주민들의 30%는 가정의한테 불만이 있다고 응답했다. 표본의 약 12%는 질문에 응답이 없었다. 인터뷰로부터 얻은 일화는 가정의 프로그램의 관심 사항에 대해 약간의 시사점을 던져 주고 있다. 예컨대한 응답자는 가정의들은 "경험이 없는 젊은 의사들"이라고 불만을 토로했다. 비슷한 정서에서 다른 응답자는 "가정의 가운데 일부는 너무 젊기 때문에 주의를 기울이지 않는다"고 말했다. 또 다른 응답자는 "때때로 의사들은 무능력하고 동기가 약해 일할 의욕이 없기 때문에 치명적인 실수를 저지른다"고 우려했다. 게다가 이런 슬픈 이야기도 있었다. "아버지가 아파서 우리는 가정의한테 모시고 갔다. 그들은 우리를 전문 진료소로 보냈다. 그랬더니 전문 진료소에 있는 의사들은 아무 병도 발견하지 못했고 집으로 돌려보냈다. 사흘 뒤 아버지를 병원으로 모시고 갔다. 병원 의사는 사흘 전에 이미 심장 마비가 왔다고 말했다. 며칠 동안 집중 치료를 했으나 아버지는 돌아가셨다."

한편 가정의에 대한 경험을 긍정적으로 이야기하는 응답자들도 많았다. 한 응답자는 "우리 아버지가 대장질환과 동맥경화증을 앓고 있기 때문에 가정의가 정기적으로 우리 집을 방문한다"고 말했다. 다른 응답자는 "우리 남편은 죽기 전 5년 동안 지체장애를 겪었다. 그러나 가정의가 남편을 잘 돌보았기 때문에 나는 불만이 없다"고 말했다. 또 다른 응답자는 "나는 날마다 고통을 겪는데 간호사가 이틀에 한 번 온다"고 말했다. 이처럼 여러 응답자들이 우려하고 있는가 하면 어떤 사람들은 매우 만족하고 있는 데서 보듯이, 1차 의료 단계에서 제공되는 의료 서비스의 질은 균등하지 않은 것 같다.

다음으로, 응답자들에게 가정의 프로그램의 효과에 대해 어떻게 평가하는지 물어 보았다. 개인 건강 유지를 위한 교육과 상담 제공, 전염병으로부터 이웃공동체 보호, 이웃공동체 주민들에 대한 보건의료 서비스 제공 등 세 측면에서 질문했다. 응답자의 약 91%는 가정의·간호사 프로그램이 이웃공동체를 위해 효과적인 건강 교육과 상담을 제공한다고 대답했다. 약 5%는 가정의·간호사 프로그램이 효과적이지 않다고 했으며 약 5%는 잘 모르겠다고 답했다. 교육과 상담의 측면에서 보건의료 제공 시스템은 효과적인 것으로 보인다.

또한 응답자들은 가정의·간호사 프로그램이 전염병으로부터 이웃공동체를 보호하는 역할에 대해 70%가 효과적이거나 매우 효과적이라고 답해 압도적으로 긍정적인 반응을 보였다. 다른 25%는 프로그램의 이 요소가 전염병으로부터 이웃공동체를 보호하는데 꽤 효과적이라고 생각했으며 5%의 응답자들은 잘 모르겠다고 응답했다. 이웃공동체를 위한 의료 서비스 증진 효과에 대해서는 약 86%가 이 프로그램이 이웃공동체를 위해 양호한 의료 성과를 내고 있는 것으로 느낀다고 했다. 응답자의 약 9%는 서비스가 효과적이지 못하다고 답했으며 5%는 잘 모르겠다고 응답했다.

다음으로 신뢰 문제에 관해 좀 더 알아보기 위해 응답자들과 가정의 사이의 일대일 소통 관계를 조사했다. 여기에는 의사의 관심이 환자들의 복지 쪽에 있는지 아니면 의사 자신을 향해 있는지, 의사가 환자들로 하여금 관심 사항에 대해 소통하도록 하는 능력이 있는지, 그리고 의사와 환자의 관계가 전반적으로 편안한지 하는 질문이 포함되었다. 먼저 가정의가 주민들의 건강과 복지를 급여나 지위 같은 문제들보다 더 우선시한다고 생각하는지 주민들에게 물어 보았다. 응답자 가운데 12%는 가정의가 건강과 복지를 다른 문제보다 항상 우선시한다고 응답했고 26%는 대체로 우선시한다고 응답했다. 다른 26%는 가정의가 건강과 복지를 다른 문제들보다 다소 우선시한다고 응답했다. 응답자의 약 19%는 가정의가 건강과 복지를 다른 문제들보다 결코 우선시하지 않는다고 응답했으며 16%는 잘 모르겠다고 했다.

의사와 환자 사이의 의사소통에서 꼭 필요한 것은 개방성이다. 이를 위해 우리는 응답자들이 가정의들한테서 얼마나 편안함을 느끼는지 알고 싶었다. 약 51%는 가정의·간호사와의 관계에서 편안함을 느낀다고 응답했고 32%는 가정의·간호사 팀이 다소 편안하게 해 준다고 응답했다. 응답자의 14%는 가정의·간호사 팀이 불편하다고 대답했으며 3%는 응답하지 않았다. 여러 가지 문제들에 관해 가정의와 토론할 수 있는

지에 대해서도 물어보았다. 응답자의 약 52%는 가정의와 어떤 문제든 토론할 수 있는 관계라고 대답했고, 28%는 가끔 의사와 대화를 나누며 편안함을 느낀다고 답했다. 응답자의 10%는 가정의와 대화할 때 전혀 편안함을 느끼지 못한다고 대답했으며 10%는 잘 모르겠다고 했다.

신뢰의 또 다른 결정적 요소는, 의사가 환자들이 처한 생활 조건을 얼마나 알고 이해하고 있다고 생각하는가 하는 점이다. 혁명군은 의사와 간호사들이 주민들과 가까워지는 것은 물론 환자들이 살고 있는 이웃공동체를 깊이 이해하도록 하기 위해 그들이 일하는 이웃공동체에 거주하도록 했다. 주민들이 살고 있는 이웃공동체에서 가정의를 얼마나 자주 보는지를 물었다. 응답자들의 84%는 이웃공동체에서 가정의를 볼 수밖에 수 없다고 대답했다. 응답자들의 단지 9%만이 이웃공동체에서 가정의를 본 것 같지 않다고 응답했고 8%는 응답하지 않았다. 또한 응답자들에게 이웃공동체 회의에서 가정의를 볼 수 있는지 물었다. 응답자들의 약 73%는 회의에 참여한 가정의를 보았다고 진술했으며 약 20%는 그런 일이 있었던 것 같지 않다고 대답했다. 응답자의 7%는 응답하지 않았다.

다음으로, 우리는 가정의가 이웃공동체가 직면한 문제들에 대해 이해하고 있다고 주민들이 믿고 있는지 알고 싶었다. 응답자의 약 18%는 의사들이 이웃공동체가 직면한 문제들에 대해 아주 잘 이해하고 있다고 대답했고, 35%는 의사들이 대체로 이해하고 있다고 응답했으며 28%는 다소 이해하고 있다고 응답했다. 응답자 가운데 약 18%는 이웃공동체가 직면한 상황에 대해 가정의가 이해하지 못하고 있다고 응답했다.

응답자의 압도적인 다수는 가정의가 이웃공동체를 살기 좋은 장소로 만드는 데 중요한 요소라고 생각했다. 응답자의 86%는 가정의가 이웃공동체의 중요한 자산이라고 대답했으며 단지 7%만이 중요한 요소가 아니라고 진술했으며 5%는 잘 모르겠다고 답했다. 이 조사 자료는 비록 일부 응답자들이 의료의 질에 우려를 표하고 있지만 가정의와 환자들 사이에 상당히 높은 신뢰가 존재한다는 것을 보여 준다. 몇몇 즉답을 피하는 경우가 있기는 하지만 주민들 다수는 가정의가 효과적인 서비스를 제공해 주는 사람, 자신들을 편안하게 해 주는 사람, 그리고 여러 가지 문제들에 관해 더불어 토론할 수 있는 사람이라고 생각했다. 더욱이 응답자들은 가정의가 이웃공동체에서 직면한 문제와 상황을 이해하고 있다고 생각했다. 응답자들이 이렇게 생각하는 이유는, 가정의가 일터인 보건소에서 시간을 보내면서도 자신이 일하는 이웃공동체에 살기 때문일 것이다. 그래서 주민들은 의사들을 길거리에서 볼 수 있고 이웃공동체 회의에서도 볼 수 있는 것이다. 이 결과들을 종합해 보면, 비록 몇 가지 유보적 경우가 있지만 주민들의 압도적 다수가 가정의가 있음으로써 이웃공동체가 좀 더 살기 좋은 곳이 된다고 생각하는 것은 놀라운 일이 아니다.

쿠바는 시민들을 위한 보건의료 서비스 접근성 측면에서 다른 어떤 개발도상국도 따라오지 못할 만큼 앞서 나아갔다. 보건의료 서비스 접근성에는 일반적으로 서로 연관된 네 가지 요소가 있다. 지리적 접근성, 서비스 이용 가능성, 의료비 수준, 그리고 의료의 질이 여기에 포함된다. '지역공동체 속 의료' 모델 가운데 지리적 접근성은 쿠바에서 문제가 되지 않는다. 보건소와 전문 진료소는 대부분 주민들이 살고 있는 이웃공동체에서 걸어 갈 수 있는 거리에 있다. 게다가 전문 병원들도 대부분 중심부에 위치하고 있어 쉽게 갈 수 있다. 게다가 긴급한 치료가 필요한 환자들을 위해 가정의 · 간호사가 가정방문까지 실시하고 있다. 예컨대, 응답자의 30%는 가정의가 때때로 집을 방문한다고 응답했으며 8%는 가정의가 정기적으로 방문한다고 응답했다.

더욱이 가정의들은 임산부와 신생아, 어린이, 만성질환자, 노약자, 병원에서 갓 퇴원한 사람들을 세심하게 관찰한다. 가정의들은 이웃공동체의 전문 진료소와 일터 및 학교에 연결되어 있다. 지리적 접근성과 서비스의 이용 가능성은 아바나에서 전혀 문제가 되지 않는다. 응답자의 약 91%가 자신의 가족이 필요한 의료 서비스를 받고 있다고 대답했다. 게다가, 앞에서 보았듯이 환자와 의사의 일대일 소통 관계가 좋고, 응답자 대부분은 가정의 · 간호사 팀이 이웃공동체가 직면한 여러 문제를 이해하고 있다고 생각하고 있었다.

비록 쿠바의 보건의료는 무상이지만, 돈 문제가 의료 접근성과 의료의 질에 얼마나 영향을 주는지 알고 싶었다. 아주 많은 아바나인과 나눈 비공식 대화를 통해 돈이 때때로 문제가 된다는 것을 알 수 있었다. 그래서 응답자들에게 가정의에게 돈을 건네면 더 나은 진료나 빠른 서비스를 받을 수 있는지를 질문했다. 응답자들의 34%는 아니라고 응답했으나, 31%는 그런 일이 일어날 것 같다고 응답했고 16%는 때때로 일어날 것이라고 말했다. 8%는 잘 모르겠다고 했다. 이처럼 비록 쿠바인들이 의료 서비스를 받는 데 돈을 지불할 필요가 없지만, 응답자들의 약 47%는 만약 가정의에게 돈을 지불한다면 더 낫거나 빠른 서비스를 받을 수 있을 것이라고 생각한다고 응답했다. 보건의료는 무상이지만 환자들은 처방약을 타기 위해 얼마 안 되는 액수지만 돈을 내야 한다. 응답자의 약 46%가 처방약을 타는 데 문제가 없다고 대답했으며, 43%는 때때로 문제가 된다고 응답했고 약 11%는 처방전을 받는 데 늘 어려움을 겪는다고 응답했다.

그런가 하면 '특별시기'에는 가정의 · 간호사 프로그램은 중대한 도전에 직면했다. 혁명군은 수많은 의사를 해외로 보내는 의료외교 전략을 추진하면서도 동시에 국내에서 질 높은 서비스를 유지하려 했기 때문에 긴장 상태가 나타났다. 이와 관련하여 주민들에게 과거 5년 동안 의료 서비스의 변화에 대해 어떻게 생각하는지 물었다. 응답자의 약 48%는 이 시기에 의료 서비스가 더 나아지거나 같은 수준이었다고 생각했다. 그렇지만 41%는 서비스가 나빠졌다고 생각했으며, 이 가운데 22%는 서비스가 조금 나빠졌다고 대답했고 18%는 서비스가 크게 나빠졌다고 응답했다.

많은 아바나인들이 가정의·간호사 시스템에 만족하는 것은 어쩌면 당연한 일이다. 유아 사망률과 기대 수명은 복지의 척도로 국제적으로 인정되고 있다. 이러한 지표들은 보건의료의 질과 식량 상황, 사회적 복지를 증진시키는 다른 요소들이 얼마나 갖춰져 있는지를 반영하기 때문이다. '특별시기' 동안 커다란 시련에 직면했음에도 쿠바의 유아 사망률과 기대 수명은 여전히 미국과 동일했다. 그럼에도 불구하고 아주 많은 사람들이 설문 응답과 비공식 인터뷰를 통해 우려를 나타내고 있다는 사실은, 자랑스러운 가정의·간호사 프로그램에 균열이 생겼다는 것을 보여 준다.

문제는 혁명군이 의사들을 해외에 파견하면서도 동시에 국내의 이웃 공동체의 요구를 충족시키려고 했기 때문에 초래된 것일 수 있다. 예컨대, 많은 의사들이 해외로 떠남으로써 남은 의사들은 때때로 지치거나 과로에 시달렸고 그 결과로 의료의 질은 떨어졌다. 이 점과 관련하여 아구스틴 세브레코는 이웃들의 견해를 반영하여 이렇게 말했다.

특별시기 이전에는 지금보다 더 적은 사람들을 위해 더 많은 의사가 있었다. 지금은 많은 의사들이 베네수엘라, 파키스탄, 온두라스, 볼리비아로 가 있다. 쿠바의 의사들은 그 나라들에서 민중들을 돕는다. 이제 (쿠바에 남은) 의사들은 전보다 더 많은 사람들을 돌봐야 한다. 당연히 그들은 노인이나 좀 더 심한 환자들에게 신경을 더 쓴다. 당신이 보건소를 찾아가면 가정의들은 거기에 없을 것이다. 치료를 위해 누군가의 집으로 갔을 것이기 때문이다. 이제 어떤 사람들은 가정의들에게 가지 않고 대신에 전문 진료소로 갈 것이다. 만약 큰 문제가 있으면 병원으로 갈 것이고.

카마구에이 지방의 한 간호사(45세)는, 보건소 의사가 베네수엘라로 간 의사를 대신하기 위해 다른 전문 진료소로 옮긴 뒤로 지금까지 의사 없이 일한지가 2년이 넘었다고 하면서 이렇게 말했다.

내 환자들은 매일 불평한다. 그들은 나한테 의사 역할을 원하지만 난 그럴 수 없다. 관심을 쏟는 정도가 예전 같지 않다. 여기 의사를 다른 이웃에게 보내는 것은 공정하지 못하다. 사람들은 이제 '치료를 받으려면 베네수엘라 행 비행기 표를 구해야 한다'고 말한다.

쿠바의 의사들과 간호사들은 여래 해 동안 인도주의 목적으로 해외에서 일해 왔다. 그러나 지난 몇 년 간 카스트로와 차베스의 협력이 꽃을 피우면서, 석유 부국 베네수엘라는 매우 귀중한 교역 상대가 되었고 쿠바에서 그 나라로 보내는 의사 수가 엄청나게 증가했다. 국가의 절박한 필요에 따라 수만 명의 의료 노동자들이 값싼 석유와 교환되어 베네수엘라로 유출되자 의료의 질과 접근성이 나빠진다는 불만이 커졌다. 동시에 베네수엘라는 쿠바의 가장 중요한 동맹국 가운데 하나로서 쿠바 섬의 안정을 유지하는 데 핵심적 역할을 한다.

베네수엘라는 할인된 가격으로 쿠바에 하루 10만 배럴의 석유를 제공했고 20억 달러 이상의 차관을 제공했다. 이와 동시에 베네수엘라로의 수출은 2002년 겨우 2,500만 달러에서 2004년 3억 달러로 크게 증가했다.[27] 쿠바 의사들은 또한 베네수엘라의 가장 가난한 주민들을 위해 일차적 보건의료를 제공하는 중요한 역할을 했다. 의사, 간호사, 치과의사를 포함하여 2만여 명의 쿠바 의료 인력들이 그 프로그램의 중추를 맡았다. 따라서 몇 가지 모순에도 불구하고 쿠바가 베네수엘라 등지에서 실시하고 있는 의료외교 프로그램을 포기할 것 같지는 않다

재난 대비 시스템

쿠바의 지리적 위치는 허리케인에 노출되어 있어 위험이 크다. 그래서 혁명군이 위험 감소와 재난 대비에 우선순위를 매긴 것은 당연했고 쿠바가 거둔 성과는 국제적인 찬사를 받았다. 유엔개발계획(UNDP)과 국제적십자연맹(IFRC)은 위험 감소 부문에서 다른 나라들이 본받을 만한 실례로 쿠바를 거듭 꼽았다.[28] 2005년 허리케인 카트리나가 닥친 뒤로는, 심지어 미국의 학자들과 기자들도 이제 쿠바의 경험을 연구해서 배워야 할 것이라고 제안하고 있다.[29] 쿠바의 재난 관리 방식은 기후 관련 재난으로 전 세계의 사망자 수가 늘어나면서부터 주목을 끌기 시작했다. 1985년부터 1999년까지 14년 동안 자연재해로 50만 명이 넘는 사람들이 죽었다. 이런 배경에서, 특히 개발도상국에서 많은 사람들이 쿠바의 위험 및 재난 관리 방식을 연구하기 시작했다.

쿠바의 매우 효율적인 위험 및 재난 대비 시스템의 비밀을 밝히기 위해서는 이웃공동체의 생활과 문화의 역동성을 이해하는 것이 특히 중요하다. 이웃공동체의 안정성과 높은 조직화 없이는 쿠바의 위험 및 재난 대비 시스템이 나올 수 없었을 것이다. 수많은 주민들은 서로 소통할 수 있고, 신속하게 동원할 수 있는 지역공동체 수준의 재난 대비 조직은 국가 재난 관리 시스템의 중심에 놓여 있다. 따라서 재난 대비는 지역공동체에 초점을 맞추고 있다는 점에서 혁명군의 이웃공동체 발전의 사회적 기능 모델의 또 다른 요소라고 할 수 있다. 예컨대, 이웃공동체의 안정성과 공동체적 가치는 주민들이 서로 도우면서 일하고 비상시에는 지시 이행이 가능하게 하는 신뢰와 연대를 만들어 냈다. 사람들과 조직, 기관, 정부 사이의 밀접한 연계와 상호작용이 있기 때문에 비상사태가 발생했을 때 모든 집단들이 하나의 단위처럼 움직일 수 있다.

정부의 개입과 민중 참여 사이의 상호작용은 쿠바의 위험 감소 시스템에 결정적 요소이다. 전국 민방위(National Civil Defense) 시스템은 비록 국방부가 지휘하지만 중앙 집중적인 의사결정에 지방분권적인 집행이나 대중 참여가 결합될 수 있도록 설계되었다. 이러한 맥락에서 혁명군은 따로 관료 조직을 만들기보다는 지역 단위의 조직과 지도자들이 민방위라는 또 하나의 책임을 맡도록 했다.

모든 도와 시 수준에서 지역 지도자들은 민방위를 운영하며, 자신들이 일상생활에서 꾸려 가는 동일한 조직적·제도적 체계를 민방위에 이용한다. 예컨대 법률에 의해 도와 시의 모든 대표자들은 지역 민방위 책임자를 겸하며, 지역공동체의 위험 예방, 완화, 비상조치, 복구에 필요한 조직화, 조정, 감독 등의 책임을 맡는다. 비상사태가 발생하면 일터, 병원, 학교, 기업의 모든 대표자는 직원들을 지휘하고 민방위 조치를 취하는 책임을 맡는다. 이웃공동체와 구역 단위에서는 혁명수호위원회와 쿠바여성동맹이 민방위 위원회를 조직하거나 비상 행동을 조정하는 역할을 주도한다.

이러한 조직들 가운데 특히 혁명수호위원회는 현장에서 발생한 상황에 대응하는 일에 상당한 재량권을 가지고 있다. 지역의 지도력이 위험 을 줄이는 데 효과를 발휘하도록 하기 위해 정부는 주민들과 이웃공동체 지도자들의 재난 대비 역량을 발전시키는 데 투자를 아끼지 않는다. 지역 지도력에 대한 신뢰는 지식과 정보를 최대한 높이고 사회적 유대를 강화하여 이웃공동체 수준의 참여도가 높아진다. 이웃공동체 수준에서 쿠바의 위험 및 재난 관리 프로그램이 어떻게 작동하는지 더 깊이 알아보기 위해 148개 가구를 대상으로 재난 대비에 관한 견해를 물어 보았다.[30]

사람의 생명을 지킨다는 혁명군의 굳은 약속은 비상시에 정부와 민중 사이에 높은 수준의 신뢰가 만들어지는 기반이 된다. 이와 동시에 주민들은 비상 시스템이 효과적이며 필요한 지원과 원조를 받을 수 있을 것이라는 확신을 가지고 있음에 틀림없다. 정부에 대해서 어떤 태도를 갖고 있는지에 관계없이, 쿠바인들은 위험 및 재난 관리에 관한 한 정부가 무엇을 해야 하는지를 잘 알고 생명 구호를 위해 헌신한다는 사실을 믿는다. 응답자들의 98%는 쿠바의 위험 및 재난 대비 시스템이 효과적이라고 대답했으며 이 가운데 57%는 정부의 접근 방식이 매우 효과적이라고 생각했다. 더욱이 응답자들의 98%는 재난이 닥쳤을 때 정부가 생명 구호에 헌신적이었다고 대답했고, 이 가운데 70%는 매우 헌신적이었다고 응답다. 쿠바 섬이 2001년 허리케인 미셸로 타격을 입었을 때 카스트로는 이렇게 강조했다. "아무리 큰 피해를 보더라도 우리는 이 문제를 극복할 것이다. 우리에게 승리란 인명 손실을 최소화하는 것이다."

또한 이웃공동체 주민들은 재난 대비에 적극적으로 참여하는 것이 시민으로서의 의무라고 생각한다. 비상시 역할의 중요성에 관한 질문에 대해 응답자의 63%는 비상시 재난 대비와 대응에 참여하는 것은 중요하다고 대답했다. 일부 응답자들은 시민 참여가 "병원, 학교, 상점, 그리고 전국토를 안전하게 하는 것"을 돕는 일이기 때문에 중요하다고 대답했다. 어떤 사람들은 "생명을 구하고 사고를 피할 수 있도록 돕기" 때문에 중요하다고 말했다. 많은 주민들은 또 폭풍 이후에 거리를 청소하고 복구를 돕는 일이 중요하다고 생각했다.

하지만 모든 사람들이 비상시 자신들의 역할이 중요하다고 생각하지는 않았다. 응답자들의 23%는 재난 대비 시 자신들의 역할이 중요하지 않다고 응답했다. 10%는 잘 모르겠다고 응답했고 3%는 답변하지 않았다. 그럼에도 불구하고 재난 관리 시스템이 효과적이라고 생각하는 사람들, 정부는 생명 구호에 헌신하고 있다고 생각하는 사람들, 그리고 재난 대비와 폭풍 이후 복구를 돕는 것이 자신들의 역할이라고 생각하는 사람들이 많다. 이런 사실은 위험 및 재난 대비에 사람들이 참여도가 높다는 점을 설명해 준다.

쿠바의 재난 대비에 관하여 국제 구호단체 옥스팜 아메리카(Oxfam America)의 보고서는 이렇게 썼다. "역할에 관계없이 모든 사람들은 허리케인에 대처하기 위해 필요한 조치와 절차에 대해 분명히 숙지하고 있었다. 그들은 비상경보 단계들을 알고 있었으며, 어디서 정보를 얻어야 하고 집을 어떻게 지켜야 하며 피난해야 할 때 어떤 대피소로 가야하는지 알고 있었다."[31] 조사 자료는 이러한 생각을 확인해 주고 있다. 허리케인이나 자연재해가 발생했을 때 어떻게 대처해야 하는지 알고 있느냐는 질문에 모든 가구들은 긍정적으로 응답했다. 응답자의 89%는 무엇을 해야 할지 잘 알고 있거나 매우 잘 알고 있다고 대답했다. 응답자의 97%는 비상경보의 단계들을 알고 있다고 대답했고, 가구의 90%는 허리케인으로부터 집을 어떻게 보호하고 안전하게 할 수 있는지 알고 있다고 했으며, 66%는 재난으로 집을 비워야 할 경우 어떤 대피소로 가야하는지 알고 있다고 대답했다.

대부분의 응답자들은 비상시 정보를 얻는 가장 중요한 원천으로 텔레비전과 라디오를 꼽았고 다음으로 혁명수호위원회, 가족, 친구, 친척 순이었다. 쿠바는 전력 공급 수준이 높기 때문에 비상시 혁명군은 대중 의 사소통을 위해 미디어를 이용할 수 있다. 쿠바 가구들의 약 95%에 전기가 보급되어 있고, 대부분의 쿠바인들은 텔레비전 또는 라디오를 보유하고 있다. 대부분의 응답자들이 미디어 말고도 혁명수호위원회, 민방위 책임자, 쿠바여성동맹, 그리고 친구와 가족들을 비상시 정보원으로 꼽았다.

위험에 대한 취약성을 줄여야 하는 계층을 위해서는, 재난관리 시스템이 어떻게 작동하고 어떻게 이용하는지, 그리고 다양한 활동을 관리하는 책임자가 누구인지에 대해 주민들이 인지하는 것은 매우 중요하다. 이 점에 대해 가구들 가운데 78%는 누가 자신의 구역과 아파트, 이웃공동체에서 취약한 주민들을 식별해 내고 돕기 위한 책임자인지 알고 있었다. 대부분의 응답자들은 혁명수호위원회가 재난 시기에 이웃공동체에서 도움이 필요한 사람이 누구인지 파악하는 책임이 있는 주요 집단이라고 인식하고 있었다. 어떤 집들이 허리케인 피해에 가장 취약한지, 어디가 대피소로 적합한지를 포함하여, 관할권에 있는 모든 가구의 구성을 파악하는 것이 혁명수호위원회의 임무 가운데 하나이기 때문에 당연히 그러리라 생각된다.

쿠바여성동맹 대표자는 누가 취약한 상태에 있고 특별한 도움이 필요한지 이웃공동체의 여성들을 추적하는 역할을 맡는다. 그리고 가정의는 아프거나 신체적·심리적 치료가 특별히 필요한 사람들을 추적한다. 혁명수호위원회는 이러한 정보들을 관련자들로부터 취합하여 비상 계획에 반영하는 책임을 진다. 이처럼 허리케인이나 재난이 닥쳤을 때 혁명수호위원회는 취약한 주민 집단들은 물론 모든 주민들의 안전을 확보하는 책임을 맡는다. 평시에는 혁명수호위원회를 정부 편에서 참견하는 기구쯤으로 여기는 아바나인들도 있지만, 위기 시기에는 대부분의 주민들은 이 조직을 칭찬한다. 자연재해가 닥쳤을 때 도움이 필요한 사람들의 소재 파악에 누가 책임이 있는지에 대해 응답자 가운데 단지 22%만이 모른다고 답했다.

사람들 대부분은 이웃공동체 비상 대처 계획을 수립하는 과정에 참여하기 때문에 비상시에 무엇을 해야 할지 알고 있다. 응답자의 60%는 비상 대처 계획이 자신들의 이웃공동체를 위해 존재한다고 대답했고, 그 가운데 41%는 계획 수립에 직접 참여한다고 대답했다. 홀리 심스와 켈빈 포겔만에 따르면, 쿠바인들은 지역 비상 대처 계획에 참여할 뿐 아니라 지역공동체와 이웃공동체, 구역 단위의 민방위 위원회에서도 일한다. 그들은 각 대피소를 방문하여 식료품, 물, 담요, 기타 보급품 등이 충분히 있는지 확인한다.

쿠바 이웃공동체에서 안전 문화의 발전은 위험 및 재난 대비에 관해 사람들의 인식과 지식을 키우려 한 혁명군의 헌신에서 비롯된다. 가구들 가운데 약 36%는 민방위에서 공식적 훈련을 받은 적이 있다고 응답했으며, 36%는 친구나 가족들한테서, 29%는 직장에서, 21%는 학교에서 재난 대비에 관해 배웠다고 응답했다. 게다가 재난 대비와 예방, 대처 등은 모든 학교 교육과정의 일부이며 대학의 여러 학과 교육과정에도 포함되어 있다. 쿠바 어린이들은 누구나 법률에 의해 9학년까지 학교에 다니기 때문에 청소년들은 위험을 줄이는 방법에 대해 배우게 된다.

쿠바의 성공적인 위험 및 재난 대비 시스템의 기초는 이웃공동체 발전의 사회적 기능 모델이다. 사회적 자본의 풍부한 보고이자 안정적이고 고도로 조직화된 이웃공동체는 재난 완화, 대비, 대응 같은 국가적 노력에 '상승효과'를 만들어 낸다. 사람들이 광범위한 재난 대비와 대응에 참여하는 것과 더불어, 지역 책임자들의 지도 아래 풀뿌리 수준에서의 지역공동체 동원에 의존하는 민방위 시스템의 역량은 사회적 자본이 축적된 결과이다.

4장

자본주의를 이용해
사회주의를 지킨다

소련의 갑작스런 붕괴로 쿠바의 일상생활과 문화가 이루어지는 조건이 근본적으로 변화되었다. 이에 따라 아바나인들이 생계를 꾸리기 위해 투쟁하는 환경도 바뀌었다. 쿠바혁명의 핵심은 기본적 수준의 재화와 서비스에 대한 개인의 권리이다. 이러한 재화와 서비스에 대한 접근성은 임금이나 소득에 따라 규정되는 것이 아니라, 식량과 주택, 보건, 교육을 기본 인권으로 보는 사회경제적 융합 원리에 기초를 두고 있다.[1] 민중들과 협력하여 국정 운영을 해 가면서 혁명군은 이 원리를 소중히 간직했다. 이러한 원리는 안정적이며 잘 조직되어 있을 뿐 아니라 사회적 자본이 풍부한 이웃공동체에 안착되어 있다. 그들의 궁극적인 목표는 개인의 이익을 공동체의 넓은 이익에 기꺼이 종속시키고자 하는 시민들이 물질적 이해관계보다 도덕성에 따라 움직이는 사회를 건설하는 것이었다.

1959년부터 1989년까지 소련과의 우호적인 무역 협정으로 혁명군에게는 민중 중심적 사회 모델을 발전시킬 수 있는 자원이 있었고 그래서 쿠바는 번영을 누렸다. 이 30년 동안 개인의 이익과 집단의 이익 사이에 직접적인 상호관계가 존재했고 사람들은 국가와 경제, 가족의 생계유지가 서로 조화를 이루고 있다고 보았다. 이러한 틀 속에서 '유사 온정주의적'(quasi-paternalistic) 통치가 나타났고 사람들은 국가가 제공하는 필수적인 상품과 서비스들에 의존했다.

'특별시기'는 쿠바의 황금시대에 종말을 고했다. 유사 온정주의는 붕괴했고 사람들은 정부가 기초적 수요를 항상 충족시켜 줄 수는 없다는 점을 인식하기 시작했다. 이제 사람들은 생존을 위해 스스로 더 큰 책임을 져야 했다. 그렇다고 파멸적인 경제 위기가 이웃공동체와 국가 사이의 상호관계를 끝낸 것은 아니었다. 다시 조정되었을 뿐이다. 재조정 과정은 국가와 이웃공동체의 관계뿐 아니라 주민들과 이웃공동체 기구들 사이의 관계도 변화시켰다. 이 새로운 환경에서 위기를 극복하기 위해 서로 협력해 일하면서 국가와 민중 사이에는 진정한 동반자 관계가 나타났다. 이러한 변화의 배후에 있는 추진력은 관광 산업의 발흥과 경제의 '달러화'였다. 비록 미국 달러의 합법화로 이 용어가 사용되기 시작했지만 이 개념은 단순히 달러를 거래에 이용한다는 개념보다는 훨씬 넓은 의미를 담고 있었다. 2004년, 정부는 쿠바에서 거래에 미국 달러를 이용하는 행위를 금지했다. 달러는 반드시 쿠바 태환페소로 교환되어야 한다. 정부는 미국 통화와 교환할 때 수수료 20%를 부과한다.[2]

소련의 붕괴와 쿠바 경제의 위기

1989년 소련과 동유럽 공산 블록의 붕괴로 쿠바는 하룻밤 사이에 국제 무역량의 약 75%를 잃었다. 생활 조건이 악화되어 "사는 게 쉽지 않아"(vida no es facil)라는 말이 여기저기서 터져 나왔다. 이런 상황에서 피델 카스트로는 쿠바 섬을 구하기 위하여 국제 관광에 눈을 돌렸다. 그는 이렇게 설명했다. "우리는 관광을 발전시키지 않으면 안 된다. 관광은 외국 통화의 중요한 원천이다. 우리는 관광을 좋아하지 않지만 그것은 경제적 필요가 되었다."[3] 목표는 기존의 사회적·정치적 구조를 안정시키고 유지하기 위해 경화와 필요한 자원을 확보하는 것이었다. 국제 관광을 받아들임으로써 카스트로는 사회주의를 구하기 위해 자본주의를 이용하는 전략을 시도한 것이다.

카스트로가 경제적·정치적 파국에서 쿠바를 구하기 위해 국제 관광에 승부를 건 것은 어쩌면 모순된 일이었다. 혁명군은 원래 관광을 자본주의의 사악함의 진수를 보여 주는 예로 보았다. 혁명 이전 미국 마피아는 쿠바의 국제 관광 산업을 지배했으며, 태양과 바다, 모래사장이 있는 매력적인 곳들을 도박과 매춘, 마약으로 얼룩지게 했다. 관광은 순전히 쾌락을 위한 것이었고 미국과 전 세계에서 수많은 방문객들이 쿠바로 왔다. 1948년에서 1957년 사이 쿠바를 방문한 관광객 수는 94% 증가했다. 혁명 전야, 쿠바 방문객의 86%가량이 미국에서 온 사람들이었다. 그렇지만 관광과 설탕 산업은 아바나의 사회적 경관을 비참함과 고통으로 물들였다. 1958년 도시의 길거리에는 5천 명이 넘는 거지들이 있었고, 그 가운데 다수는 아이들이 딸린 집 없는 여자들이었다. 범죄가 증가했으며 청소년 범죄도 마찬가지로 늘어났다.

역사가 아서 슐레진저는 바티스타 정권 시기에 아바나를 방문한 경험을 이렇게 회상했다.

나는 아바나에 매혹되었다. 하지만 사랑스러운 그 도시가 마이애미에서 황금 주말을 즐기러 온 미국 사업가들을 위한 커다란 카지노와 창녀촌으로 타락해 가는 것을 보고 섬뜩했다. 내 동료는 비틀거리며 걷다가 거리에서 열네 살짜리 쿠바 소녀를 낚았으며, 동전을 던지면 사람들이 시궁창에서 서로 쟁탈전을 벌였다. 이런 생생한 모습을 보고서는 쿠바인들이 미국에 대해 어떻게 증오감을 가지지 않을까 의심스러웠다.[4]

혁명군이 권력을 잡았을 때 그들이 국제 관광을 피하려 한 것은 이해할 만한 일이었다. 혁명 후 국제 관광은 쿠바 섬에서 거의 사라졌다. 하지만 한편으로 혁명군은 여가 시간을 기본적 인권이라고 보았으며 국내 관광을 국가 발전의 주춧돌로 삼았다. 1959년 11월 정부는 국가관광산업국(INTUR)를 설립하여 국내 관광을 확대하고 발전시켰다. 그 목표는 쿠바인들에게 조국에 대한 지식을 습득하도록 도와주고 그것을 즐길 기회를 마련하여 쿠바의 혁명적 현실이 민중계급의 것이라는 점을 강조하는 것이었다.

국제 관광의 부활과 소비문화

경제 위기가 어마어마한 규모로 쿠바를 강타했다. 경제와 정치적 재난의 고비에서도 다른 대안이 없는 상황에서 카스트로와 혁명군은 마지못해 국제 관광을 수용할 수밖에 없다고 생각했다. 그들은 이상주의와 실용주의를 절충하여 관광과 해외 투자를 경제로 통합하는 데 필요한 개혁 정책을 추진했다. 혁명군은 대담하게도 이 새롭지만 한 없이 더 복잡해진 민중 중심적 사회 건설 국면으로 들어갔다. 이처럼 쿠바인들이 국내의 경제적 재난과 특별한 고난의 시기에 직면한 바로 그때 혁명군은 즐거움을 위해 돈을 쓸 여유가 있는 수많은 방문객들을 그 섬으로 초대했다.

표 3 쿠바 방문 관광객 수 1945~2005

(단위: 만 명)

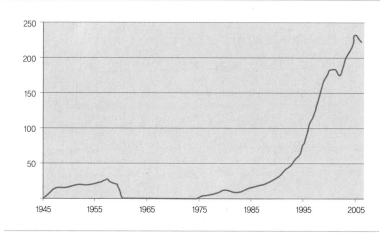

이 새로운 방향 전환은 극적이었다. 쿠바로 오는 해외 관광객 수는 1958년 272,000명을 정점으로 1959년에서 1973년 사이 연간 4000명 수준으로 떨어졌다. 1975년에 쿠바는 관광을 재개했고 1990년에는 연간 300,000명 이상의 방문객들을 끌어들였다. '특별시기'가 시작되어 관광 산업이 확대된 2000년, 관광객의 수는 두 배로 늘어났다. 2004년 쿠바 방문객들의 수는 처음으로 2백만 명을 넘어섰다.[5]

새로운 관광객들은 대부분 캐나다, 에스파냐, 이탈리아, 독일, 프랑스, 미국, 네덜란드 같은 자본주의 나라에서 왔다. 혁명 이전에는 방문객들 대부분이 북아메리카(특히 미국)에서 왔다. 1975년 이후 북아메리카인들의 수는 평균적으로 전체 방문객 가운데 25%가량을 차지했다. 많은 미국 시민들도 이 시기에 쿠바로 여행을 왔다. 여기에는 쿠바계 미국인들과, 미국 정부로부터 허가를 받은 경우와 받지 않는 경우를 포함하는 미국 여행자들이 포함되었다. 1980년대에는 북아메리카, 서유럽, 동유럽,

그리고 라틴아메리카에서 오는 방문객들의 수가 서로 엇비슷했다. 2000년이 되면 전체 방문객 가운데 절반가량이 서유럽에서 온 사람들이었다. 수많은 방문객들이 밀려 들어오자, 관광 총수입이 1995년 11억 달러에서 1999년 19억 달러로, 다시 2004년 22억5천만 달러로 증가했다.[6] 2003년 관광 수입은 21억 달러에 이르렀는데, 이것은 쿠바 총 경화의 거의 절반에 가까운 액수였다. 이 시기에 관광은 설탕 산업을 추월하여 경화의 가장 중요한 원천이자 경제를 추동하는 엔진이 되었다.

혁명군은 건전한 관광을 발전시키고, 다른 해외 투자와 함께 관광을 사회에서 격리하여 그것이 쿠바 사회를 해치지 않기를 희망했다. 목표는 관광과 여가, 호텔 산업을 평범한 쿠바인들의 일상생활과 분리하여 관광의 부정적 영향으로부터 그들을 보호하는 것이었다. 1992년부터 1995년까지 혁명군은 국제적 투자를 촉진하고 관광 산업을 활성화하여 경화를 창출하기 위한 일련의 개혁을 실시했다. 그 핵심 조치는 혼합 소유를 가능하게 함으로써 경제를 해외 자본에 개방하고 미국 달러와 가족 송금 및 제한된 자영업을 합법화한 것이었다.[7]

하지만 이러한 개혁은 곧 사회경제적 파문을 일으키는 판도라의 상자를 열고 말았다. 특히 인종에 따라 서로 다른 영향을 주었다. 달러의 합법화는 쿠바인들이 미국 화폐로 자유롭게 거래할 수 있다는 것을 의미했다. 게다가 해외, 특히 미국에 있는 가족들이 쿠바 친족들의 생계에 도움이 되는 돈을 보내도록 부추겼다.[8] 미국에 살고 있던 쿠바 이주자들 대부분은 백인이었기 때문에 달러를 송금 받는 경우는 일반적으로 백인 가족들이었다.[9] 미국 달러의 합법화는 또한 공개적으로 달러를 '확보'하기 위한 정부 소매상점들의 성장을 촉발함으로써 쿠바 사회에 영향을 끼쳤다. 이처럼 송금 허용, 높은 임금과 보수, 그리고 달러 상점 설립 등으로 나타난 생활방식의 차이 때문에 '특별시기' 동안 커져 온 인종적 분리가 더욱 심해졌다. 국제 관광의 범위가 확대되고 관광 산업을 지원하기 위한 노동시장과 기회 구조가 커짐으로써 쿠바는 어쩔 수 없이 달러(경화)에 대한 의존이 커졌으며 이중 경제가 만들어져 새로운 사회적 집단들이 형성되었다.

해외 투자와 국제 관광을 쿠바의 사회 구조에서 분리하려는 생각은 애초부터 순진한 생각이었으며 결국에는 작동하지 못했다. 국제 관광을 경제에 도입하기 위해서 정부는 동시에 관광 산업의 편의를 도모하는 일련의 경제 개혁을 하지 않을 수 없었다. 이러한 정책들은 일상생활과 문화의 모든 영역에 영향을 끼쳤다. 관광을 끌어들일 수 있도록 정책 틀이 재편성됨에 따라 쿠바의 사회경제적 · 물리적 발전의 초점이 눈에 띄게 달라졌다.

관광 산업의 등장은 자영업과 결합하면서 새로운 직업군을 낳았다. 1997년에는 13만 명의 쿠바인들이 관광 산업에 직간접적으로 고용되었다.[10] 호텔, 식당, 박물관, 기념품점, 유흥업소, 나이트클럽, 여행사, 공항 등에서 일자리가 생겨났다. 나아가 여행, 레저, 숙박 서비스를 제공하기 위해 설립된 회사들에 좋은 일자리도 생겼다. 관광 분야 일자리는 관광객들과 만날 수 있고 달러를 손에 넣을 수 있었기 때문에 인기가 매우 높았다.[11] 비록 임금이 대개는 페소화로 지불되었지만 노동자들은 관광객들한테서 팁 또는 '선물'로 달러를 얻을 수 있었다. 더욱이 관광 산업에 종사하는 노동자들은 관광객들과 교류하고 우정을 나눔으로써 그들의 경험과 문화, 국제적 시야를 공유할 수 있었다. 관광 산업에 종사하는 인구의 증가를 막기 위하여 2005년 2월 쿠바 관광부는 외국인들한테서 팁이나 선물을 받거나 또는 식사 초대에 응하는 것을 금지하는 법규를 제정했다.[12] 하지만 모든 관광 산업 노동자들이 계속 이 새로운 법규를 지킬지는 의심스럽다.

아프리카계 쿠바인들은 비록 1980년대에 호텔과 식당을 비롯한 서비스 지역에 거주했지만 '특별시기' 동안 국제 관광 산업에 편입되지 않았다. 1994년 아바나와 산티아고데쿠바에서 진행한 설문조사에 따르면, 응답자의 40%가 관광 부문에서 흑인들이 백인들과 같은 기회를 가지고 있지 않다고 대답했다.[13] 이처럼 재창조된 쿠바에서 아프리카계 쿠바인들은 관광 산업의 주변에 머물렀고 이에 따라 달러에 대한 접근도 제한되어 있었다. 그런가 하면 가장 중요한 몇몇 관광지는 아프리카계 쿠바인들이 거주하는 지역공동체에 위치하고 있었다. 이런 상황을 고려하면 아프리카계 쿠바인들이 관광 산업의 비공식 부문에서 상대적으로 많은 현상은 놀랄만한 일이 아니다.

자영업 기회가 허용됨으로써 식당, 자동차 정비소, 미용실, 택시와 자전거 택시 운전, 구두 수선, 비디오 제작, 민박집 개업과 같은 소규모 사업의 발전이 이루어졌다. 1995년에는 138,000명의 쿠바 노동자들이 자영업에 종사했다. 정부는 자영업을 장려하는 두 가지 서로 관련이 있는 동기를 가지고 있었다. 첫째, 자영업은 국내로 들어오는 달러를 (자영업 노동자들의 세금을 통해) '확보'할 수 있는 또 다른 방법이었다. 둘째, 자영업을 통해 정부가 공급할 수 없는 여러 가지 서비스를 주민들에게 제공할 수 있었다. 관광은 비공식 경제 내부의 새로운 경제 활동의 발전을 자극했다. 특히 미등록 택시 운전사, 비공식 관광 가이드, 그리고 관광객들에게 다양한 서비스들을 제공하는 '길거리' 노동자들이 생겨났다.[14]

분절된 노동시장은 쿠바인들 사이에 상당한 임금 격차를 만들어 냈다.

예컨대, 민간 부문 고용은 관광 산업, 자영업(자영농 포함), 그리고 비공식 부문 일자리로 구성되었다. 민간 부문 소득은 직업에 필요한 교육이나 기술 수준에 상관없이 공공 부문에서 받는 임금보다 훨씬 많았다.[15] 경제학자 카르멜로 메사-라고(Carmelo Mesa-Lago)는, 가장 가난한 농부가 국가에 고용된 기술자나 대학 교수보다 네다섯 배나 더 많은 소득을 얻는가 하면 가정 식당 주인들은 그보다 훨씬 많이 벌 수도 있다고 했다. 심지어 관광에 종사하는 개인택시 운전사, 웨이터, 호텔 관리인 등도 여러 공공 부문 노동자들보다 더 많이 벌었다. 일부 비공식 부문의 노동자, 특히 매춘부나 건달은 관광객들에게 서비스를 제공함으로써 매우 높은 소득을 얻었다.[16]

이러한 현실에서 3중 구조를 가진 경제가 출현했다. 이는 페소화에 기초한 국가 부문, 달러화에 기초한 민간 부문, 그리고 관광 산업에 연결된 비공식 부문으로 이루어졌는데, 이들 세 부문은 소득 규모와 노동 조건이 서로 달랐다. 이 변화된 환경 아래에서 사람들은 종사하고 있는 경제 부문에 따라 살림살이의 형편이 달랐다. 인종적 관점에서 보면 백인과 물라토가 아프리카계 쿠바인들보다 해외 송금을 받을 가능성이 높았을 뿐 아니라 민간 부문에서 일자리를 구할 가능성도 높았기 때문에, 새로운 경제는 인종과 피부색에 따른 생활양식과 생활조건의 차이를 가져왔다.

이러한 분절된 노동시장의 차이는 일종의 기능 불일치를 만들어 냈다. 쿠바인들에게 매력적이라고 생각되는 많은 전문직들은 관광이나 자영업 분야의 직업들만큼 돈을 많이 벌지 못했다. 이러한 고소득 직종들은 대개 전문직만큼 많은 교육과 훈련을 받지 않아도 되었다. 그리하여 많은 공공 부문 전문직 종사자들은 자신의 전문직을 포기하고 더 높은 소득을 올릴 수 있으나 기능 수준이 낮은 일자리를 찾았다.

해외 송금과 관광을 통해 달러가 국내 경제로 유입됨에 따라, 정부는 그것을 확보할 수 있는 시스템을 발전시키지 않으면 안 되었다. 달러 합법화의 목적은 수입품 대금 지불에 필요한 경화를 확보하고, 사회적 서비스를 지원하며 국내에 재화와 서비스 공급을 증가시키는 것이었는데, 이 모든 조치에는 경제적 안정성이 높아지리라는 기대가 있었다. 쿠바인들은 해외로부터 얻은 달러를 국내에서 재화와 서비스를 구입하는 데 쓸 수 있기를 바랐다. 만약 정부가 달러를 확보하기 위한 상점들을 설립하지 않았다면 암시장이 그 역할을 했을 것이다. 이 점을 인식한 정부는 전국의 모든 이웃공동체에 소매상점을 개설했다.

이러한 소매상점은 다양한 식료품과 술, 담배, 텔레비전, 카메라, 전기기구, 장난감, 보석을 비롯한 고가의 수입품들을 높은 가격으로 팔았다. 동시에 쿠바인들을 인플레이션과 고가 상품으로부터 보호하기 위해 정부는 페소화 상점도 유지했다. 이 때문에 상업 시장과 노동시장에서 사실상 분절이 생겼고, 정부 정책과 무관하게 달러에 접근할 수 있는 사람들은 결과적으로 그렇지 못한 사람들이 누릴 수 없는 생활양식과 생활수준을 누릴 수 있게 되었다. 이와 같이 송금과 높은 임금, 관광객 달러에 대한 접근성이 불평등해짐으로써, 신중하고 정교하게 설계된 평등주의적인 소득 분배를 약화시키는 조건이 만들어졌다. 국제 관광은 이러한 국내의 사회경제적 개혁과 맞물리면서 꾸준히 증가했다.

물론 혁명군은 관광 산업이 초래하는 위험에 대해 인식하고 있었다. 그래서 혁명적 이상을 끊임없이 강조함으로써 '관광 바이러스'로부터 사회를 지킬 수 있을 것이라고 기대했다. 피델 카스트로는 이렇게 말했다.

기술·행정 관료들은 우리의 혁명 수호를 파괴하는 일종의 '이데올로 기적 에이즈'에 감염되어 그것을 전파했습니다. 지금 방위를 강화하면 과연 우리는 성공할 수 있을까요? 그렇지 않으면 그들이 우리를 4달러에 사도록 내버려 둘 것입니까? 또는 누구라도 와서 우리를 4달러에 사서 부패시킬 수 있을까요? 지금 하고 있는 것처럼 방위를 강화한다면, 우리가 필요한 만큼 많은 관광객들에게 훌륭한 주인이 될 수 있을 것이라고 확신합니다. 우리 쿠바인들은 능력과 고결함, 그리고 미덕을 가지고 있기 때문입니다.[17)]

방위를 강화한다는 것은 혁명군에게 서로 관련된 두 가지 이유로 관광객들로부터 주민들을 분리하는 전략을 세우는 것을 의미했다. 첫째, 혁명군은 관광이 사람들을 오염시키지 못하도록 혁명적 이데올로기가 그것을 막을 것이라고 완전히 믿지는 않았다. 따라서 그들은 관광의 해로운 영향(성매매와 소비주의)으로부터 보호하기 위해 쿠바인들을 관광객들로부터 분리하고자 했다. 둘째, 정부는 발생할 수 있는 범죄 행위들로부터 관광객들을 보호하려고 했다. 만약 언론 매체들이 쿠바를 위험한 곳이라고 보도하게 되면 다른 여행지를 선택하는 관광객이 많아질 것이다. 그래서 정부는 쿠바 사회가 국제 관광의 '바이러스'로부터 면역을 형성하게 하는 동시에 관광객들을 범죄로부터 보호하는, 이른바 '관광객 분리정책'이라는 전략을 채택했다. 이 정책으로 공공연히 관광객들과 함께 있는 쿠바인들, 특히 젊은 흑인 청년들이 괴롭힘을 당하는 현상이 눈에 띄게 나타났다. 경찰이 이러한 청년들을 멈춰 세우는 일이 잦아졌고, 검문하거나 신분증 제시를 요구하며 심지어는 체포하기도 했다.

관광객들로부터 쿠바인들을 분리시키는 정부 정책은 성공을 거두지 못했다. 도시 전체에 걸쳐 관광 시설들이 흩어져 있었기 때문에 아바나 인들이 관광객들과 접촉할 수 있는 기회는 수없이 많았다. 예컨대, 가정 식당, 술집, 나이트클럽, 택시, 그리고 거리에서 쿠바인들과 관광객들은 수시로 마주쳤다. 가장 중요한 사적인 접촉 형태 가운데 하나는 관광객 들이 아바나인들을 비공식 관광 가이드로 고용할 때 발생한다. 이 가이 드(guías)들은 대개 아바나를 훤히 꿰뚫고 있는 흑인 청년들이다. 그들은 통역자로 일하면서 관광객들에게 다양한 서비스들을 제공한다. 정부는 이 '불법적' 활동을 알고 있지만 일반적으로 그들에게 관대한 태도를 취 한다. 많은 사람들이 그저 생계를 꾸리기 위해 애쓸 뿐이라고 여기기 때 문이다. 따라서 이러한 활동이 사회적 혼란의 임계점을 넘지 않는 한, 당 국은 "옳지는 않지만 괜찮다"는 '휘트니 휴스턴 규칙'(Whitney Houston rule)[18]을 받아들인다. 이처럼 쿠바인들과 관광객들을 분리하려는 노력 이 유지되고 있음에도 불구하고, 그들은 서로 만나고 친해질 수 있는 방 법을 끊임없이 찾아낸다.

관광은 한 나라의 천연자원과 도시 자산을 여유 소득이 있는 소비자들 에게 판매하여 즐거운 경험을 주는 독특한 산업이다. 쿠바 섬은 관광객 들을 손짓해 부르고, 그들에게 "특별한 경험 세계와 훌륭한 식사, 유일한 공간, 자연, 모험, 또는 잊지 못할 밤"을 제공한다.[19] 이 잊지 못할 경험 세계를 만들어 내기 위해 관광은 아바나의 기반시설을 관광 아이콘으로 전환했다. 어쩌면 이런 일은 예정되어 되어 있었다. 대부분 유럽과 북아 메리카에서 온 방문객들의 편의를 도모하고 즐겁게 하기 위해 혁명군은 역사적 장소들을 복원했다. 멋진 호텔, 우아한 식당, 흥겨운 놀이 장소, 그리고 이국적인 대중 공간을 만들었으며, 관광객을 유혹하는 진열장을 갖춘 상점들을 세웠다. 이러한 요소들이 서로 어우러져 소비주의를 찬양하고 '멋진 삶'을 압축해서 보여 주는 상징적 환경을 형성했다.

이제 이 세계에서는 관광객들이 쿠바 사회의 새로운 엘리트가 되었다. 더욱이 관광객들의 생활양식과 그들을 위해 개발된 관광 시설들이 소비주의를 상징화하고 강화하는 아이콘으로 전환됨으로써 국제 관광과 결합된 상징주의가 일상생활과 문화에 스며들었다. 이러한 모습을 보여 주는 몇 가지 사례가 있다. 1990년대 동안 정부는 쿠바 섬 곳곳에 수많은 고급 호텔을 지어 관광객들이 섬에 머무는 동안 고급스러운 생활환경을 제공했다. 그런 호텔은 고급 자재로 지어졌고 상류층의 취향에 맞춰 꾸민 객실을 보유했다. 그곳에는 싱싱한 꽃과 풀로 풍성하게 장식하고 절묘하게 설계한 라운지와 대중 공간, 호화로운 식당, 우아한 바, 정원, 수영장, 세련된 나이트클럽 등이 있었다. 게다가 아바나에 있는 호텔 나시오날(Hotel Nacional de Cuba)과 같은 건물은 공원에 자리 잡아 풍광이 대단한 정원을 가지고 있었다. 일부 휴양지 호텔에는 골프 코스까지 있었고, 스쿠버 다이빙, 스노클링, 승마를 즐길 수 있었다.

호텔 레스토랑을 비롯한 고급 식당들은 관광이 일상생활과 문화에 끼치는 영향의 단면을 보여 준다. '최고의 환경에서 최고의 음식'(La mejor comida en el mejor ambiente)이라는 구절은 식당들이 관광객에게 전하고 싶은 메시지를 표현한 것이다. 비록 관광객들을 향한 말이었지만 아바나인들도 이 메시지를 포착하고 알아차렸다. 아바나인들은 관광객들이 호텔이나 고급 식당에서 바닷가재, 송아지 고기, 스테이크, 햄버거와 같은 요리를 먹는 광경을 보았다. 이런 음식은 농민 시장인 메르카도에서 구할 수 없고 구할 수 있다 해도 살 여유가 없었다. 식당 종업원이 음식을 나를 때 취하는 격식 있는 태도는 의미심장함을 더했다. 요리사는 아름답게 장식된 접시에 음식을 얹고 그것을 우아한 쟁반에 담았다. 사람들은 테이블보로 장식된 식탁에 촛불을 켜고 앉았다. 길쭉하고 세련된 유리잔에 칵테일 모히토(mojitos)가 채워지고 와인이 고운 빛을 내고 럼주 위에 얼음이 찰랑거렸다. 식당을 가득 채운 쾌적함은 이국적이고 평온하고 낭만적인 분위기를 만들어 냈다. 고급 호텔이나 레스토랑에서 누리는 경험은 멋진 삶을 상징하게 되었다.

그러한 상징들은 쿠바인들에게도 유효했다. 심지어 그것들은 소비주의와 물질에 기초한 자아실현과 정체성의 개념(개인의 행복을 재화 및 서비스의 구매와 동일시하고, 정체성을 형성하고 강화하며 사회적 지위를 규정하기 위해 물질적 소유를 이용하는 것)을 불어넣음으로써 일상생활과 문화에 영향을 끼쳤다.[20] 관광객들과 마찬가지로 쿠바인들은 상품을 원했을 뿐 아니라 상품에 연관된 경험도 욕망했다. 예컨대, 안드레아 콜란토니오와 로버트 포터는 친구들과 말레콘에 붙어살다시피 하여 관광객들을 만날 수 있는 열일곱 청년이다. 이 둘은 여러 친구들과 함께 시가와 싸구려 럼주를 들고, 쿠바에서 쉽게 구할 수 없는 디자이너의 옷이나 유행하는 옷과 바꾸려고 관광객들에게 접근을 시도한다고 말한다. 옷이 꼭 필요하지는 않지만, 이 십대들은 관광객처럼 느끼고 관광객처럼 보이게 하는 그런 옷을 원하는 것이다.[21]

관광은 심지어 특정한 음식을 상징적 아이콘으로 바꾸어 놓기도 했다. 쿠바인들은 이제 음식을 영양가보다는 사회적 가치로 욕망한다. 예컨대, 내 친구 오마르에게 프로젝트를 도와준 대가로 보수를 지불하자, 그는 외교관들과 외국인 노동자들이 많이 사는 미라마르의 서쪽 교외지역에 있는 큰 식료품 시장에 함께 쇼핑하러 가지 않겠느냐고 제안했다. 그곳에서 오마르는 스테이크 고기를 잔뜩 구입했다. 그 돈이면 한 달 넘게 먹을 식료품을 살 수 있는데 왜 붉은 고기에 그렇게 많은 돈을 쓰느냐고 묻자, "나는 네가 먹는 것과 같은 것을 먹고 싶어" 하고 답했다. "하지만 건강에 좋지 않을 텐데" 하고 내가 대꾸했지만 오마르는 단호했다. "상관없어. 어쨌든 난 그게 먹고 싶어." 그에게 스테이크는 풍요와 멋진 삶의 상징이었던 것이다. 스테이크를 소비함으로써 그는 만족감을 느꼈다. 왜냐하면 그때 그는 관광객들처럼 먹었기 때문이다. 이 두 가지 이야기는 많은 쿠바인들의 정서를 반영한다.

관광을 통해 쿠바인들은 자본주의 세계에 펼쳐진 현상들을 공유하기 시작했다. 자본주의 세계에서는 상품이 상징으로 기능하며 그 상징적 내용과 인식된 사회적 의미에 기초하여 평가되고 구매되고 소비된다. 경제의 달러화는 소비주의 경향을 확대하고 관광에 의해 만들어진 물질적 아이콘을 강화했으며 쿠바에 새로운 소매 부문을 출현시켰다. 1993년 이전까지만 해도 소매 부문은 오직 페소화로만 거래했으며, 대부분 재활용 옷, 값싼 의류, 중고 전기제품 따위를 팔았다. 상점 환경은 단조롭고 특색이 없었으며, 구매를 자극하기 위해 상점을 꾸미거나 진열장에 전시하는 일도 없었다. 국제 관광이 부활하면서 발전된 새로운 소매 부문은 시장에 바탕을 둔 소비사회의 소매상점 디자인을 모방했다.

언뜻 보아 혁명군은 이런 소비주의 경향을 열광적으로 지지하는 듯 보인다. 예컨대, 센트로 아바나의 쇼핑몰 티엔다 카를로스 테르세라 (Tienda Carlos Tercera)의 입구 통로에 있는 간판에는 이런 글귀가 붙어 있다. "판매+경제+효율=혁명." 이 쇼핑몰과 아바나 곳곳에 있는 여러 다른 상점에서 아바나인들은 반드시 달러나 쿠바 태환페소로 물건을 구매해야 한다.[22] 소비주의를 조장하고 있는 듯 보이지만, 한편에서는 혁명군이 암시장보다는 공식 상점들에서 재화를 구매하도록 아바나인들을 독려하는 것이라고 해석하기도 한다. 도시 인류학자 모나 로젠달은

1990년 이전에 이미 의류 암시장이 아바나 지역을 중심으로 광범위하게 퍼졌다고 주장한다. 그녀는 미국에서는 기껏해야 2~3달러에 팔리는 티셔츠가 아바나 거리에서는 60~70달러에 팔렸으며, 미제 청바지는 무려 2백 달러는 되었을 것이라고 말한다. 그 시절에는 자유재량 소득이 있는 쿠바인들이 많았기 때문에 그런 종류의 옷을 구매할 여유가 있었을 것이다.

하지만 오늘날에도 백화점 같은 곳에서는 구할 수 없는 비싼 디자이너 옷을 살 수 있는 의류 암시장이 있다. 쿠바인들 대부분은 새로운 소매상점이나 암시장에서 상품을 구매할 돈이 없지만 그렇게 할 수 있는 아바나인들도 약간 있다. 그런 의미에서 의류, 전기제품, 전자제품 등을 상점에서 구할 수 있다는 사실은, 달러가 암시장으로 빠져나가는 것을 막을 수 있다는 것을 말한다. 그럼에도 불구하고 혁명군은 다시 악순환에 빠진다. 그들은 암시장을 억누르고 달러를 확보하기 위해 시장에 기초한 소매상점들이 필요하다. 거꾸로, 이러한 소매상점의 설립은 소비주의 문화를 강화시키고, 소비주의는 다시 혁명적 이데올로기에 반하는 가치를 확산시킨다. 따라서 애초 의도와 상관없이 관광은 1990년대 쿠바 사회 발전에서 소비주의와 물질주의가 중대한 문화적 힘을 가지도록 한 원인이 되었다.

'특별시기' 아바나인들의 생계 꾸리기

경제의 달러화와 소비주의의 확대가 결합됨으로써 아바나인들이 생계를 꾸리기 위해 투쟁하는 조건이 재편되었다. '특별시기'를 헤쳐 나가는 일은 1989년 이전 시기에 살아온 것과는 상당히 달랐다. '특별시기' 이전에는 임금이나 봉급이 재화와 서비스에 대한 접근을 규정하지 않았을 뿐 아니라 한 사람의 생활양식이나 생활수준을 규정하지도 않았다. 소비에트가 해체된 이후에는 사정이 달라졌다. 하지만 쿠바는 복잡한 사회이기 때문에 사람들이 생계를 꾸리는 방식 역시 복잡한 과정이다. 사람들은 '특별시기'를 헤쳐 나가는 과정에서 페소화로 얻는 소득과 송금, 자영업, 비공식 부문의 경제 활동을 비롯한 수입원뿐 아니라 사회적 관계에도 의지했다. 관광객들과 사회적으로 접촉하는 것은 수지맞는 일이지만, 그 관계망 밖에 있는 사람들에게는 공동체의 내재적 가치를 인식하는 것이 또한 중요하다. 쿠바의 이웃공동체는 가족과 친구, 이웃들의 협력, 호혜성, 그리고 지원에 의해 뒷받침되는 촘촘한 공간이다. 이런 방식으로 작동하는 이웃공동체는 위기의 시기에 어느 정도 정서적·경제적 안정성을 유지하는 데 도움이 되는 사회적 자본을 제공한다. 따라서 달러주의와 소비주의가 침투한 민중 중심적 사회에서 아바나인들이 어떻게 생계를 꾸렸는지 온전하게 이해하려면 다양하게 상호작용하는 요소들을 반드시 고려해야만 한다.

쿠바는 국가의 보조금이 매우 많은 사회여서 많은 재화와 서비스가 무료이거나 얼마 안 되는 비용만 지불하면 얻을 수 있다. 관광 때문에 생겨난 이중 화폐경제로 오직 달러만 받는 곳, 페소화만 받는 곳, 그리고 둘다 받는 곳 등 다양한 시설들이 설립되었다. 그렇지만 배급 물품, 교통비, 임대료, 주택 신용대출 등 가장 필수적인 재화와 서비스를 공급하는 시설들 대부분은 오직 페소화만 받는다. 이것은 쿠바인들이 상호작용하는 두 세계 속에 살고 있다는 것을 의미한다. 이 세계는 일반적으로 페소화와 달러화(경화)를 동시에 사용할 것을 요구한다. 따라서 달러화된 쿠바 경제 속에서 대부분의 가정은 페소화와 달러화를 포함하는 예산을 짠다. 생계를 이어 나가고 멋진 삶을 누리기 위해서는 두 종류의 통화에 대한 접근이 점점 더 많이 요구되는 것이다.

문제는 국가와 민간 고용 부문 대부분이 임금을 오직 페소화로만 지급한다는 사실이다. 합법적으로 달러를 얻을 수 있는 유일한 길은 송금을 받거나 관광 산업에 종사하거나 관광객들과 친분을 이용해 관광에 접근하는 것이다. 그런가 하면 비공식 부문의 경제 활동에 종사해 달러를 얻을 수도 있다. 이러한 배경을 바탕으로 위기 때의 대처 전략을 평가할 때 반드시 쿠바 이웃공동체의 특성에 주목할 필요가 있다. 쿠바 이웃공동체는 공동체적 가치와 호혜성이 하나의 규범으로 되어 있기 때문에, 사람들이 생존을 위한 선택지를 고를 때 매우 큰 허용 범위와 융통성을 제공하기 때문이다.

이런 까닭에 페소화 가격을 달러로 환산한 총액은 쿠바인들의 실제 구매력, 생활비 또는 실제 소득을 제대로 반영하지 못한다. 오히려 그러한 환산은 상황을 드러내기보다는 감추는 경향이 있다. 그래서 쿠바인들이 어떻게 생계를 꾸리는지 조사하고 분석할 때, 소득과 지출 자료를 페소화와 달러 환산액 양자를 모두 사용하여 제시한다. 페소를 달러로 환산할 때에는 환전소(CADECA: Casa de Cambio SA)의 달러당 26페소 교환 비율을 이용했다. 398가구를 조사하여 가장 취약한 이웃공동체들에 사는 아바나인들의 시선을 통하여 생계를 꾸리는 과정을 더 자세히 분석했다.[23] 아울러 여러 수단을 통하여 달러를 획득하며 수많은 거래에 달러를 사용하는 가구들이 많다는 사실도 지적해 둔다. '특별시기'는 이러한 이중성을 바리오의 일상생활과 문화의 풍경 속에 새겨 넣었다.

'특별시기'라는 복잡한 상황에서 아바나인들이 어떻게 생계를 꾸렸는지 알기 위해서는 가구의 조직과 구조를 이해해야만 한다. 가구는 사회적 단위이기도 하지만 경제적 단위이기도 하다. 정부가 가계소득을 포함하여 소득과 임금에 관한 자료를 보존하고 있지 않지만, 몇몇 연구자들은 개별 노동자의 임금 수준과 소득 불평등에 관한 문제를 살펴볼 수 있었다.[24] 이 연구들은 많은 정보를 제공하고 시사하는 바가 있지만, 그럼에도 쿠바의 달러화된 사회경제적 환경 속에서 아바나인들이 실제로 어떻게 생계를 꾸리는지에 관해서는 알려 주는 바가 거의 없다. 쿠바인들은 대부분 다른 사람들과 한 가구를 이루어 살고 있다. 가구 단위는 일상생활이 이루어지고 장기적인 사회적 재생산이 일어나는 중심이기 때문에, 소득과 지출이라는 측면을 살펴보기에는 개인보다는 가구에 주목하는 것이 더 효과적이다.

'특별시기' 동안 개인과 가족은 일상의 필요를 충족하기 위해 서로 협력했다. 가구는 필요한 재화와 서비스를 확보하고 생활수준과 삶의 질을 높이기 위해 국가 대신에 가족과 사회적 연결망에 점점 더 의지하게 되었다. 조사한 바에 따르면 전체 가구 가운데 단독 가구가 차지하는 비율은 3.5%에 지나지 않는다. 아바나인들은 대부분(73.6%) 혼자 살기보다는 다세대 가구, 공동가족 가구, 전통적 가족 가구를 이루어 사는데 가구당 평균 인구는 4명이다. 이 가구들 가운데 91%는 자기 집을 소유하고 있으며, 사회적 자본이 풍부하고 잘 조직되고 안정된 이웃공동체 속에 있다. 가구 구성원들은 대중조직에 참여하고 친구나 이웃들과 폭넓은 관계를 맺음으로써 촘촘한 사회적 연결망과 탄탄한 공동체 유대에 바탕을 두고 일상생활을 누린다. 그래서 가정 안에서 그리고 가구 구성원 또는 친구와 이웃들 사이에서 돈으로 매길 수는 없지만 가치 있는 활동이 끊임없이 나타난다.

계급 분석은 쿠바 사회를 설명하는데 그다지 효과적인 방법이 아니다. 자본주의 국가들에서 나타나는 것과 비슷한 계급 시스템이 쿠바에는 결코 존재하지 않기 때문이다. 그렇지만 직업적 위계는 있어서, 가구 구성원들의 직업 종류를 알게 되면 단위 가구의 소득 수준과 생계 부양 능력을 알 수 있다. 1993년 이후 노동력이 공공 부문과 민간 부문, 비공식 부문에 섞여 배치되는 혼합경제가 나타났다. 쿠바 경제의 독특한 특징 가운데 하나는 앞서 언급했듯이 숙련과 소득이 '전도된' 관계이다. 관광 산업에 속해 있는 일부 고소득 직종은 높은 수준의 기술이나 교육을 필요로 하지 않았다. 반면에 더 높은 수준의 기술과 교육이 필요한 직종들은 관광 관련 직업들에 견주어 보수가 적었다.

달러를 만질 수 있고 관광객한테서 선물을 얻을 기회도 많았기 때문에 쿠바인들은 관광 관련 직업을 우러러보았다. 관광과 관련이 없지만 기계공, 냉장고 수리공, 목수, 담배 공장 노동자와 같은 직업도 매력적으로 여겨졌다. 이런 직업은 공식 또는 비공식 경제 부문에서 부업을 하기에 적합했기 때문이다. 아나 훌리아 하타르-아우스만에 따르면 기술고등학교 졸업장을 가진 그러한 노동자들은 자영업 가운데에서 가장 높은 소득을 올린다고 한다. 또한 어떤 가구들은 특별한 가구 구성 덕분에 가정에 기초한 경제활동을 하거나 비공식적으로 재화와 서비스를 생산할 수 있었다. 이렇게 생산된 재화나 서비스는 가정 안에서 소비하기도 하고 친구나 이웃과 물물교환을 하기도 한다. 예컨대, 어떤 가구 구성원은 자기 집이나 이웃을 위해 텔레비전 안테나 같은 소소한 가정용품들을 만들기도 하고, 이웃 아이를 돌보거나, 신발을 비누 또는 세제와 교환할 수도 있다.

일과 가계 소득

아바나에는 심지어 가장 취약한 이웃공동체들에도 노동 전통이 존재한다. 전형적인 가구에서는 네 명의 구성원 가운데 세 명이 일을 해서 임금을 받는다. 쿠바는 비교적 교육 수준이 높은 노동력을 보유하고 있다. 응답자들이 받은 학교교육 수준은 이러한 견해를 뒷받침한다. 246가구에게 학력에 관해 질문했더니 응답자 대부분(86%)은 기술학교를 포함해 고등학교를 마쳤으며, 25%가량은 대학 중퇴 내지 졸업을 했거나 석·박사학위를 지니고 있었다. 이처럼 아바나의 일반적인 가구는 잘 교육받은 노동자들로 구성되어 있으며, 단일한 소득이 아니라 여러 사람의 소득에 기초하여 살림을 꾸려가고 있다.

이 조사에서는 공공 부문 일자리를 민간 부문과 따로 구분하지 않았고 관광 산업의 직업들을 구별 짓지도 않았다. 하지만 응답자들이 열거한 서로 다른 직업들을 조사해 보면, 가구마다 직업들이 폭넓게 분포해 있다는 점을 알 수 있다. 비록 민간 부문에서 일하는 가구 구성원들이 적지 않지만 대부분은 공공 부문에서 일하고 있는 것으로 보인다. 일부는 전문직에 종사하고 있었는데, 화학 기술자, 변호사, 의사, 치과의사, 간호사, 의료 기술자, 초등학교 교사, 대학교수 등이 포함된다. 카페 점원, 전기공, 담배 공장 노동자 같은 서비스 및 생산 관련 직종에 종사하는 사람들도 있었고, 민박집 주인, 가사 노동자, 택시 기사, 버스 기사, 바텐더, 연예인, 창녀와 건달 같은 관광 관련 직종에 종사하는 사람들도 있었다.

직업의 다양성 덕에 가구들은 살림을 꾸려가는 데 유연성이 크다. 예컨대 열두 명이 함께 사는 어떤 가구는 간호사, 제빵사, 건축 노동자, 신발 공장 노동자에 매춘부까지 포함하고 있었다. 네 명이 함께 사는 어떤 가구는 주부, 경비원, 대학 교수, 댄서로 이루어져 있었다. 네 명으로 구성된 또 다른 가구는 자영 노동자, 경비원, 사회사업가, 수리공으로 이루어져 있었다. 또 세 명으로 구성된 어떤 가구는 버스 기사, 정유공장 노동자, 교사로 이루어져 있었다.

쿠바인들의 가계소득을 한마디로 단정하기에는 너무 복잡하다. 일반적으로 가장 기본적인 가계소득은 임금이다. 그렇지만 민간 부문과 공공부문 사이에 임금 격차가 클 뿐 아니라 같은 직업군 안에서도 임금이 상당히 다르다. 예컨대 관광 부문의 임금은 직종이나 숙련에 상관없이 공공 부문 일자리보다 많은 소득을 올리는 경향이 있다. 메사-라고에 따르면 관광 산업에 종사하는 가사 노동자는 한 달에 520~1,040페소의 임금을 받는 반면에, 공공 부문의 기술자나 의사는 한 달에 300~600페소 정도의 임금을 받는다. 이처럼 관광 산업에 종사하는 가사 노동자가 벌수 있는 최대 소득은 의사나 기술자가 받을 수 있는 최대 소득의 거의 두 배나 된다.[25]

쿠바인 대부분은 다른 사람들과 한 가구를 이루어 살기 때문에 개별 노동자들의 임금은 생계를 꾸리는 과제를 설명할 수 있는 한 부분일 뿐이다. 조사 대상 가운데 총응답자 344명이 임금으로 얻는 한 달 가계소득은 62페소에서 10,100페소 사이에 분포했고 평균값은 598페소였다. 4인 가구의 경우로 환산하면 1인당 평균 소득이 150페소가량 된다. 이러한 수치는 1999년 3월에 쿠바의 경제학자 비비아나 토고레스 곤살레스(Viviana Togores González)가 발표한 아바나 가구들의 경제적 상태에 관한 연구 결과와 크게 다르지 않다.[26]

1인당 소득을 분석하는 일은 이전 연구들과 비교 검토할 때는 도움을 주지만 상황을 오도할 가능성이 있다. 가계에 더 많은 돈이 들어올수록 가구 구성원들이 필요한 상품을 얻을 수 있는 폭이 커지는 것은 당연하다. 그러나 일상적으로 생계를 꾸리는 공동의 과제를 해결하는 과정에서 구성원들이 기술과 자원뿐 아니라 지출까지도 공유하는 공동체적 성격이 있다면 훨씬 유리하다. 개인들 대부분은 가구 속에서 살고 있는데, 가구는 여러 명의 노동자로 구성되어 있을 뿐 아니라 연대와 호혜성에 기초하여 작동하는 이웃공동체에 속해 있다. 이런 까닭에, 우리는 개인을 가구와 이웃공동체 환경 속에 포함된 존재로 파악한다.

이러한 점을 고려하더라도 쿠바의 가장 취약한 이웃공동체들에 있는 가구들 사이에는 임금 차이가 존재한다. 예컨대 조사한 표본 가구들 가운데 약 50%는 월수입이 499페소 이하였으며, 23%는 502~699페소, 13%는 702~899페소, 그리고 나머지 13%는 900~10,085페소였다. 흥미롭게도, 가구의 규모와 소득의 관계를 자세히 살펴보면 둘 사이에 어떤 뚜렷한 상관관계도 나타나지 않았다. 구성원이 4명인 평균적 가구는 모든 소득 수준에 걸쳐 꽤 골고루 분포되어 있었다. 다만 월수입이 1,000페소가 넘는 가구 가운데 과반수는 구성원이 5명 이상인 가구였다. 시민의 기본적 권리에 관한 혁명적 신념을 이어간다는 원칙에 따라 모든 가구는 실질적으로 똑같은 보조 혜택을 받는다. 임금 소득이 높은 사람들 역시 정부 지원을 받는데, 이것은 집수리, 가전제품 구입, 유흥 같은 지출에 공동으로 또는 개인적으로 쓸 수 있는 가처분 소득을 높이는 데 큰 보탬이 된다.

앞에서 말했다시피 쿠바에서 임금은 가계소득을 설명하는 데 한 부분일 뿐이다. 아바나인들이 어떻게 생계를 꾸리는지 이해하려면, 비공식 경제에 참여하거나 외국에 사는 가족이나 친구들로부터 송금을 받아 획득하는 수입을 고려하는 것이 무엇보다 중요하다. 쿠바인들 대부분이 직업 바깥에서 달러를 획득하기 때문에 이 부분은 특별히 더 중요해진다. 따라서 실제 가구 수입에 관해 분명한 그림을 얻기 위해서는 이러한 두 가지 소득의 흐름을 따져봐야 한다.

여기서 '비공식 경제'라는 용어는 공식적인 직장 바깥에서 이루어지는 광범위한 경제활동을 가리킨다. 이 연구는 그러한 활동이 존재한다는 것을 지적하는 것을 넘어 그것들을 분류하거나 범주화하는 시도는 하지 않는다. 물물교환이나 재화와 서비스의 공유처럼, 집안이나 이웃들 사이에서 일어나는 비화폐적 활동을 여기서는 사회적 자본, 즉 협력과 호혜성의 가치를 반영하는 것으로 파악한다. 비록 이러한 유형의 활동이 '가정경제'에 통합되어 있고 아바나인들의 일상생활을 이해하는 데 중요한 요소이기는 하지만, 이러한 활동은 경제보다는 사회적 측면으로 개념화하는 것이 훨씬 적절하다. 왜냐하면 그런 활동은 사회적 자본의 기여를 가장 잘 드러내 주기 때문이다.

또한, 공식 부문의 부업을 비공식 부문의 경제 활동으로부터 분리시키려 하지도 않았다. 이 연구의 일차적 목표는 비공식 경제 그 자체를 연구하는 것이 아니라 정규 임금 바깥에서 올리는 소득 수준을 밝히는 것이다. 많은 쿠바인들은 실제로 모든 사람들이 정도는 다르지만 비공식 경제나 부업에 종사하고 있다고 주장한다. 그들은 쿠바에서 한 가지 일만으로 살 수 있는 사람은 아무도 없다고 말한다. 여기서는 이러한 통념이 과연 진실인지 살펴보고자 한다.

소득과 지출에 관한 자세한 정보는 전체 398가구 가운데 118가구에서 얻었다.[27] 응답자들에게 정규 직업 외에 소득이 나오는 곳이 있는지, 있다면 얼마나 되는지에 관해 질문했다. 응답자 가운데 약 46%가 자신의 가구는 부업으로 수입을 올린다고 대답했다. 이 가운데 약 3분의 1은 자신들의 부업을 사업(negocios)이라고 설명했으나, 그것으로 얼마나 버는 지는 알려 줄 수 없다고 했다. 부업에 종사하고 있는 가구의 37%는 부업에서 얻는 수입을 기꺼이 밝혔다. 그들의 수입은 한 달에 14페소부터 2,110페소까지 천차만별이었는데, 이 가운데 절반은 400페소 이하를 번다고 말했다. 몇몇 가구는 부업으로 얻는 달러 소득까지도 기꺼이 밝혔다. 부업으로 얻는 달러 소득은 한 달에 10달러에서 500달러까지 분포했고, 중간값은 월 100달러, 평균값은 월 77달러였다. 그렇지만 공식 영역 밖에서 일하고 있는 구성원을 지닌 가구 수는 실제 보고된 것보다 많을 것이다. 예컨대 오직 임금 소득만 있다고 말한 14가구도 이런저런 소비 물품들을 사는 데 다달이 미화 30달러 이상을 지출한다고 말했다. 이 가구들은 송금을 받지 않는다고 했기 때문에 아마도 달러의 출처는 부업이었을 것이다.

비록 부업으로 창출되는 소득에 관한 정보를 기꺼이 밝히고자 하는 응답자가 너무 적어 분명한 결론을 내릴 수는 없지만, 이 조사 자료는 그러한 부업 활동이 공통적이고 참여하는 가구의 소득을 상당히 증대시킬 수 있다는 점을 보여 준다. 따라서 임금뿐 아니라 정규 직업 밖의 활동에서도 소득이 있는 가구들은, 임금 소득만 있는 가구들보다 경제적으로 더 유리하다.

일부 가족들은 또한 송금을 받음으로써 수입을 증대시킨다. 쿠바로 들어오는(특히 미국으로부터) 송금액이 어느 정도인지 연구자들 사이에 일치하지는 않지만, 그 액수가 상당하다는 것과 어쨌든 미화로 연간 4억~10억 달러에 이를 것이라는 점에는 동의한다. 가구들은 대개 송금을 받을 때 공식 통로보다는 친구나 친지들을 통한 비공식 통로를 이용하기 때문에 송금액을 정확하게 파악하기는 어렵다.

이러한 문제가 있지만 연구자들은 또한 송금을 받는 가족들이 그렇지 않은 가족들보다 더 큰 경제적 이득을 얻는다는 점에 동의한다. 이러한 틀 속에서 몇몇 연구자들은 개별 가구 단위에서 송금으로 얻는 수입을 밝히려고 시도했다. 1998~99년 플로리다대학의 처칠 로버츠는 쿠바에서 최근에 미국으로 이주한 사람들에 관해 연구한 바 있다. 그에 따르면 응답자의 약 37%가 한 달 평균 72.12달러 또는 연간 853달러 정도로 평가되는 현금 송금을 받는다고 했다. 아바나의 334개 가구를 대상으로 한 2000년 연구에서 사라 블루는 응답자의 34%가 현금 송금을 받으며, 그것은 미화로 가구당 연간 20달러에서 3,900달러 사이이며, 평균적으로는 752달러라는 사실을 밝혔다.[28]

우리가 진행한 연구도 로버츠와 블루의 연구 결과와 일치한다. 이번 연구에서 응답자의 약 40%는 해외로부터 현금 송금을 받고 있다고 대답했으며, 금액은 미화로 가구당 월 10달러에서 690달러 사이였고 평균 송금 수준은 한 달에 99달러, 연간 1,188 달러로 나타났다. 현금 송금을 받는 가구들 가운데 약 46%는 친구나 친척들로부터 현금이 아닌 물품들도 받는다고 응답했는데, 대부분은 옷이나 의약품이었다. 송금은 불로소득의 형태로 나타날 뿐 아니라 달러에 접근할 수 있게 하기 때문에, 송금을 받는 가구들은 이러한 소득원에 접근할 수 없는 가족들에 비해 확실하게 경제적으로 유리하다.

거리에서 떠도는 이야기 가운데에는 쿠바에 사는 모든 사람들은 국가가 불법으로 여기는 이런저런 활동에 연루되어 있다는 말이 있다. 과장된 말일지는 모르지만, 쿠바에는 정규 직장 이외의 경제활동에 종사하는 사람들이 넘쳐난다는 것은 사실이라고 생각된다. 표본에 있는 가구의 약 69%는 부업과 송금으로 소득을 늘린다. 일부 운 좋은 가구들은

표 4 **가구 수입의 원천**

수입원	가구 수	비율
임금	38	30.5
임금과 부업	31	27.1
송금	2	2.5
임금, 부업, 송금	16	13.6
임금과 송금	23	19.5
송금과 부업	4	3.38
자영업 또는 비공식 경제	4	3.38
합계	118	100%

심지어 '3중'으로 소득을 얻었다. 가구들의 약 14%는 임금과 송금, 부업 이 세 가지 수입 원천 모두에서 소득을 얻는다고 응답했다. 분명히 3중으로 소득을 얻는 가구들은 임금이나 연금에만 의지하는 가구들(이 연구에서는 31%)에 비해 더 큰 경제적 이득을 얻는다. 말하자면 달러화된 경제 아래에서 '임금'으로만 소득을 얻는 가구들은 다양한 수입 원천이 있는 가구들에 비해 더 큰 경제적 곤란에 직면한다(표 4 참조). 비록 대부분의 가구들이 부업이나 송금으로부터 얻는 소득이 있었지만, 92%나 되는 가구들에게 여전히 소득의 기본은 공식적인 고용을 통해 얻는 임금이었다.

정규 직업 외의 경제 활동으로 얻는 수입 크기를 드러내려는 가구가 많지 않기 때문에 가구 수입의 정확한 수준을 밝히는 것은 어려운 일이다. 더욱이 해외로부터 얻는 송금 수준을 밝히지 않으려고 하거나 밝힌다 하더라도 실제보다 축소해서 말할 가능성이 크다. 이는 가구의 소득 규모보다 더 큰 액수가 같은 가구에서 소비되는 것으로 보고되는 경우가 종종 있다는 사실에서 미루어 짐작할 수 있다. 이렇듯 주의해야 할 점은 있지만, 임금 수준에 관한 정보를 비롯한 이용 가능한 자료들을 보면 이러한 여타 원천으로부터 수입을 얻는 가구들이 많다는 점을 알 수 있다. 아바나에서는 모든 사람들이 비공식 경제에서 일한다는 상투적인 말이 어느 정도 타당한 것 같다. 필요에 의해서든지, 문화적 선호에 의해서든지, 아니면 양자가 결합한 것이든지 간에, 많은 아바나인들은 공식적 고용 구조를 넘어서 있다.

1990년대의 심각한 위기로 인해 아프리카계 쿠바인들은 이전에 획득한 것들 중 일부를 잃었으며 새로운 불평등이 생겼다. 송금이 쿠바인들의 주요한 수입 원천이었지만 흑인들은 송금을 받는 경우가 백인보다 비교적 적었으며, 송금을 받는 흑인들이 얻는 달러의 액수도 백인들보다 한 배 반이 적었다. 아프리카계 쿠바인들은 또한 관광 산업과 자영업에 종사할 기회가 상대적으로 적었다. 따라서 아프리카계 쿠바인들과 백인들의 가계소득 격차는 '특별시기' 동안 더 벌어졌으며, 백인들은 아프리카계 쿠바인들과 상당히 다른 생활양식과 높은 생활수준을 누릴 수 있었다. 연구자들에 따르면 쿠바에서 흑인과 백인의 소득 격차는 전체 사회는 물론 가장 취약한 이웃공동체들에도 나타난다. 이처럼 흑인, 백인, 물라토가 함께 사는 취약한 이웃공동체들에서도 흑인과 백인의 소득 격차가 존재한다고 생각된다.

이 조사를 통해 381개 가구에서 인종을 파악했다. 쿠바의 인종 구성에 비해 아프리카계 쿠바인들은 과다 대표되어 있다. 그들은 취약한 이웃공동체에서 백인이나 물라토와 주거 공간을 공유한다. 백인은 조사 대상 가운데 38%가량 되고, 흑인은 31%, 물라토는 27%를 차지한다. 그런데 중요한 사실은 아프리카계 쿠바인들은 한 달 가계소득이 590페소로 백인(492페소)과 물라토(482페소)보다 많았다는 점이다. 이러한 점을 고려하면, 백인 가구는 아프리카계 쿠바인과 물라토 가구보다 현금 송금을 받을 가능성이 크다는 것을 알 수 있다. 백인 가구의 약 17%, 물라토 가구의 9%, 아프리카계 쿠바인 가구의 단지 5%가 현금 송금을 받는다고 대답했다. 송금 수입이 흑인 가구들의 상대적으로 높은 소득을 설명해 주지 못한다면, 흑인 가구(29%)는 백인(21%)과 물라토(13%) 가구보다 공식 영역 바깥의 경제 활동에 종사하고 있을 가능성이 더 크다고 할 수 있다. 직업 외에 얻는 실제 소득은 잘 밝혀지지 않기 때문에, 아프리카계 쿠바인, 백인 및 물라토 사이의 가구 수입의 차이는 훨씬 더 클 수도 있다. 조사 자료가 제시하고 있는 월 총소득은 임금 소득에 기초하고 있기 때문에 이러한 다른 형태의 수입을 포함하고 있지 않다는 점을 기억하는 것이 중요하다. 다른 원천에서 얻는 수입은 따로 확인했다.

이 표본 집단에서 흑인들의 수입이 백인들보다 많다는 사실이 놀라울지 모르지만 한편으로는 이해할 만하다. 1959년 이전 아프리카계 쿠바인들과 백인 노동자계급은 도시의 가장 취약한 이웃공동체들에서 과다 대표되어 있었다. 혁명은 대체로 이 곳 인구 집단들이 같은 곳에 눌러앉아 살도록 했다. 즉, 혁명군은 흑인, 백인, 물라토 등 모든 주민들의 주거 환경을 향상시키는 것을 목표로 했지만, 이 목표를 달성하기 위해 인구 재배치 전략을 사용하지는 않았다. 이후 아바나 비에하와 센트로 아바나, 베다도 이웃공동체에 사는 많은 사람들은 다른 이웃공동체로 이주하기를 원하지 않았다. 이곳에 관광객들이 많이 다니고 일자리와 돈을 벌수 있는 기회가 많은 점을 큰 장점으로 여겼기 때문이다. 더욱이 사회적 연결망이 중요하기 때문에 많은 아바나인들은 그곳에 사는 친구들이나 친지들과 끈끈한 관계 속에 남아 있기를 원했다.

혁명 이후 아프리카계 쿠바인들의 사회경제적 상태가 개선되었지만, 이들 가운데 가장 성공한 집단 구성원들도 도시의 다른 지역으로 이주하지는 않았다. 사회경제적 상태가 개선되었지만 그들 대부분은 물라토와 백인 노동자계급처럼 같은 이웃공동체에 뿌리내리고 살았다. 이 조사의 표본들은 아바나의 가장 취약한 이웃공동체들에 거주하는 아프리카계 쿠바인들, 백인들, 물라토들이지, 역사적으로 고소득 집단들이 거주해 온 누에보 베다도, 베다도, 미라마르와 같은 이웃공동체에 거주하는 사람들이 아니라는 것을 인식하는 것이 중요하다. 따라서 임금 소득과 비공식 경제로부터 얻는 소득을 함께 고려함으로써 흑인, 백인, 물라토 사이의 소득 격차를 설명할 수 있다.

소비와 지출

아바나인들이 어떻게 생계를 꾸리는지를 파악하려면 가구 소비와 지출의 유형을 이해하는 것이 무엇보다 중요하다. 쿠바인들이 삶을 헤쳐 나가는 데 어려움을 겪고 있다는 연구자들의 주장은 있지만, 놀랍게도 소비와 지출 유형에 관해서는 알려진 바가 거의 없다. 가구 소득과 지출에 관한 신뢰할 만한 통계 자료는 출간된 것이 거의 없지만, 1996년 가구 조사를 바탕으로 페리올 무루아가 등이 연구한 결과에서 가계에 관한 약간의 자료를 얻을 수 있다.[29] 또한 '특별시기'가 위계적 고용 구조를 만들어 내어 다양한 직업 집단들 사이에 생계 부양 능력 차이가 생겼다는 보고서에 대해서는 대체로 합의가 이루어져 있다. 달러를 벌고, 태환페소나 달러를 보너스로 받고, 해외로부터 송금을 얻고, 상당한 은행 저축을 가지고 있는 사람들은 경제적으로 쉽게 헤쳐 나갈 수 있다.

메사-라고는 1993년 이후 쿠바인들의 생활수준을 떨어뜨리는 데 네 가지 요소가 원인이 되었다고 주장한다. 첫째 평균 실질임금 또는 구매력이 44% 감소했다. 둘째 배급 할당량(생산 가격 이하로 가격을 보조해 주는 재화들)이 감소했다. 이제 한 달에 열흘치만 제공함에 따라 사람들은 남은 20일치의 필수 식료품을 다른 시장에서 구매해야 했다. 셋째 생활 필수품 가격이 지나치게 높아졌다. 이는 140%나 되는 판매세와 달러 상점(TRD)들의 막대한 이문 때문이었다. 넷째 농산물 자유 시장에서 여전히 높은 가격이 유지되었다. 1995에서 2001년 사이에 농산물 가격이 계속 하락하는 추세였음에도 불구하고 그러했다.[30] 이러한 사실을 통해 우리는 가구들이 생계를 꾸린 사회경제적 배경에 대해서 더 깊이 알 수 있다. 하지만 이러한 정보로는 가구의 소비와 지출 유형을 알 수 없을 뿐 아니라, 가구들이 그러한 어려움들에 대처하기 위해 사용한 전략에 대해서는 아무것도 알 수 없다.

1999년 쿠바 경제학자 비비아나 토고레스 곤살레스는 이렇게 말했다. "소득은 전형적인 4인 가족의 기본적 필요를 채우기에 불충분하고 일부 주민들은 매우 좋지 않은 영향을 받고 있다. 여기서 말하는 기본적 필요는 식료품과 위생에 대한 최소한의 필요를 말하며, 임대료, 전기료, 의류비, 교통비를 비롯한 기타 필수적인 지출은 제외되어 있다."[31] 메사-라고는 2002년 초 중국산 텔레비전 '판다'(Pandas)의 가격이 시장에서 쿠바 노동자 평균 연봉의 1.5배나 되는 4천 페소였고 달러 상점에서는 심지어 470달러(1만2천 페소)에 팔리기도 했다고 강조한다.[32] 메사-라고는 임금과 지출의 관계를 검토하고 있다. 그러나 쿠바의 맥락에서는 가구 지출과 페소 임금의 관계를 연구하는 것은 복잡할 뿐만 아니라 전체 이야기의 일부만 말해 줄 뿐이다. 앞서 언급했듯이, 많은 가구들은 송금, 물물교환, 거래를 통하여, 호혜적인 복잡한 연결망을 통하여, 그리고 비공식 경제에서 장사를 통하여 임금 소득을 보충한다.

페소화 임금 수준과 상품들의 가격을 단순 비교함으로써 쿠바인들이 무엇을 할 수 있는지 판단하는 것은 잘못된 결론에 이를 수 있다. 쿠바인들이 흔히 쓰는 표현처럼 "뱀처럼 움직이는" 이웃공동체의 일상생활에서 사람들이 실제 어떻게 삶을 헤쳐 나가는지 밝히려면 주의 깊은 탐구 작업이 필요하다. 예컨대 지난 6년 동안(2001~2007년) 센트로 아바나와 아바나 비에하에 있는 농산물 시장과 달러 상점에 현지 조사를 가면, 점포들은 항상 식료품 등 값비싼 다양한 상품들을 사고 있는 사람들로 북적였다. 쿠바인들을 위한 고급 식당들 역시, 특히 주말에는 외식을 즐기고 태환페소로 음식 값을 지불하는 아바나인들로 가득 차 있다. 이런 저런 방법을 통하여 많은 쿠바인들은 필요한 상품들을 구매할 뿐 아니라 가족이나 친구들과 함께 외식을 즐기고 있는 것이다.

앞서 메사-라고는 값비싼 텔레비전을 소유한다는 것은 아바나인들 대부분의 경제적 능력 밖에 있다는 생각을 내비쳤다. 하지만 많은 쿠바인들은 텔레비전을 소유하고 있다. 어머니, 어른이 된 두 딸, 두 아이로 구성된 어느 5인 가구는 쿠바 기준으로 볼 때 가계소득이 낮은 편이다. 어머니는 파트타임으로 일하고 딸 하나는 꽃을 팔고 다른 딸은 일을 하지 않는다. 어머니의 말에 따르면 가족들은 전혀 송금도 받고 있지 않고 비공식 경제에 그저 최소한으로만 참여하고 있을 뿐이다. 그녀는 가끔 친구들에게 케이크를 만들어 판다고 한다. 그러나 집안에는 세탁기가 있고 최근에는 텔레비전을 사서 케이블 채널을 볼 수 있도록 위성에 연결했다고 한다. 이 가구는 특별한 사례가 아니다. 센트로 아바나에 있는 집들의

표 5 **가구 소비와 지출의 유형**

기본 필수품	가정 필수품	개인 필수품	욕구
주택	청소 용품	건강/의료	담배/시가
전기	주택 수리	의류	술
수도	주택 개조	세면 용품	전화기
가스/등유	조직 회비	두발 관리	여가 활동
교통	육아	욕실 용품	
식료품			

지붕에는 수많은 텔레비전 안테나가 보이고, 아바나 이웃공동체의 밤거리를 걷다 보면 열린 문과 창문들을 통해 텔레비전에서 웅얼웅얼 새어나오는 소리를 어디에서나 들을 수 있다.

가구의 소비와 지출 유형에 관해 세밀하게 조사해 보면, 아바나인들이 실제로 삶을 헤쳐 나가는 복잡한 현실에 대해 더 깊이 알 수 있다. 이를 위해 조사된 398가구 가운데 142가구의 지출에 관한 자료를 얻었다. 118가구에서는 달러와 페소화 양쪽 지출에 관한 정보를 모두 얻었다. 달러로는 어떤 상품들을 사고 페소화로는 어떤 상품들을 사는지 밝히면 달러화된 경제가 어떻게 이웃공동체 단위에서 쿠바인들에게 영향을 끼쳤는지 좀 더 쉽게 알 수 있다. 송금과 비공식 경제 활동을 통해 얻는 구체적인 수입은 누락되는 사례가 많기 때문에 가구 수입과 지출을 직접 비교하는 것은 불가능하다. 그래서 대신에 여기서는 가구들의 소비와 지출의 유형에 대해 깊이 이해하고 가구들이 쿠바의 이중 경제에 어떻게 대처했는지를 파악하고자 한다.

〔표 5〕에 열거된 항목들에 대해 가구에서 일반적으로 지출한 액수를 페소화와 달러로 산정해 달라고 가구주에게 주문했다. 개인적인 산정이기 때문에 어떤 것은 조금 높고 어떤 것은 낮고, 또 때로는 꽤 정확한 경

우도 있을 것으로 예상된다. 이 점을 항상 염두에 두고 결과를 해석해야
한다.

주택과 공과금

가장 인상적인 점은 쿠바인들이 주택에 거의 돈을 쓰지 않는다는 사실
이다. 응답자의 약 93%가 임대료나 융자 상환에 돈을 한 푼도 쓰지 않는
다고 대답했다. 91%가량은 자기가 살고 있는 주택을 소유하고 있다고
말했다. 이 가구들은 어떠한 빚도 없이 집을 온전히 소유한 것으로 보인
다. 게다가 많은 '임차인'들은 무상임대주택에 산다. 주택 지출이 있는
경우에도 평균 지출은 한 달에 고작 3페소밖에 되지 않는다. 하지만 주택
에 적은 비용이 지출되고 있다는 것은, 이 주택들 다수가 꽤 낡아 많은
수리가 필요하다는 사실을 고려하여 평가되어야 한다.

코율라에 따르면, 아바나에 열악한 주택들이 가장 집중되어 있는 곳은
아바나 비에하, 센트로 아바나, 아로요 나란호(Arroyo Naranjo), 산 미구
엘 델 파드론(San Miguel del Padrón), 디에스 데 옥투브레(Diez de
Octubre) 등 다섯 구역인데, 이 조사도 대부분 이 지역에서 수행되었
다.[33] 그런데 불과 22가구(14%)만 주택 수리에 가계소득을 지출했고 나
머지 86%는 주택 수리에 전혀 비용을 지출하지 않았다고 응답했다. 게
다가 27가구는 주택 관련 지출에 미화로 월 평균 83달러를 지출했다고
말했다. 이런 결과는 많은 가구들이 주택 수리를 할 금전적 여유가 없거
나, 아니면 주택에 심각한 위기 상태가 오기 전까지는 돈을 다른 곳에 지
출한다는 것을 보여 주는 것일 수 있다.

필수적인 생계비라는 관점에서 보면, 가구들은 주택 수리를 언제 하
고 돈을 얼마나 쓸 것인지를 스스로 결정할 수 있는 것 같다. 게다가 아

바나인들은 대개 다세대 주택에 살고 있기 때문에 긴급한 수리는 대부분 개별 세대보다는 전체 건물에 관련된 것일 수 있다. 이런 환경 때문에 이웃들이 주택 문제를 해결하기 위해 협력하여 일할 수 있도록 이웃공동체위원회가 구성되어 있다. 그 밖에 가구들은 서로 품앗이 형태로 수리하거나, 최소한 또는 전혀 비용을 들이지 않고 스스로 수리한다. 나라 밖의 친구와 가족들에게 도움을 구하는 경우도 있다. 예컨대 아바나 에스테 이웃공동체에 있는 5층 아파트의 꼭대기 층에 사는 어떤 가구는, 집 천장에 물이 새서 미국에 사는 친척에게 연락했더니 천장을 수리할 자재들을 보내 주었다.

이처럼 주택의 규모나 가치가 어떠하든 수리할 필요가 있는 경우가 많지만 아바나인들 대부분은 주택에 거의 지출을 하지 않는다. 그렇지만 그들은 주택을 소유하고 있기에 주택을 개선할지 하지 말지, 언제 어떻게 할지를 스스로 결정할 권리가 있다. 무엇보다 중요한 점은, 아바나인들이 거주지를 결정하는 것이 소득 수준은 아니라는 사실이다. 주택은 모든 사람들에게 제공되며 주택 문제 때문에 달러 경제에 참여할 필요는 없다.

게다가 주거 관련 사용료 지출 또한 매우 적다. 예컨대 수도요금 지출은 한 달 평균 5페소이고, 가스나 등유 같은 연료비는 약 10페소, 전기요금은 평균 27페소이다. 35%가량은 수도요금을 내지 않는다고 응답했고, 4%는 전기료를 내지 않는다고 응답했다. 가장 열악한 주택단지에 사는 주민들이 도시의 전력을 불법적으로 끌어다 쓰는 행위가 다반사로 일어난다. 가구들 가운데 약 25%는 요리용 가스나 등유에 전혀 지출을 하지 않았다. 이것은 놀라운 일이 아니다. 요리용 가스는 공급이 부족하고, 등유는 너무 비싸고 유해하기 때문에 정부는 가스나 등유 사용을 없애기 위해 노력하고 있다. 예컨대, 2005년에 카스트로는 아바나에 압력솥 10만 개를 배급했다.

조사 결과는 주거비와 주거에 관련된 사용료가 아바나인들에게 거의 경제적 부담이 되지 않는다는 것을 분명하게 보여 준다. 모든 핵심적인 주거 관련 비용(임대료, 융자 상환, 수도료, 가스료, 등유료, 전기료)이 페소화로 지불된다는 점 또한 중요하다. 쿠바인들은 이런 비용 지출에 달러를 쓸 필요가 없다. 주거 관련 사용료가 인상되는 경우에도 높은 보조금이 있기 때문에 여전히 감당할 만하다.

교통비

도시 어디서 사느냐에 따라 다르기는 하지만 교통비 역시 매우 낮다. 외곽에 있는 이웃공동체에 사는 사람들은 분명히 도시 중심부에 사는 가족들보다 교통비가 많이 들 것이다. 그럼에도 불구하고 아바나의 교통비는 저렴하다. 카메요(camellos, 트럭 엔진과 새시에 버스 몸체를 붙인 낙타형 버스로 2백 명이 넘는 승객을 태울 수 있다)를 비롯하여 버스 요금은 한 번 타는 데 약 4분의 1페소 내지 반 페소밖에 하지 않는다. 많은 사람들은 걷거나 자전거를 타거나 짧은 나들이를 위해 자전거 택시를 이용하기도 하고, 히치하이킹을 하거나 알멘드로네(almendrone, 한 번 타는 데 10페소의 고정 비용을 받고 도시 중심가를 따라 달리는, 1950년대부터 내려온 개인 소유 미국 차)를 잡아타기도 한다.

응답자의 41%가량은 교통비가 전혀 들지 않는다고 대답했다. 이것은 놀라운 일이 아니다. 아바나인들이 도시를 돌아다닌다고 할 때 그들 대다수는 중심부 이웃공동체(아바나 비에하, 센트로 아바나, 베다도)에 살기 때문에 걸어서 목적지에 가는 경우가 많기 때문이다. 또한 히치하이킹이 매우 대중화되어 있다. 정부 소유 차량의 운전자들은 빈자리가 있으면 차를 세우는 사람들을 태울 의무가 있다.

식료품 소비

여러 가지 면에서 식료품 소비는 쿠바 가구들에게 단일 항목으로는 가장 중요한 지출 분야이다. 식료품 소비는 주민들이 기본적 필요를 충족시킬 여력이 있는지 밝히는 데 가장 중요한 지표로 간주되어 왔다. '특별 시기' 초기, 부족 사태가 만연하면서 1인당 식료품 소비가 급격히 하락했다. 정부는 식료품 공급 문제에 적극적으로 대처하기 위한 일련의 프로그램을 시행했다. 이와 동시에 산모 관리 프로그램을 확대하여 임산부를 위해 특별 식료품 배급과 식사를 제공하는 등 특수 계층을 위한 서비스를 확대했다. 1996년에 몇몇 학자들은 쿠바가 1인당 식료품 공급에서 한 고비를 넘겼다고 주장했다.[34] 실제로 쿠바인들은 이제 건강하고 영양가 있는 식단을 유지하는 데 필요한 충분한 양과 질 좋은 식료품을 얻을 수 있다.

가구 지출에 관한 이 조사를 통해 식료품 소비는, 다른 항목과는 비교도 한 될 만큼 가장 큰 지출이라는 점을 보여 준다. 한 달 평균 식료품비는 345페소였고 중간값은 260페소였다. 식료품 구입의 중요한 부분은 '리브레타'(libreta, 배급표)를 통해 이루어졌다. 예컨대, 표본 집단 응답자의 58%는 식료품 구입의 절반을 배급표를 통해 얻는다고 대답했다. 연구자들은 대부분 리브레타를 통한 식료품 구입이 일반적인 가족의 경우 고작 2주나 반 달치 정도밖에 안 된다고 주장한다.

페리올 무루아가에 따르면, 영양 공급의 더 큰 부분은 여전히 국가가 제공한다. 무루아가는 칼로리의 89%, 단백질의 93%, 지방의 80%가 배급 시스템을 통해 충당되며, 노동자 식당, 학교, 병원 등에서 식사가 제공된다고 밝혔다. 카스트로는 어느 인터뷰에서, 정부는 자유 시장을 통한 식료품 공급을 총 생산의 20% 범위 내로 유지하여 사람들이 봉급으로 식료품을 구매할 수 있도록 노력하고 있다고 말했다.[35] 그러나 대부분 리브레타가 가구 식료품비의 절반밖에 충당하지 못하기 때문에, 적어도 식료품 공급의 절반은 정부가 보조하지 않는 가격으로 구매되고 있다고 할 수 있다. 그러나 식료품 소비는 조사한 표본 가구들의 총 지출 가운데 약 30%만을 차지할 뿐이었다. 이는 대부분의 가구들이 페소화 소득 범위 안에서 필요한 식료품 소비를 충족할 수 있다는 것을 가리킨다.

이와 동시에 표본 가구의 약 31%는 식료품에 미화로 한 달에 25달러 이상을 썼다. 이 가구들은 달러로 구매함으로써 식료품 예산을 늘리는 선택을 했다. 달러로 식료품을 구매하는 가구들이 페소화로만 식료품을 구매하는 가구들보다 더 나은 식사를 한다는 사실을 보여 주는 증거는 없다. 그렇지만 그들은 식료품을 선택할 수 있는 폭이 넓고, 달러를 만질 수 없는 가구들이 누리기 힘든 유형의 식료품 소비를 향유할 수 있다고 보는 것이 합리적이다. 이 경우, 어떤 가구들은 달러를 가지고 단순히 필요한 음식을 섭취한다기보다는 그들의 욕구를 충족할 수도 있다.

개인 필수품

개인 필수품들은 기본적 필수품들만큼 결정적이지는 않지만 여전히 중요하다. 특히 건강과 의료에 관련된 지출이 그렇다. 쿠바에서 보건의료는 무상이지만, 의약품을 구하는 데는 명목적인 요금을 반드시 지불해야 한다. 가구 조사에서 의약품에 관련된 지출은 평균 30페소였지만, 조사한 가구의 22%는 약을 구입하는 데 전혀 돈을 쓰지 않는 것으로 나타났다. 달러로 의약품을 구입하는 경우는 거의 없었다. 이처럼 대부분 중요한 개인적 필수품 영역에 대한 지출은 페소화로 이루어졌다. 그렇지만 많은 가구들이 현금이 아닌 의약품의 형태로 증여를 받는다고 했는데, 이로 인해 그들은 이러한 기회를 가지지 못하는 사람들에 비해 더 유리한 위치에 서게 될 것이다.

그 밖의 다른 개인적 필수품에는 매우 적은 돈을 썼다. 세면 용품에 지출한 돈은 한 달 평균 8페소였으며, 목욕 용품에는 25페소, 두발 관리에는 49페소를 썼다. 응답자의 약 84%는 세면 용품을 사는 데 한 푼도 쓰지 않았다고 응답했으며, 72%는 목욕 비누나 샴푸에 페소화를 쓰지 않았다고 답했다. 이런 물품 대부분은 리브레타를 통해 구할 수 있으며, 물물교환이나 친구들과 서로 서비스를 제공하는 조건으로 필요한 물품들을 얻는 경우도 많았다. 몇몇 가구들은 이러한 물품들을 구입하는 데 달러를 쓰는 것으로 나타났다. 예컨대 83가구는 세면 용품 구입에 달러를 썼고, 92가구는 목욕 용품에 달러를 썼으며, 22가구는 두발 관리에 달러를 지출했다. 이런 곳에 지출하는 돈은 모두 합쳐서 한 달 평균 10달러 이하였다. 덧붙이면, 조사한 가구의 약 93%는 육아에 전혀 지출을 하지 않는다고 했으며, 달러를 지출한 가구는 전혀 없었다.

몇몇 아바나인들은 달러 상점의 세면 용품이 리브레타를 통해 살 수 있는 것보다 품질이 더 좋다고 생각했다. 예컨대, 쿠바에서 생산한 치약 품질이 형편없다고 생각해서 가능하면 달러 상점에서 파는 유명 브랜드 상품을 구입하는 사람도 있다. 또 다른 사람은 쿠바산 비누는 가려움증을 일으키기 때문에 달러가 생기면 때때로 달러 상점에서 비누를 산다고 말한다. 실제로 쿠바산 치약과 비누는 꽤 쓸 만하지만 상업적 브랜드 상품들만큼 매력적이지는 않다. 달러 상점에서 판매하는 세면 용품을 구매할 여력이 되는 아바나인들은 자신들의 생활이 조금 더 즐거워졌다고 여긴다.

쿠바인들은 다양한 통로를 통해 옷을 얻는다. 헌 옷을 파는 상점들도 있으며, 다른 사람들과 물물교환이나 거래를 하는 사람들도 많다. 간혹 관광객들이나 해외에 있는 친구들한테서 의류를 얻는 경우도 있다. 한 달 평균 의류비 지출은 약 91페소이지만, 조사한 가구의 73%는 옷을 사는 데 한 푼도 쓰지 않았다고 말했다. 그런가 하면 약 48가구는 의류 구입에 미화로 한 달 평균 약 13달러를 지출했다고 응답했다.

현지조사를 해 보면 쿠바인들 대부분이 옷을 많이 가지고 있지는 않지만 모두들 훌륭하고 단정하게 차려입고 있는 광경을 볼 수 있다. 도시의 모든 지역에서 현지조사를 수행하면서 찍은 디지털 사진 수백 장을 분석해 보니 그런 모습은 더 뚜렷하게 나타난다. 쿠바는 열대지방의 섬이기 때문에 기후가 따뜻해서 흔히 간편한 옷이나 최소한의 옷만 입는다는 사실도 주목할 필요가 있다. 그럼에도 옷 입은 모습은 대부분 깨끗하고 상태가 좋다. 아바나인들은 페소화나 달러로 구입하거나, 물물교환이나 선물 등을 통해 구한 옷으로 훌륭하고 단정하게 차려입은 모습을 보이고 있다.

가정 필수품

가정 필수품은 생활환경을 유지하고 증진하는 지출과 관련이 있다. 대부분의 청소 용품은 아마도 리브레타에서 구매할 텐데, 조사한 가구의 70%는 청소 용품을 사는데 전혀 지출을 하지 않는다고 응답했다. 쿠바 가정들은 일반적으로 매우 깨끗하게 정돈되어 있으며, 사람들은 늘 마루를 청소하고 설거지를 하고 옷을 빨아 말린다. 대부분 건조기가 없기 때문에 옥외 빨랫줄에는 옷이 가득 널려 있는 풍경이 펼쳐진다. 이런 장면은 아바나의 특색 있는 도시 경관이기도 하다. 쿠바인들은 청소 용품에 돈을 조금밖에 지출하지 않지만 비누와 세제를 비롯한 청소 용품을 충분히 사용한다. 아바나인들은 틀림없이 리브레타나 개인 거래 또는 물물교환을 통해 청소 용품 대부분을 구하고 있을 것이다. 설문에 응한 전체 가구 가운데 불과 92개가구만 청소 용품 구입에 한 달에 약 5달러를 지출한다고 대답했다.

주택 수리나 개조에 돈을 쓰는 가구는 매우 적다. 아바나인들은 아마도 이 항목을 월 고정 지출이라기보다는 특별한 경우에 지출하는 항목으로 보는 것 같다. 더욱이 소득이 제한되어 있기 때문에 주민들은 가능하면 자신의 창조성과 유연성을 발휘하여 스스로 주택을 고치고 물물교환이나 품앗이를 통해 수리 작업을 한다. 주택을 개조하거나 수리할 때 달러를 지출하는 것은 매우 눈에 띄는 대목이다. 이것 역시 필요와 욕구가 결합된 특별한 지출이다. 가구들의 약 19%(27개 가구)는 주택 수리에 평균 83달러를 썼고, 17%는 주택 개조에 평균 44달러를 지출했다. 많은 이웃공동체들의 열악한 주택 상태를 고려할 때, 주택 상태를 개선할 수 있는 여력을 가지는 것은 생활수준을 높여 줄 뿐 아니라 대단한 행복감을 가져다준다. 주택 개조는 아마도 식료품 구입과 더불어, 달러에 대한 접근 여부가 삶의 질에 큰 영향을 미치는 부문일 것이다.

이 연구에서는 비정기적인 구매에 관해서는 그다지 주의를 기울이지 않았다. 그럼에도 이야기를 통해 들은 자료들과 현지 관찰을 통해 볼 때, 달러를 가지고 있는 가족들은 상당한 액수를 가구, 컴퓨터, 부엌 용품, 세련된 난로, 냉장고, 기타 전기기기와 같은 특별한 구매에 사용한다는 것을 알 수 있다. 예컨대 조사된 가구들의 상당수는 혁명 승리 이후에 냉장고나 가구를 장만했다고 말했다. 반면, 특히 가장 취약한 이웃공동체들에 살고 있는 많은 쿠바인들은 스파르타식 건물을 떠올리게 하는 주택에 산다. 따라서 주택 개조나 내구성 소비재의 특별한 구매에서는, 달러를 가지고 있고 자유재량 소득을 가지고 있는 사람들과 그렇지 않은 사람들 사이의 삶에 실질적인 차이가 나타난다.

마지막으로, 모든 가구들은 지역공동체의 대중조직들에 회비를 낸다. 비록 그 액수가 적고 조직 또한 가구들이 지불할 수 있는 능력에 따라 회비를 매기지만, 대중조직에 가입하고 회의에 참석하고 회비를 내는 이 모든 활동으로 미루어 짐작컨대 주민들이 생업을 이어가는 동안에도 여전히 지역공동체 생활에 관여하고 있다. 이러한 발견은 경제적 고난과 소비주의가 아노미나 시민의식의 해체를 초래하지 않았다는 것을 보여주는 중요한 근거이다. 더욱이 공식적 조직 단위에서 나타나는 이웃공동체의 응집력과 연대성은 사회적 수준에서 주민들 사이의 상호관계를 유지하고 강화한다. 한 아바나인의 말은 이런 모습을 드러내 준다. "위기는 서로 의지할 수밖에 없도록 만들기 때문에 우리는 서로 더 가까워진다."

욕구와 여가 활동

여기서 '욕구'(wants)란 삶의 질을 증가시키기 위한 지출을 말한다. 이때 구매되는 항목은 즐거움, 기쁨, 기분 전환을 가져다준다. 이러한 지출의 유형을 통해 우리는 특정 가구의 자유재량 소득 수준에 관해 알 수 있다. 여기에는 술, 담배, 여가 활동, 전화기 등이 포함되는데, 이것들은 종종 욕망의 대상이 되지만 일상생활에 꼭 필요한 것은 아니다. 이러한 지출들 가운데 가장 중요한 것은 전화기이다. 모나 로젠달이 1988년부터 1990년까지 자신의 책 《쿠바혁명의 내부》(Inside the Revolution, 1997)

를 쓰기 위해 현지조사를 마쳤을 때만 해도 쿠바인들은 전화기 소유를 사치로 여겼다. 최근 조사에서는 응답자의 41%가 전화기를 보유하고 있었고 한 달 전화비로 평균 19페소를 지출했다. 쿠바에는 전화기가 꼭 없더라도 크게 불편하지 않은 통신망이 갖추어져 있다. 공중전화가 이웃공동체 곳곳에 정책적으로 보급되어 있으며, 전화기를 가지고 있는 사람들은 흔히 이웃들과 함께 사용한다. 그래서 전화기 소유는 가구들이 자유재량 소득을 올리고 있는지를 보여 주는 하나의 척도가 된다. 또한 이 항목에 달러는 지출되지 않는다는 점을 염두에 두어야 한다.

　나머지 지출 항목들에서 눈에 띄는 점은, 이러한 영역에 페소화를 전혀 지출하지 않는다고 응답한 주민들의 비율이다. 예컨대 응답자의 84%는 술을 구하는 데 페소화를 지출하지 않는다고 대답했고, 58%는 시가나 담배에 페소화를 지출하지 않는다고 답했으며, 69%는 여가 활동에 페소화를 지출하는 일이 없다고 했다. 그렇지만 이 '욕구' 범주에서 달러 지출은 있었다. 가구들의 약 13%는 술을 구하는 데 미화로 한 달 평균 3달러를 썼고, 16%는 담배를 사는 데 한 달에 4달러를 지출했으며, 23%는 여가 활동에 9달러를 지출했다. 이처럼 달러를 지출한 몇몇 가구들은 오직 즐거움을 위해 미화로 한 달 평균 약 16달러를 지출하고 있는 것이다. 흡연과 음주는 건강 문제에 속한다는 것을 전제로 하면, 이 영역들에 대한 낮은 지출이 정부의 건강 증진 캠페인의 성공을 반영하는 것이라는 해석이 가능하다. 또한 조사에 참여한 사람들이 사회적 평판을 의식하여 실제 지출보다 줄여서 답변했을 수도 있다.

　쿠바인들은 돈이 들지 않는 여러 여가 활동을 즐기고 있기 때문에 가구들의 31%만이 여가 활동에 돈을 쓴다고 대답한 것은 그럴 만하다. 예컨대 도미노를 즐기고 체스를 두는 것은 매우 대중적인 오락이다. '도시를 걷는다든지' 말레콘에서 휴식을 취한다든지 친구나 가족들과 이야기를 하거나 카드놀이를 하면서 시간을 보내는 것은 아바나인들의 대중적인 취미 활동이다. 젊은이들은 수많은 길거리 놀이를 만들어 내고, 약식 야구, 배구, 축구 같은 전통적인 스포츠 활동도 즐기고 있다. 롤러블레이드를 타는 모습은 어디서나 볼 수 있고, 낚시, 튜브 타기, 수영, 바닷가에서 즐기기 등도 마찬가지이다. 게다가 노인들을 포함해 모든 집단이 이웃공동체에서 즐길 수 있는 여러 가지 조직적인 활동도 많다. 국가 또한 여러 가지 비싸지 않은 공연 제공하는데, 극장, 오페라, 그리고 발레 공연의 입장권은 몇 페소밖에 되지 않을 만큼 싸다.

연대성와 호혜성, 지역공동체 지원

이 책에서 우리는 가구들의 생존과 유지 방식을 정확하게 이해하기 위하여 연대성과 호혜성, 지역공동체의 지원이라는 개념을 강조한다. 이런 요소는 가구의 수입과 소비, 지출 유형에 지대한 영향을 끼치기 때문이다. 호혜성은 서로 일을 돕고 선물을 주고받는 것을 가리키며, 지역공동체의 지원은 가족과 친구, 이웃이 도움이 필요할 때 기꺼이 서로 돕는 것을 말한다. 연대성과 이웃 사랑이 사회적 관계로 안착해 있고 사회적 자본이 풍부한 이웃공동체에 살고 있기 때문에 주민들은 자신들의 생존이 서로 협력하여 함께 일하는 것에 달려 있다는 것을 배운다. 따라서 선물을 주고 돈을 빌려주고 귀한 자원을 공유하고 호혜적인 활동에 참여하는 것은 바리오의 일상생활과 문화의 특징이 된다.

호혜성은 이러한 사회적 방정식에서 핵심 요소이다. 모나 로젠달은 쿠바에서 어떤 형태의 호혜성은 거의 완전히 사회적이어서, 물건, 재화 및 서비스의 금전적 가치는 사회적 관계의 유지와 발전에 그저 종속적인 역할에 그친다고 말한다. 어떤 경우에는 거래와 관련된 선물은 아예 없으며, 단지 확립된 관계 속에서 '좋은 사람'으로서 자신의 평판을 강화하는 '상징적 자본'일 뿐이라고 지적한다. 다른 형태의 호혜성은 희소한 재화나 서비스를 교환하고 양쪽 모두 이익을 얻는 것이다. 때때로 이러한 호혜성은 물물교환의 형태를 띤다. 즉 이웃이나 친구들은 상품을 서로 교환 하거나 상품과 서비스를 맞바꾼다. 이웃들과 맺고 있는 호혜적 관계(식료품, 전화기, 공동 육아 및 옷과 비누의 교환)에 관한 질문을 했을 때, 표본 가구들의 약 77%는 긍정적으로 응답했다.[36]

지역공동체의 지원 또한 이웃공동체 생활의 줄기를 이루는 중요한 부분이며 호혜성은 이것을 강화한다. 비록 정부의 사회적 지원 시스템이 있기는 했지만, 고난이 일상생활의 특징이 되었던 세계에서 아바나인들은 도움이 필요할 때 가족과 친구, 그리고 이웃에 의지할 수밖에 없다는 것을 배웠다. 유사시에 그들이 기대할 수 있었던 지역공동체 지원의 수준에 관해 물었을 때, 주민들은 사회적 연결망의 강력함을 드러내 주었다. 예컨대 유사시에 가구들의 86%는 친척들로부터 도움을 기대할 수 있었다고 응답했고, 97%는 친구들이 도움을 줄 수 있었다고 대답했으며, 89%는 이웃들에게 의지할 수 있었다고 응답했다. 곧 쿠바인들은 고난의 시기에는 정부가 필요한 재화와 서비스를 공급해 주려 한다고 느낄 뿐 아니라, 가족과 친구, 이웃의 도움도 기대할 수 있는 상부상조하는 환경 속에서 살고 있다고 생각한다.

따라서 바리오에서 사회적 관계는 정서적·사회적 출구로서뿐 아니라 생존과 생계를 꾸리는 데도 대단히 중요하다. 이처럼 사회적 관계는 호

혜적 행동과 협력, 연대를 통해 끊임없이 이어가고 강화되는 비공식 안
정망을 말한다. 이웃공동체위원회와 같은 비공식 단체와 더불어 대중조
직들은 신뢰와 사회적 결속을 강화시킴으로써 이웃공동체를 더욱 안정
시킨다. '이웃을 돕는 이웃'은 바리오에서 민중 중심적 사회의 밑바탕일
뿐 아니라 하부구조를 이루는 신념이다.

'발명과 해결'은 아바나인들이 생계를 꾸리는 데 이용하는 사회적 자
본의 마지막 수단이다. 쿠바인들은 매우 창조적인 국민이며, 시련은 여
러 가지 문제를 해결하고 삶의 질을 개선하도록 만들었다. 한 아바나인
의 말처럼, "물자 부족은 늘 당신이 처음으로 무언가를 발견하도록 하는
환경을 만들어 낸다. 그래서 물질의 결핍은 사람들이 유토피아를 창조하
도록 이끈다." 이러한 창의성의 사례는 수없이 많다. 전기세를 내지 않기
위해 도시 송전망에서 아파트로 전기를 끌어오는 방법을 찾아내는 아바
나인들도 많다. 어떤 사람들은 위성에 연결하여 '무료' 케이블 텔레비전
을 시청하는 방법을 알고 있으며, 또 어떤 사람들은 약간 돈을 받고 이웃
의 텔레비전을 위성에 연결시켜 주기도 한다. 자전거를 원동기 자전거나
독특한 자전거 택시로 개조하는 사람들도 있으며, 어떤 사람들은 알루미
늄 접시로 텔레비전 안테나 대용품을 만드는 방법까지 알고 있다. 예비
부품도 부족한 나라에서 혁명 이후 약 50여 년이 지난 지금까지도 1950
년대에 생산된 미국 자동차 수백 대를 굴리는 능력은 실로 쿠바인들의
창조적 힘을 입증하고도 남는다.

쿠바인들이 재활용을 예술의 한 형태로, 나아가 자영업의 한 형태로
전환했다는 말은 과장이 아니다. 그들은 어떤 것도 그냥 버리지 않는다.
주민들은 실제로 모든 것을 고치고 재활용한다. 예컨대 쿠바인 친구 집
에서 머물고 있는 어떤 미국인 방문객이 고장 난 파마기를 막 버리려고

하던 참이었다. 그녀의 친구는 믿기지 않는다는 듯이 "지금 뭐하는 거니?" 하고 물었다. "버리려고……. 고장 났어" 하고 미국인 친구가 대답했다. 쿠바인은 파마기를 손에 쥐면서 "내가 고칠 수 있어!" 했다. 이틀 뒤 그 친구는 파마기를 자랑스럽게 보여 주며 다시 사용할 수 있음을 증명해 보였다. 미국에서 온 그 방문객은 믿기지 않은 듯 이렇게 감탄했다. "이전보다 더 잘 되잖아!"

이런 경우도 있다. 이웃공동체 초등학교에 다니는 학생들은 오로지 재활용품만 이용하여 병원 수술실 모형을 만들어 냈다. 아이들은 기발한 길거리 놀이를 창조하고 버려진 롤러스케이트로 스케이트보드를 만들어 냈다. 담배 라이터 재충전에서부터 안경, 냉장고, 오토바이를 고치고 초인종과 그 밖의 그럴듯한 기구에 이르기까지, 쿠바인들은 물건들을 새롭게 꾸미고 창조하여 자신들의 생활을 풍요롭게 하고 문제를 해결함으로써 돈을 번다. '발명'과 '해결'이라는 개념은 비공식 경제 내의 활동으로까지 확장된다. 아키발드 리터와 호르헤 페레스-로페스는 쿠바의 생존전략과 불법적 활동에 관해 광범위하게 글을 썼다. 벤 코베트는 자신이 쓴 여행기에서 비공식 경제에서 나타나는 이러한 활동을 심지어 탈법 문화의 형태라고 지적했다.[37] 이러한 활동이 법에 어긋날지는 모르지만 쿠바인들은 그런 활동을 '발명과 해결' 세계의 일부로 여긴다. 이런 활동은 탈법 문화라기보다는 삶을 헤쳐 나가기 위한 노력이다. 그것이 반체제 문화를 반영하거나 저항의 초기 형태는 결코 아니기 때문이다.

혁명군과 아바나인들 모두 소련의 갑작스런 붕괴가 낳은 경제적 위기로 '발명해야만 한다'라는 구호가 쿠바 풍경의 필수적인 부분이 되었다는 것을 알고 있다. 살아남기 위해 정부와 민중 모두 과거에는 기대하지도 않았으며 반대했을 법한 정책과 실천을 받아들여야만 했다. 피델 카스트로가 말했듯이, 혁명군은 관광을 싫어했지만 관광 산업이 경제적으로 필요하다는 점을 인정했다. 마찬가지로 많은 사람들도 법을 벗어난 행동이나 불법적인 활동을 좋아하지 않지만 살아남아야 하기 때문에 그렇게 한다. 역설적이게도, 어느 정도 '불법적' 활동을 용인함으로써 정부는 혁명 철학을 유지할 수 있으며, 이와 동시에 '불법적' 활동이 용인되기 때문에 아바나인들은 스스로의 창의력을 활용하여 삶을 헤쳐 나갈 수 있는 것이다.

사회 발전의 새로운 단계

소련의 갑작스럽고 예기치 못한 붕괴로 혁명군은 쿠바인들이 일하고 살아가고 생계를 꾸리는 세계를 극적으로 바꾸었다. '나쁜 것', '매우 나쁜 것', 아니면 '파국적인 것', 이 세 가지 불가피한 선택에 직면하여 혁명군은 '나쁜 것'을 선택하여 쿠바 사회의 재창조를 향해 나아갔다. 이 새로 주조된 세계에서 그들은 사회주의를 구하기 위해 자본주의를 이용한다는 내키지 않는 결정을 했다. 이 변화된 환경에서 쿠바인들은 소득을 보충하고 삶의 질을 높이기 위해 새롭고 창조적인 방법을 찾아야만 했다. "삶은 쉬운 게 아니야"(Vida no es facil), "발명해야만 한다"(hay que inventar) 같은 말은 쿠바인들의 복원력과 적응력, 창조성을 반영하는 상투어가 되었다.

이러한 새로운 환경 속에서 바리오의 일상생활과 문화의 성격은 경제 위기가 가져올 최악의 영향을 누그러뜨렸으며, 생존하고 심지어 번영하도록 돕는 이웃공동체 환경을 만들어 냈다. 이런 맥락 속에서 혁명군은 민중들과 진정한 협력을 꾸준히 발전시켜 나가면서 '휘지만 부러지지 않는' 통치 방법을 채택했다. 민중계급에게 이 재창조된 쿠바의 삶은 두 가지 다른 통화를 사용하는 복잡한 나라에서 어떻게 헤쳐 나갈지를 배우는 것을 의미했다. 관광과 시장 활동을 분리해 보려는 시도는 헛된 일이었고, 오히려 평범한 사람들이 달러와 페소화를 모두 이용해 거래해야 하는 상황을 만들었을 뿐이었다. 관광에 크나큰 영향을 받는 세계에서 달러는 점점 생활수준과 삶의 질 향상을 결정하는 요소가 되었으며, 소비주의 이데올로기는 생활수준과 삶의 질 향상이 의미하는 바가 무엇인지에 대한 해석을 제공했다.

소비와 지출 유형을 조사해 보면, 아바나인들이 일반적으로 자원을 투자하는 방식을 알 수 있다. 조사 대상자들의 약 95%는 자신의 가구가 임금을 페소로 벌고 있다고 응답했다. 곧 페소 시스템은 쿠바인들이 이용할 수 있는 매우 중요한 시스템이라는 말이 된다. 이중경제 체제 아래서, 가장 기본적이고 필수적인 지출(식료품, 주택, 전기, 수도, 교통, 조직 회비)은 비싸지 않은 것 같고 아바나인들은 그런 지출을 모두 페소 시장 안에서 해결할 수 있다. 다른 기본적인 지출(의류, 두발 관리, 세면 용품 등)도 페소 임금으로 해결할 수 있는 것으로 보인다. 가장 중요하고 필수적인 소비 물품들을 높은 보조금이 지급되는 페소 시장 안에 유지함으로써 혁명군은 달러화된 경제의 가장 치명적인 영향으로부터 아바나인들을 보호했다. 정부 보조가 소비에트 시기만큼 충분하지는 않지만 바리오에서 삶을 헤쳐 나가는 데는 적절하다. 정부 보조는 무상교육과 무상의료뿐 아니라 주거비, 전기료, 수도료 같은 비용을 낮춤으로써 구매력을 높인다. 이 때문에 아바나인들은 더 많은 돈을 식료품을 비롯한 꼭 원하는 물품에 지출할 수 있다.

많은 가구들(69%)은 부업으로도 소득을 얻는다고 응답했다. 앞에서 살펴보았듯이 달러를 비롯한 여러 가지 소득 원천을 통해 수입을 늘리는 가구들이 많다. 사람들은 그러한 활동에서 나오는 자유재량 소득으로 좀 색다른 소비 물품들을 구매할 수 있는데, 쿠바인들은 이런 물품들이 생활수준과 삶의 질을 향상시킨다고 생각한다. 이러한 가구들은 '기분이 좋아지는' 식료품을 살 수 있고, 집을 좀 더 편안하고 매력적이게 만드는 소파, 텔레비전, 예술품 따위를 특별히 구입할 수 있다. 또한 이러한 가구의 식구들은 때때로 '멋진' 쿠바 식당에서 외식을 할 수 있고 디스코텍이나 고급 바에 갈 수 있다. 심지어 휴양지에서 휴가를 즐기거나 적어도 맥주 한 잔 정도는 생각날 때마다 마실 수 있다. 달러를 만질 수 있고 자유재량 소득이 있는 가구들은 달러화된 쿠바 경제의 소비주의를 부추기는 원인이 된다. 게다가 아바나인들은 소득이나 직업, 인종을 막론하고 전반적으로 더 이상 생존만을 위해 소비하지 않는다.

이 연구에서 수집한 자료들을 통해 보면, 생계를 꾸리는 데 충분한 자원을 가지고 있지 못한 아바나인은 드물다. 생활은 여전히 힘들고 대부분 부업을 하고 있지만, 그들의 초점은 생존에 있는 것이 아니라 생활수준과 삶의 질을 높이는 데 있다. 그들은 쿠바의 다른 지역은 물론 카리브해나 미국 같은 나라를 구경하는 여행을 꿈꾼다. 다음 끼니를 어디서 구할까 고민하는 것이 아니라 자동차나 핸드폰 또는 컬러텔레비전을 가지는 꿈을 꾼다.

여러 가지를 고려해 볼 때, 피델 카스트로가 애초에 정의한 것과 같은 '특별시기'는 더 이상 존재하지 않는다. 오히려 민중 중심적 사회의 발전에서 새로운 단계에 진입했다. 쿠바는 필요에 기초한 사회에서 욕망에 기초한 사회로 진화했다. 바리오의 일상생활과 문화는 더 이상 단순히 생존과 생계를 꾸리는 데 있지 않다. 이제 쿠바인들은 스스로의 생활수준과 삶의 질을 높이고 싶어 한다. 그렇다고는 해도 쿠바가 '삶은 쉬운 게 아니야 이후'(post-vida no es facil) 시대로 진입했다고 볼 수는 없다. 스파르타식으로 살아가는 수많은 쿠바인들에게 삶은 여전히 힘겹다. 그렇지만 영양실조나 굶주림으로 사망하지는 않으며, 청소부 행세를 하는 노숙자와 어린 길거리 깡패가 도시 풍경의 특징적인 모습은 아니다. 또한 폭력, 범죄, 자포자기, 절망이 이웃공동체 생활의 특성도 아니다.

재창조된 쿠바에서 생존을 위한 필요가 아니라 소비자 욕구가 일상생활과 문화의 배후에 있는 추진력이다. 《쿠바의 길》(The Cuban Way, 1999)에서 하타르–아우스만은 관광과 소비주의가 쿠바 사회에 끼친 영향을 보여 주는 매춘부에 관한 인상 깊은 이야기를 들려준다. 블란퀴타는 젊은 심리학자이다. 그녀는 페소 봉급으로는 자신이 원하는 예쁜 옷이나 아들에게 줄 옷과 식료품을 살 수 없기 때문에 부업을 가지고 있다. 매춘을 통해 그녀는 하루 밤에 쉽게 100달러를 벌 수 있다. 하루는 매춘부로 삶을 즐기는 블란퀴타를 이웃에 사는 의사 호르헤가 책망했다. "블란퀴타, 부업으로 매춘부가 되어 돈 버는 것은 그렇다 치더라도, 그것을 즐기는 것은 다른 문제야. 너는 스스로 부끄러워해야 돼!" 그녀는 되받아쳤다. "나는 결코 매춘을 즐기지 않는다고 말한 적이 없어요. 만약에 내가 그걸 좋아하지 않는다면 당장 그만둘 거예요."

블란퀴타는 외출하여 다른 나라에서 온 사람들과 이야기하고 '통상적인' 생활이 무엇인지 맛보기도 하고 영화에서 본 삶을 사는 것을 좋아했다. 그녀는 자신의 생활이 지겹고 비참하다고 생각했기 때문에 매춘에 발을 들여놓았다. "나는 무언가 재미난 생활을 원해요. 나는 피델이나 체 게바라, 그리고 모든 혁명 영웅들이 지긋지긋해요. 나는 춤추고 맛있는 음식을 먹고 술을 마시고 멋진 호텔에서 섹스하기를 원해요. 그게 뭐가 문제죠? 사람들이 밖에서 하는 일이 다 그런 것 아닌가요? 나는 살아 있다는 걸 느끼고 싶다구요! 당신 자신을 똑똑히 보세요." 블란퀴타는 계속 말을 이었다. "호르헤, 당신은 충성스러운 당원이고 뛰어난 심장 전문의이고 니카라과 사회주의 정부를 수호한 참전용사예요. 그런데 지금 쿠바에서 당신은 뭐죠? 심지어 당신의 그 빌어먹을 러시아제 냉장고를 고칠 돈도 없잖아요." 블란퀴타의 이야기는 틀림없이 많은 쿠바 사람들의 태도를 반영하고 있고 재창조된 쿠바의 일상생활과 문화에 관해 많은 것을 보여 주고 있다. 블란퀴타는 '투사'(luchadora)가 아니다. 그녀의 삶을 추동하는 힘이 생존이나 생계에 관한 것이 아니라 소비주의와 멋진 삶에 대한 물질주의인 것이다.[38]

하지만 쿠바는 모든 사람들에게 그런 기대를 충족시킬 수 있을 만큼 경제적으로 풍부하지 않다. 소비에 기초한 사회는 복잡한 신용 시스템이 작동되어야 한다. 사람들이 자신들의 경제적 능력을 넘어서 살 수 있게 하는 정교한 신용 시스템이 없다면, 미국마저도 높은 소득이 있다 하더라도 소비자 기반 사회의 모델이 되지 못할 것이다. 쿠바는 본질적으로 정부가 소비자 신용을 최소한으로 제한하는 현금 거래 사회이고, 이런 본질은 변할 것 같지 않다. 더욱이 쿠바는 제한된 천연 자원을 가지고 있는 조그만 개발도상국일 뿐이다.

그럼에도 불구하고, 소비 열망과 멋진 삶에 대한 물질주의는 많은 쿠바인들에게 일상생활의 추진력이다. 충족되지 않는 소비 열망은 이제 쿠바에서 구조적 불만의 한 가지 형태를 이룬다. 역설적으로 '구조적 불만'은 '특별시기'에 최악의 상황에 되받아쳤던 혁명군의 바로 그 성공을 반영하고 있다. 이와 동시에 사회주의를 구하기 위해 자본주의를 이용한 그들의 전략은 민중 중심적 사회의 지속적 발전에 대한 도전과 장애물을 만들어 냈다. 쿠바는 지금 소비자에 기초한 사회가 아니고 가까운 장래에도 마찬가지일 것이다. 이것은 구조적 불만에서 끊임없이 뿜어져 나올 불만, 좌절, 분노 등을 혁명군이 성공적으로 관리해야 한다는 것을 의미한다.

그러나 소비 재화와 보다 안락한 생활에 대한 욕구가 반드시 '소비에 미친 사회'(어떤 사람이 누구며 무엇을 하는 사람인지가 무엇을 소유하고 있느냐에 따라 규정되는 사회)를 반드시 만들어 내는 것은 아니다. 또한 구조적 불만이 반드시 정권 교체에 대한 열망으로 이끌리거나 시장경제로의 이행으로 귀결되게 하는 그러한 유형의 불안, 좌절, 분노가 되는 것도 아니다. 적절히 관리된다면 소비주의와 민중 중심적 사회는 공존할 수 있다. 어떤 쿠바 친구는 이렇게 표현했다. "나는 샴페인 사회주의자다. 나는 혁명을 믿지만 그만큼 좋은 물건들을 가지고 싶고 안락하게 살고 싶다." 쿠바인들의 압도적 다수에게 이러한 꿈이 실현될 수 있도록 하는 방법을 찾는 것, 이것이 혁명군 앞에 놓인 도전이다.

밑바닥에서 본 이웃공동체
산이시드로

3장과 4장에서 우리는 혁명군의 사회적 기능 모델이 어떻게 아바나 이웃공동체를 풍부한 사회적 자본을 지닌 안정적이고 고도로 조직화된 공동체로 변모시켰는지에 대해 전반적으로 조망해 보았다. 아바나의 이웃공동체는 주민들의 생계를 돕는 데 매우 중요한 역할을 했다. 이 장에서는 이웃공동체 생활과 문화의 이러한 속성이 어떻게 사회적 위험을 낮추고 동시에 어떻게 그들의 복원력, 사회적 안녕, 그리고 생계 능력을 증가시켰는지 구체적인 사례를 통해 살펴보고자 한다. 우리는 아바나 비에하에 있는 산이시드로(San Isidro) 이웃공동체를 상세하게 조사했다. 그 내용을 살펴보면 아바나 이웃공동체가 어떻게 작동하는지 더 깊이 이해할 수 있을 것이다.

오래된 노동자계급의 이웃공동체

　산이시드로는 아바나의 가장 중요한 관광지이자 유네스코 세계문화유산인 아바나 비에하의 남쪽 끝에 자리 잡고 있다. 약 2,700평방미터 면적에 인구 95,383명으로 구성된 아바나 비에하는 아바나에서 두 번째로 붐비는 구(municipio)이다.[1] 해안을 따라 오늘날의 중앙역 근처에 1763년 건립된 산이시드로는 오래된 노동자계급의 이웃공동체이다. 거기에는 아바나 비에하 구를 구성하는 7개 민중평의회 가운데 하나가 있다. 채소농장과 논밭의 노동자이자 관리인이었던 성 이시드로의 이름을 따서 지은 이 곳은 원래 캄페치 원주민과 해방된 흑인, 그리고 담배 · 항만 · 철도 노동자들의 고향이었다. 그 뒤로도 이들이 계속 거주하여 수수한 노동자계급 이웃공동체로 발전되었다.

　산이시드로는 쿠바 혁명의 전설적 지도자 호세 마르티가 태어난 곳이기 때문에 역사적으로도 중요한 곳이다. 1922년 12월 4일 쿠바 의회 협약 74조에 의해, 파울라 길(Calle Paula)은 마르티의 어머니에게 경의를 표하는 뜻에서 레오노르 페레스 길(Calle Leonor Pérez)로 개명되었다. 그곳은 또한 초기 쿠바 밴드들 가운데 가장 인기 있었던 그룹인 마타모로스 트리오(Trio Matamoros)를 결성한 시로 로드리게스 푸르네아우 (Ciro Rodríguez Furneau)가 태어난 곳이기도 하다. 유명한 아프리카계 쿠바 가수 베니 모레(Beny Moré)는 1945년부터 1947년까지 여기서 밴드를 결성해 활동했다. 또한 18세기 아바나의 가장 중요한 바로크 건축 양식 가운데 하나인 메르세드 성당(La Iglesia de la Merced), 국가문서기록보관소, 그리고 1910년 미국 건축가 케네스 머치슨이 설계한 중앙역 (Estacion Central de Ferrocarri)이 이곳에 있다.

　이러한 중요한 역사적 장소들이 있음에도 불구하고 산이시드로는 아직 중요한 관광지로 여겨지지 않는다. 하지만 관광에서 나오는 수입 가운데 일정 부분이 산이시드로의 재개발에 사용되기 때문에, 이 이웃공동체는 관광 산업으로부터 크게 도움을 얻고 있다. 1994년 '수도의 통합적

산이시드로의 전형적 거리 풍경

발전을 위한 모임'(GDIC)은 낙후된 이웃공동체인 산이시드로를 '이웃공동체의 통합적 전환을 위한 작업장' 설치 지역으로 지정했다. 아바나 비에하 구의회는 인구 과밀, 열악한 주택, 공해 문제를 가지고 있고 사회경제적으로 낙후된 산이시드로를 이웃공동체 쇄신 프로젝트를 위한 시범지구로 선택했다.[2)]

산이시드로는 걸어서 다닐 수 있는 조밀한 이웃공동체로서 22개 주거구역(blocks)으로 구성되어 있으며 전체 넓이는 약 160제곱미터이다. 메르세드 성당이 북쪽, 에지도 길(Calle Egido)이 동쪽, 데삼파라도스 (Desamparados, 아바나 항의 해안을 따라 나 있는 간선도로— 옮긴이)가 남쪽과 서쪽 경계를 이루고 있다. 산이시드로는 건물 정면이 좁은 거리 쪽으로 마주보고 있는 전형적인 18세기풍의 이웃공동체이다. 주택과 거리가 이렇게 바로 연결되어 있기 때문에 거리는 집이 연장된 일종의 거실로 바뀌는 친밀한 환경이 조성되고 사회적 상호작용을 촉진하는 편안한 무대가 된다.

이 거리는 사람들이 어디서나 이야기를 나누고 음악을 즐기고 아이들이 뛰어 노는 생기 있고 역동적인 공간이다. 또 인구가 밀집되어 있기 때문에 거리의 생활이 활발하게 펼쳐진다. 산이시드로에는 약 1,384채의 주택에 주민이 약 11,385명가량이 산다. 대략 환산해 보면 주택당 8명 꼴인데, 이런 인구밀도는 2004년 마리오 코율라에 의해 보고된 말레콘-산이시드로의 가구당 3.6명보다 훨씬 높다. 산이시드로는 젊은 공동체로서 인구의 약 60%가 32세 이하로 구성되어 있으며 이 가운데 약 20%는 18세 이하이다.

이웃공동체의 환경은 매우 열악한 편이었다. 1996년에 주택의 70%가량이 붕괴 직전에 있었으며 여가와 문화 활동을 위한 열린 공간이 부족했다. 산이시드로는 주택 재건을 위해 노력하고 있는 주요한 지역이지만, 부족한 재정 때문에 진행 과정은 느렸다. 따라서 주택 상태가 개선되고 있는 과정이기는 하지만, 2004년 이 지역을 방문해서 확인한 바로는 여전히 상황이 좋지 않았다. 산이시드로는 또한 아바나 비에하에서 대기오염이 가장 심한 곳 가운데 하나이다. 기차역과 항만, 두 간선도로를 끼고 있기 때문에 어쩌면 당연한 일이다.

이웃공동체 발전의 사회적 기능 모델

이웃공동체 발전의 사회적 기능 모델은 중요한 사회적 기구와 조직을 이웃공동체에 수립하는 것뿐 아니라 다음 세 가지 차원의 긍정적 사회관계 발전을 강조한다.

- 주민들 간의 사회적 상호작용.
- 주민들과 이웃공동체에 봉사하는 조직·기구들 사이의 긍정적 상호관계.
- 이웃공동체와 정부 사이의 강력한 상호연계[3]

　기본적인 생각은 이웃공동체의 사회적 기능을 증진하는 것이다.[4] 공동체의 토지 이용과 제도적 설계가 어떻게 사회적 기능을 높이는지 더 깊이 이해하기 위해 산이시드로의 사회적 토지 이용 실태를 조사했다. 편의상 이웃공동체를 일곱 구역으로 나누어 구역별로 조사했다. 구역들은 산이시드로의 북쪽 경계 메르세드에서부터 남쪽의 데삼파라도스까지 이어진 '간선도로'를 기준으로 나누었다. 다양한 사회 조직과 기구들의 위치, 그리고 토지 이용 실태를 확인하고 지리적으로 어떻게 분포되어 있는지 조사하기 위해 구역 지도를 이용했다.

　토지 이용 실태 조사를 통해 우리는 사회적 기능을 하는 여러 기구와 장소가 이웃공동체 곳곳에 흩어져 있다는 사실을 알 수 있었다. 이러한 기구와 조직들에는 사회적 서비스 조직, 가정의·간호사 진료실, 초등학교, 유치원, 시장, 간이식당, 문화센터, 공원, 운동장, 이웃공동체 채소밭, 여가 시설, 공중전화기 등이 포함된다. 전화기는 도시 내 소통에 중요한 역할을 담당하기 때문에 이웃공동체의 사회적 기능 가운데 한 부분으로 포함된다. 일반적으로 집 전화기는 여전히 사치품이기 때문에 산이시드로처럼 낙후된 이웃공동체 주민들이 서로 연락하고 이웃공동체 외부의 서비스 기관들과 소통하기 위해서는 공중전화가 필요하다.

　사회적 토지 이용 조사를 통해 우리는 수많은 사회 조직과 기구, 장소들이 이웃공동체 곳곳에 전략적으로 자리 잡고 있다는 사실을 알 수 있었다. 배급소나 가정의·간호사 진료실 같은 기구나 조직은 주로 가장 가까이 있는 가구들에게 서비스를 제공하고, 헤수스 세르지오 몬타네 오로페사(Jesus Sergio Montane Oropesa) 체육관 같은 곳은 지역공동체 전체에 서비스를 제공한다. 그런가 하면 국가문서기록보관소나 어업국(Office of Fishermen Affairs)과 같은 곳은 주로 아바나 시 전역에 서비스를 제공한다. 이러한 조직적 배치는 산이시드로가 가족과 가구들을 위한 지원 서비스와 함께, 노인과 어린이, 청년을 위한 이웃공동체 서비스를 가지고 있다는 것을 보여 주었다. 가정의 · 간호사 팀, 초등학교, 식료품 분배 시스템, 여가 시설 등이 이웃공동체 사회 구조를 떠받치고 있었다.

가정의 · 간호사 팀

우리는 조사를 통해 가정의 · 간호사 진료실 네 곳이 접근이 편리하도록 이웃공동체 내 가장 인구가 많은 구역들에 자리 잡고 있는 것을 확인했다. '지역 단위 인간 발전을 위한 프로그램'(Program for Human Development at the Local Level)에 따르면 2000년 산이시드로에는 17개 의료팀이 있었다. 가정의 · 간호사 프로그램이 시작된 1980년대, 정부는 이 팀들이 일하고 있는 이웃공동체에 진료실을 지었다. 건물은 1층은 진료소, 2층과 3층은 의사와 간호사의 주거 공간으로 구성되었다(오른쪽 사진 참조). 목표는 가정의 · 간호사 팀을 그들이 일하는 이웃공동체 속에 뿌리박게 하는 것이었다. 정부는 이웃공동체에서 운영되는 팀의 수를 늘리고자 할 때에는 경제위기 때문에 대체로 새 건물을 짓지 않고 기존의 가정의 · 간호사 진료실을 둘 이상의 가정의 · 간호사 팀이 함께 쓰는 시설로 바꾸었다.[5] 이 조치로 가정의 · 간호사 진료실은 최소한 의사

가정의·간호사 진료실(피코타 길 212번지)

두 명과 간호사 두 명이 근무하는 '소형 1차 진료소'로 전환된 경우가 많았다. 일반적으로 진료실을 함께 쓰게 된 신참 의사들은 진료실 위층에 거주하는 의사들보다 경험이 적었다. 그들은 갓 졸업했거나 레지던트 과정을 마친 상황이었고 아직 전공 분야를 배우는 중이었다.

가정의·간호사 진료실의 분포 유형을 보면 이웃공동체 주민들이 편하게 드나들 수 있는 위치에 있다는 것을 알 수 있다. 더욱이 17개 가정의·간호사 팀을 인구당 가정의·간호사 비율로 환산해 보면 한 팀이 산 이시드로 주민 약 680명을 맡고 있는 셈이다. 1984년 가정의·간호사 프로그램이 시작된 이래 한 팀은 120~150가족 또는 약 600~700명을 돌보았다. 주민들은 가정의들을 높이 평가하고 이웃공동체의 매우 중요한 구성원으로 여긴다. 이 의료 팀은 또한 초등학교에 진료를 제공하고, '노인의 집'(casa de abuelos)을 방문하고, 레오노르 페레스 문화센터 (Leonor Pérez Cultural Center)에서 건강 상담을 해 준다. 의사와 간호사들은 이웃공동체와 떼려야 뗄 수 없는 일부분이고 주민들은 회의 모임이나 시장 같은 이웃공동체에서 그들을 일상적으로 만난다.

초등학교

유네스코가 라틴아메리카 13개국의 3·4학년 학생들을 대상으로 수학과 언어 평가를 실시했을 때, 연구자들은 깜짝 놀랐다. 쿠바의 최하위 소득 계층이 다니는 학교 아이들이 다른 나라의 상·중 계층 학생들보다 성적이 더 높게 나타났다. 이 평가 자료는 쿠바의 초등학교가 틀림없이 라틴아메리카에서 수준이 가장 높고 미국의 낙후된 지역에 있는 학교들보다 나을 것이라는 수년간 떠돌던 이야기를 확인해 주었다. 교육학자 마틴 카노이와 제프리 마셜은 교육적인 이웃공동체 환경과 높은 학업 성취에 관심을 쏟는 사회적 환경이, 쿠바 학교에 다니는 아이들이 탁월한 이유를 설명해 준다고 주장한다. 산이시드로의 초등학교들은 카노이와 마셜의 주장을 확증해 준다. 가정의·간호사 진료실처럼 학교는 이웃공동체 여기저기 편리한 곳에 있다. 때문에 아이들은 대부분 학교를 걸어

걸어서 등교하는 세르지오 루이스 페리오 초등학교 학생들

서 다닐 수 있고 학부모들이 교사나 교장과 만나기가 쉽다.

쿠바 학부모들 대부분 교육을 중요하게 여기고 자녀들의 학교 교육에 관여한다. 혁명수호위원회 의장이기도 한 글라디스 알세레스에게는 세르지오 루이스 페리올(Sergio Luis Ferriol) 초등학교에 다니는 자녀가 한 명 있다. 그녀는 정기적으로 교사와 상담하고 아이의 숙제를 도와주며 다른 학부모들과 함께 학교 환경을 개선하기 위해 힘쓴다. 알세레스와 다른 학부모들은 자녀들이 다니는 학교를 힘껏 지원하고 교사들의 헌신성도 믿고 있지만, 새로 부임한 젊은 교사들의 자질에 대해 염려한다. 산이시드로 학부모들 가운데는 새로 부임한 여러 교사들이 너무 젊고 훈련이 잘 안되어 있어서 아이들 교육의 질이 떨어진다고 생각하는 사람도 있다.

정부는 최근에 교사들이 대거 이탈함에 따라 쿠바의 공교육 시스템이 위협받고 있다는 점을 인정했다. 교육부 장관 루이스 이그나시오 고메스(Luis Ignacio Gomez)는 교사들의 이탈이 임금이 적고 일에 비해 사회적 인식이 낮다는 불만 때문이라고 생각한다. 하지만 문제는 이보다 더 복잡하다. 아마도 관광 산업에 의해 직업의 서열이 뒤바뀌고 생활수준에 격차가 나타난 것이 영향을 주었을 것이다. 공공 부문의 노동자들은 관광 산업이나 암시장 같은 비공식 부문 또는 자영업에 종사하고 있는 사람들보다 일반적으로 적은 임금을 받는다. 또한 이러한 산업에 종사하고 있는 노동자들은 종종 미국 달러를 수입으로 벌어들일 수 있다.[6] 더욱이 관광 산업에 종사하는 노동자들은 관광객들과 친분을 맺을 수 있고, 그 덕에 달러, 송금, 기타 자원에 접근할 수 있다. 이런 상황을 고려해 보면 경험 있는 많은 교사들이 소득이 더 높은 관광 산업에서 일자리를 찾기 위해 초등학교 교사직을 떠나는 것은 놀라운 일이 아니다.

이러한 경험 많은 교사들의 이탈에 대응하고 교사/학생 비율을 늘리기 위해 정부는 2002년 '긴급 교사 프로그램'(Emergency Teacher Program)을 추진했다. 정부는 이 프로그램을 통해 학생들에게 교육학을 훈련시킨 다음 초등학교와 중등학교로 보낸다. 정부는 '긴급' 교사들에게 봉급을 지급하지만 정규 교사양성 프로그램을 이수한 교사들의 임금보다는 적다. 이런 프로그램으로 더 많은 교사들이 임용되었다. 예컨대, 2001년부터 2003년까지 쿠바의 초등학교 교사 수는 79,341명에서 92,991명으로 17% 증가했다. 그럼에도 불구하고 이 새로운 교사들은 대부분 경험이 없기 때문에 전체적으로 수업의 질이 떨어졌다고 말하는 사람도 있다.

교사들의 역량이 떨어지기는 했지만 산이시드로에 새로 임용된 교사들의 미숙함은 이웃공동체 기구들의 활동과 주민들의 관여로 어느 정도

젤로 정원을 찾은 학생들

상쇄되었다. 예컨대, 1999년 3월 문을 연 레오노르 페레스 문화센터는
초등학생들을 위한 다양한 방과 후 프로그램과 여름방학 프로그램을 가
지고 있다. 이 센터는 아이들에 대한 부모들의 관심이 동기가 되어 추진
된 이웃공동체 참여 과정의 산물이다. 일하는 부모들은 아이들에게 질
높은 교육 체험을 제공하는 방과 후 프로그램과 방학 기간에 아이들을
조직적인 활동에 참여시키는 여름 프로그램을 원했다. 이와 동시에 한
역사학자는 자신들이 사는 이웃공동체의 과거에 관해 주민들이 배울 수
있는 산이시드로 역사센터를 만들고 싶었다. 이 두 생각이 결합되어 레
오노르 페레스 문화센터가 설립된 것이었다.

이 센터의 목적은 모든 연령대의 주민들에게 문화와 교육을 제공하는
것이다. 이웃공동체의 초등학교 네 곳과 함께 운영되며, 학생들의 학습
적 경험이 강화될 수 있도록 하기 위해 학교의 교과과정과 연계하여 방

과 후 활동을 편성한다. 이 센터는 학생들에게 책임감을 가지게 하고 타인을 존중하는 방법도 가르친다. 이 센터는 성인들도 이용할 수 있으며, 나라와 지역의 역사에 관한 책을 소장한 조그만 도서관을 갖추고 도서 대출을 하고 있다. 더 나아가 콘서트도 연다. 콘서트는 음악과 춤을, 가정의가 주관하는 건강이나 환경 문제 또는 다른 이웃공동체 문제에 관한 토론과 결합하는 방식으로 진행된다.

젤로 정원(Gelo's Garden)은 이웃공동체 주민들이 학교 교육과정에 관여하는 방식을 보여 주는 또 다른 사례이다. 세르지오 루이스 페리올 초등학교 근처에 사는 젤로는 1962년에 산이시드로로 이사 온 은퇴한 농부이다. 1990년대에 젤로의 집 뒤에 있는 공터는 잡동사니를 버리는 쓰레기장으로 변해 이웃공동체 주민들의 건강에 위험 요소가 되었다. 1994년 산이시드로 민중평의회의 한 위원이 젤로에게 공터를 이웃공동체 정원으로 바꿔 보지 않겠느냐고 제안했다. 젤로는 동의했고 이 계획은 대단한 성공을 거두었다. 정원을 가꾸게 됨으로써 건강을 위협하는 요소가 사라졌을 뿐 아니라, 이제 모든 이웃공동체 주민들이 과일과 채소, 약초를 기를 수 있게 된 것이다.

나중에 젤로는 정원 가꾸는 과정을 세르지오 루이스 페리올 학생들의 교육과 연계해야 하겠다고 결정했다. 젤로는 혁명수호위원회, 민중평의회, 농업부와 협력하여 아이들과 어른들을 위한 현장 학습을 개발했다. 매일 오후 2시부터 4시까지 젤로는 학생들에게 식물 재배법과 약초의 의학적 효능에 대해 가르쳤다. 그는 또한 학생들에게 협동 작업과 책임감의 중요성에 대해서도 가르쳤다.

식료품 보장 시스템

지역공동체 식료품 보장은 이웃공동체 발전의 사회적 기능 모델에서 꼭 필요한 요소로서, 평등과 사회정의에 기초한 식료품 체계를 통해 주민들이 안전하고 영양이 고른 음식을 확보할 할 수 있도록 보증한다. 이것은 사람들이 굶주리거나 기아의 공포에 시달리지 않아야 한다는 혁명의 신념에 바탕을 두고 있다. 미국이나 라틴아메리카 대부분의 나라들과 달리 쿠바는 식료품 보장 시스템을 이웃공동체 발전 과정 속에 뿌리내리게 했다.

'특별시기'는 쿠바의 이웃공동체 식료품 보장 시스템에 큰 도전이 되었다. 가혹한 경제 위기로 사람들 사이에 절망과 사회불안이 확대되자 혁명군은 농업 생산과 식료품 분배 문제를 해결하기 위해 내키지 않지만 시장 원리를 도입할 수밖에 없었다.[7] 1991년 제4차 당 대회에서, 민중계급은 카스트로에게 1986년에 폐지한 '농민 자유시장'(mercados libres campesinos)으로 복귀할 것을 요구했다. 1994년 여름 광범위한 사회적 불만은 '농산물 시장' 제안에 대한 정부의 저항을 분쇄했다. 민중계급의 불만과 분노가 격렬해지자 정권은 정신 차리고 '농산물 시장'에 관한 정부 정책을 바꾸지 않을 수 없었다.

1994년 9월 17일 《그란마》(Granma, 쿠바공산당 기관지 — 옮긴이)에 실린 인터뷰에서 라울 카스트로는 '농산물 시장' 개장을 공표했다. 이런 정책 전환을 두고 그는 이렇게 설명했다. "오늘날 쿠바의 주요한 정치적·군사적·이데올로기적 문제는 식량 자급이다. …… 상황을 개선하기 위해 조만간 농민 시장을 열 것이다." 1994년 10월 1일 정부는 시장 원리에 따라 작동하는 농산물 시장의 설립을 허용했고, 잇따라 쿠바 전역에

에지도 길의 농산물 시장

걸쳐 130여 곳의 농산물 시장이 개장했다.

생산자들은 이제 국가 조달 시스템(acopio)에 따른 월 할당량을 채우고 난 뒤 잉여 생산물을 팔 수 있게 되었다. 과거의 '농민 자유시장'과 달리 '농산물 시장'은 농민들의 생산물을 팔아 줄 중개상을 고용할 수 있었다. 새로운 시장에서는 수요와 공급에 따라 가격이 결정되었으며, 정부는 그 운영을 규제하고 세금을 매겼다. 비록 '농산물 시장'은 가격이 높아 민중계급의 생계를 어렵게 했음에도 불구하고 그들은 열광적으로 환영했다. 산이시드로에서는 에지도 길에 위치한 커다란 '농산물 시장'이 지역공동체에 서비스를 제공하고 있다. 이 농산물 시장은 과일, 야채, 쌀, 콩, 고기 등 다양한 품목을 취급한다. 이 시장이 커지자 에지도 길에서 그리 멀지 않은 피코타 길(Calle Picota)에 지점도 만들었다.

농산물 시장과 더불어 '국영 농축산물 시장'(mercado agropecuario

estatal) 또한 산이시드로 이웃공동체에 있다. 국영 시장의 생산물들이 자유 농산물 시장에서 파는 것들보다 싸긴 하지만, 주민들은 자유 농산물 시장의 농산물이 더 많고 품질도 우수하다고 생각하기 때문에 국영 시장보다 선호한다. 농산물 시장 말고도 '달러' 상점 두 곳이 에지도 길에 있다. 이 '달러' 상점은 대개 통조림이나 생활 용품들을 판다. '달러' 상점은 농산물 시장과는 달리 대중들의 요구에 따라 생겨난 것이 아니다. 오히려 정부가 달러를 합법화하고 해외로부터 오는 가족 송금을 허용했을 때 달러를 확보할 수 있는 장치가 필요했기 때문에 '달러' 상점을 설립했다. 여기서는 쿠바 국가 화폐인 페소를 받지 않는다. '달러' 상점들은 비싸기는 하지만 다른 곳에서는 구할 수 없는 상품들을 취급한다.

배급 체계는 쿠바의 식료품 보장 시스템의 버팀목이다. 1962년 3월 12일 법률 1015호에 의해 식료품 배급이 시행되어, '상업부'(Ministry of Internal Trade)는 모든 가구들에게 리브레타(배급표)를 나누어 주었다. 한 가구는 한 명 또는 그 이상의 개인들로 구성될 수 있었으며, 한 주택에 두 가구 이상이 거주할 수도 있었다. 주민들은 정부 보조 덕택에 리브레타를 가지고 매우 저렴한 가격으로 다양한 물건들을 구입할 수 있는데, 그 가격은 시장에 기초한 농산물 시장이나 '달러' 상점에서 취급하는 품목들의 가격에 비하면 푼돈에 지나지 않는다.[8] 혁명군은 모든 쿠바인들이 사회 · 경제적 지위에 관계없이 최소한의 영양가 있는 음식을 섭취할 수 있도록 이 시스템을 구축했다. 모든 가구들은 가구의 사람 수에 따라 일정 양의 배급품을 구매할 수 있다.

'보데가'(Bodegas, 배급소)는 산이시드로를 비롯한 여러 이웃공동체에서 배급품들을 파는 주요 소매점이다. 몇몇 바리오에는 또한 과일과 채

배급품을 보급하는 소매점 보데가

소를 파는 플라시타(placitas) 또는 푸에스토(puestos)라고 불리는 길가 상점들이 있다. 산이시드로 이웃공동체 전역에 약 11개의 보데가가 분포되어 있었다. 모든 구역에 보데가가 있는 셈이다. 각 보데가는 정해진 영역이 있기 때문에, 주민들은 반드시 자기 구역의 보데가에서 배급품을 사야 한다. 주민들은 '소비자등록사무소'(Office of the Register of Consumers)에서 주소 변경을 승인받기 전에는 다른 지역에 있는 보데가에서 물품을 구매할 수 없다.

보데가에서 파는 배급품들은 계속 바뀐다. 어떤 과일이나 채소의 생산량이 늘면 정부는 그 품목을 배급 시스템에서 제외함으로써 자유롭게 판매되도록 한다. 생산량이 줄어들면 그 품목은 다시 배급표로 되돌아온다. 달걀은 아마도 리브레타에 가장 자주 올랐다가 제외되는 품목일 것이다. 그런데 보데가에는 만성적인 공급 부족이 나타나고 있어서 주민들이 그곳에서 구입할 수 있는 식료품만으로는 생활을 유지할 수 없다. '특별시기' 동안 정부는 리브레타로 구매할 수 있는 식료품과 기타 물품들의 양을 줄였다. 오늘날 리브레타로 가족들에게 공급하는 식료품은 약 2주치에 해당하는 양에 불과하다. 따라서 주민들은 시장에서 구매하는 물품들로 보충해야 한다.

산이시드로의 식료품 보장 시스템에는 이웃공동체 식당들도 포함된다. 여기에는 카페테리아 다섯 곳과 공식 식당, 그리고 개인 집에 따로 유리문을 내 음식을 파는 점포들이 있다. 벨렌 식당(Comedor Belén)에서 주민들은 할인된 가격으로 아침과 점심을 먹을 수 있다. 이 서비스는 특정한 필수 음식을 섭취해야 하는 노인들에게 특히 중요하다. 더욱이 쿠바 길(Calle Cuba)에 있는 메르세드 성당은 이웃공동체 주민들을 위해 아침과 점심을 제공한다. 많은 주민들은 직장에서 보조하는 점심을 먹을 수 있고, 초등학교 학생들은 학교에서 무상 급식을 제공받는다.

문화와 여가 활동

쿠바 정부는 어린이와 청년들이 건강하게 성장하려면 문화와 여가 활동 및 신체적 활동이 무엇보다 중요하다고 생각한다. 이 가치는 '민중권력 의회'(National Assembly of People's Power)가 1978년 6월 28~30일에 채택한 '어린이와 청소년에 관한 법률'(Code on Children and Youth)의 토대가 되었다. 예컨대, 법률 제7장 88조는 이렇게 명시하고 있다.

신체적 문화와 스포츠는 청소년들의 생활에 필수적인 부분으로서, 건강하고 튼튼한 어린이와 청소년을 길러 그들이 교육적 · 직업적 · 군사적 의무를 효과적으로 이행하는 데 기여한다. 또한 어린이와 청소년에게 끈기와 투지, 우애, 협동심, 규율 의식을 함양할 수 있다. 어린이와 청소년은 교육 프로그램에 포함된 체육 교육에 참여해야 할 의무가 있으며 스포츠 활동을 해야 한다.

혁명군은 주민들이 문화와 스포츠, 여가 활동을 하기에 적합한 시설을 이웃공동체 발전 전략 안에 통합시켰다. 이러한 배경에서 산이시드로 주민들은 이웃공동체에 문화와 여가 시설을 발전시키고 지원하기 위해 '산이시드로 작업장'(Taller San Isidro), 민중평의회, 혁명수호위원회 등과 협력했다.

다양한 문화 기구들이 공동체 전역에 산재해 있는데, 대표적인 것이 메르세드 성당, 호세 마르티 생가(여기에는 학교와 도서관도 있다) 그리고 레오노르 페레스 문화 센터이다. 이웃공동체는 또한 공터를 젊은이들이 공연할 수 있는 콘서트 공간으로 바꾸었다. 한편 주민들은 산이시드로 작업장과 협력하여 국가문서기록보관소의 바깥뜰을 개발하는 계획을 세웠다. 이 계획은 이 기관과 이웃공동체 사이에 더 끈끈한 연계를 만들어 낼 수 있을 것이다.

주민들을 위한 여가 활동 공간을 만드는 일은 이웃공동체의 최우선 고려 사항이었다. 이 이웃공동체는 쿠바 길과 데삼파라도스가 교차하는 곳 근처에 여가 활동 시설 단지를 조성했다. 여기에는 라파엘 트레호 복싱 경기장(Rafael Trejo Boxing Gym), 헤수스 세르지오 몬타네 오로페사 지역공동체 체육관, 체육관 길 건너편에 위치한 댄스 스튜디오 같은 시설이 있다. 이 시설들은 산이시드로의 모든 주민들이 이용하고 있다. 또한 '노인의 집'이 에지도 길에 세워져 나이든 사람들에게 다양한 여가 활동을 제공하고 있다.

산이시드로의 여가 활동 시설 건설은 이웃공동체가 추진했는데, 헤수스 세르지오 몬타네 오로페사 체육관의 발전을 간단히 살펴보면 그러한 과정을 잘 알 수 있다. 이 체육관은 이웃공동체의 청소년들이 표출한 관심이 계기가 되어 만들어졌다. 이 이웃공동체의 남쪽에 있는 공터는 청소년들이 뛰놀던 가장 인기 있는 장소 가운데 하나였다. 청소년들은 여기서 농구와 축구, 야구를 하고 그 밖에 여러 활동을 즐겼다. 그런데 그곳에 서 있는 케이폭 나무 한 그루가 문제를 일으켰다. 산테리아 신자들에게 케이폭 나무는 영혼이 깃들어 있는 신성한 나무로 여겨진다. 그 신앙적 중요성 때문에 노인들은 공터를 조용한 공원으로 바꾸는 것이 그곳을 더 적합한 장소로 사용하는 것이라 생각해서 그러기로 결정했다.[9] 젊은이들은 그런 결정이 부당하며 노인들이 자신들의 놀이 장소를 빼앗았다고 불평했다.

이런 문제가 발생하자 산이시드로 작업장은 민중평의회와 혁명수호위원회, 어린이 조직들과 협력하여 새로운 여가 활동 장소를 물색했다. 그들은 쿠바 길의 남동쪽 구석에 버려진 창고가 있던 장소를 이웃공동체 여가센터로 개발하기로 했다. 주민들은 이탈리아 투스카니 지역의 비아레조(Viareggio)에 있는 비정부기구의 도움을 받아 창고를 최신식 체육관으로 개조할 수 있었다.[10] 체육관은 3년 동안 개조 작업을 거쳐 1999년에 개장했다. 주민들은 이제 이 체육관에서 체육 활동, 무술, 에어로빅, 농구, 축구, 역도 등 다양한 활동을 즐긴다. 체육관의 관리자는 이 시설이 이웃공동체 청년들에게 아주 좋은 영향을 주었다고 말한다.

이동과 교통

다른 유사한 이웃공동체의 경우와 마찬가지로, 산이시드로의 일상생활과 문화를 깊이 이해하기 위해서는 주민들이 지역공동체 안에서 어떻게 이동하고 또 광역도시 지역을 어떻게 다니는지 살펴볼 필요가 있다. 경제적 재난은 쿠바의 도시 교통에 심각한 위기를 낳았다. 쿠바인들은 교통 시스템이 마비된 무질서한 도시를 융통성과 복원력, 연대성을 발휘하여 이동해야 하는 도전에 대처했다.

아바나는 라틴아메리카 대부분의 도시처럼 소련이 붕괴할 무렵까지 도시 교통을 버스에 의존해 왔다. 연료와 부품 부족으로 버스 운행이 급격히 감소하고 자동차 이용이 크게 줄었는데, 특히 '특별시기' 초기에 심각했다. 버스나 승용차를 이용한 이동이 감소하자 걸어 다니는 사람들이 크게 늘어났다. 예컨대, 2002년 걸어서 다니는 이동 거리는 평균 5킬로미터 남짓이었고 이러한 이동은 대개 40분 넘게 걸렸다.[11]

사람들은 이웃공동체 내부와 인접한 이웃공동체 사이를 다니는 데 주로 걸어 다녔다. 예컨대, 바리오 가구들을 조사하면서 얻은 자료에 따르면, 응답자의 약 62%가 가장 기본적인 이동 방식으로 도보를 꼽았다. 그러나 도보로 이동하는 데는 시간이 많이 걸리기 때문에, 자전거가 '특별시기' 동안의 또 다른 교통수단으로 등장했다. 쿠바는 하루아침에 '자전거의 나라'가 되었다. 1990년대 중반 아바나에만 약 70만 대의 자전거가 있었는데 대부분은 중국에서 들여온 것이었다.

아바나인들은 자전거를 이웃공동체를 다니는 데 사용했을 뿐 아니라 통근 수단으로도 사용했다. '특별시기' 초기에 버스 운송은 혼잡하고 운행시간이 변덕스러운 데다가 시간을 예측할 수 없는 경우가 많았다. 통

근하는 데 심각한 문제가 일어났고 그래서 자전거를 타고 출근하는 노동
자들이 많아졌다. 그때는 자전거가 비록 시간은 더 많이 걸리지만 버스
보다 더 예측 가능한 운송 수단이었다. 예컨대, 엔리케 리오스는 고용주
가 회사 자전거를 출근할 때 쓰라고 빌려주었다고 한다. 때문에 비록 출
근 시간이 한 시간 넘게 걸렸지만 제 시간에 맞춰 도착할 수 있었다. 그
러던 어느 날 누군가 자전거를 훔쳐 가는 바람에 버스를 타야 했고 버스
는 불규칙적으로 운행했기 때문에 종종 지각을 했다.[12] 결국 리오스는 다
니던 직장을 그만두고 집 근처에 있는 직장을 구하기로 결정했다.

자전거 이용은 1994년 무렵 절정을 이루다가 그 뒤로는 계속 감소했
다. 자전거 이용이 줄어든 주된 이유는 버스 운송이 개선되고 오토바이
를 비롯하여 동력기를 단 갖가지 형태의 차량들이 늘어났기 때문이다.
2000년에 버스는 아바나인들의 가장 중요한 교통수단으로 자리를 되찾
았다. 응답자의 68%는 걸어가는 것이 불가능할 때 버스가 가장 중요한
운송수단이라고 대답했다. 버스 정류장은 산이시드로 주민들이 이용하
기 편한 위치에 있다. 주민들은 데삼파라도스 모퉁이나 중앙역 또는 카
피톨리오 구역에서 버스를 잡아 탈 수 있다. 자전거도 여전히 인기 있지
만, 1990년대 중반에 등장한 '자전거 택시'는 산이시드로와 다른 지역들
에서 이웃공동체 간 교통수단으로 가장 인기가 높다.

자전거와 자전거 택시는 도보와 함께 이웃공동체를 이어 주는 주요 교
통수단이다. 더 먼 거리를 이동하기 위해서는 버스나 자동차 택시를 탄
다. 자동차를 소유하고 있는 사람도 드물게 있긴 하지만 연료비뿐 아니
라 예비 부품, 윤활유, 타이어 같은 기본적인 공급 물품의 부족으로 차량
유지에 많은 어려움을 겪고 있다. 그래서 합법적이든 비합법적이든 자신
의 자동차를 택시로 활용하는 경우가 많은데, 이 차량들은 도시 내 이동

에서 중요한 역할을 맡고 있다. 히치하이킹 역시 아바나에서 널리 이용되는 이동 방식이다. 이런 관행은 정부가 장려하고 있다. 정부 차량들은 빈 자리가 있으면 멈춰서 사람들을 태우는 것이 의무이다. 한 마디로 쿠바인들은 적은 비용으로 어느 지역으로든 이동할 수 있다.

마지막으로 산이시드로와 다른 지역들에서 교통 위기를 해결하는 과정은 한편으로 이웃공동체의 토지 이용과 경제 발전의 재조정이 시작되는 과정이기도 했다. 정부는 몇몇 공터를 차고로 전환할 수 있도록 허용하여 자동차와 오토바이, 자전거 택시 같은 탈 것들을 밤새 주차할 수 있게 되었다. 그리고 몇몇 자동차 정비소와 자전거 수리점도 등장했다.

시민과 정부의 의사소통

사회적 자본의 풍부한 보물창고가 산이시드로 이웃공동체에 안착하고 있다. 거리를 걷다 보면 혁명수호위원회 구역분회 표지를 어디에서나 볼 수 있다. 이러한 표지는 이 이웃공동체에 뿌리내린 공식·비공식 사회적 조직들이 복잡한 미로처럼 얽혀 있다는 점을 끊임없이 상기시킨다. 안정성과 연대성, 참여성, 호혜성은 사람들 사이를 잇고 주민들을 이웃공동체 서비스 기구들과 연결하며 이웃공동체를 정부에 참여시키는 사회적 힘이다. 쿠바에서 집합적인 사회적 자본은 정부와 따로 떨어져 있지 않다. 혁명군은 자립과 이웃공동체 참여를 북돋우는 통치 모델을 채택했다. 예컨대, 혁명수호위원회, 쿠바여성동맹, 이웃공동체위원회 같은 조직들과, 산테리아 같은 종교 조직들에 참여하는 수준이 높기 때문에, 주민들이 서로 결속되고 호혜성의 원리와 상호 원조가 쉽고 빠르게 이루어지는 구조가 만들어진다.

정부는 가장 취약한 곳을 중심으로 이웃공동체를 더 강화하기 위해 '바리오의 통합적 전환을 위한 작업장' 시스템을 발전시켰다. 작업장은 취약한 이웃공동체에 다양한 분야의 상임 전문가들을 보내 참여하는 방식으로 공동체 발전 과정을 계획하고 지도한다. 취약한 이웃공동체에서 그런 제도의 중요성은 아무리 높이 평가해도 지나치지 않다. 레오노르 페레스 문화센터, 헤수스 세르지오 몬타네 오로페사 체육관, 수많은 소규모 공원들, 그 밖의 이웃공동체 기구들을 설립하는 데 산이시드로 작업장이 주도한 역할을 통해 그 가치는 빛을 발했다.

이웃공동체 발전의 사회적 기능 모델은 사회 조직들과 기구들이 이웃공동체 문제들을 해결하기 위해 서로 협력해 일할 것을 요구한다. 이는 가정의와 간호사가 진료실에 찾아오는 환자들과 협력할 뿐 아니라, 초등학교, 노인의 집, 문화 기구들과도 함께 협력해야 한다는 것을 의미한다. 의사와 간호사는 이웃공동체 조직들과 기구들 속에서 상호작용하며, 거리나 시장 같은 곳에서 주민들과 좀 더 사적으로 교류한다. 다른 전문가들의 경우도 마찬가지이다. 산이시드로에서 일하는 의사와 간호사, 교사 대부분이 그곳에 살고 있기 때문에 밀도 높은 상호작용이 일어난다.

학교 또한 학부모들에게 환영받고 주민들과 교육적 프로젝트에 기꺼이 협력하는 흡인력이 좋은 기관이다. 앞에서 예로 든 젤로가 세르지오 루이스 페리올 초등학교와 함께한 경험이 전형적인 사례이다. 젤로의 정원은 또한 산이시드로의 이웃공동체 활동이 조직적 경계를 넘는 공동의 노력 덕분에 어떻게 시너지 효과를 만들어 내는지를 보여 주는 사례이다. 젤로 정원을 만들고 발전시키는 데에는 어린이들의 열정적인 참여와 더불어 학교, 혁명수호위원회, 민중평의회, 그리고 농업부까지 관여했다.

산이시드로의 사례는 또 이웃공동체 주민들이 자신들의 요구와 관심을 적극적으로 표현하는 데 머뭇거림이 없다는 점을 보여 준다. 예컨대, 학부모들의 관심 때문에 레오노르 페레스 문화센터가 건립되고 방과 후 프로그램이 개발되었다. 학부모들은 또한 '긴급 교사 프로그램'에 비판적이었다. 그것은 쉬운 해결책이 없는 복잡한 문제이긴 하지만, 이웃공동체의 비판에 따라 최근에는 정부가 문제점들을 인정하게 되었다. 또한 민중계급의 대중적인 불만이 커지자 혁명군은 내키지 않음에도 불구하고 어쩔 수 없이 농산물 시장을 세울 수밖에 없었다. 여가 활동 공간이 없어지는 것에 대한 청년들의 관심은 헤수스 세르지오 몬타네 오로페사 체육관 설립을 이끌었다. 통치 모델은 이웃공동체 주민들과 정부 사이에 중요한 의사소통 채널을 창출했다. 그러한 상호작용은 정부가 항상 주민들의 관심사에 대해 알고 있다는 것을 의미한다. 쌍방향 의사소통 채널 덕분에 정부는 1990년대 출현한 도시농업 운동과 같은 자생적이고 독창적인 다양한 움직임을 지원할 수 있었다.

이웃공동체의 사회적 기능을 증진하고 북돋아 주는 서비스 조직과 기구들을 배치하는 것은 쿠바 이웃공동체 발전 모델의 특징이다. 식료품 배급소는 양질의 식료품을 쉽게 이용할 수 있도록 해 주며, 가정의 · 간호사 진료실의 전략적 배치는 의료 서비스 제공을 수월하게 한다. 마찬가지로 안전하고 교육적인 환경에 초등학교를 배치함으로써 학생들의 학업 성취를 향상시킨다. 그런가 하면 산이시드로와 같은 이웃공동체에 수많은 젊은 사회사업가들을 배치함으로써 청소년들의 불안 같은 지역사회의 문제들에 훨씬 효과적으로 대처할 수 있게 된다.

소련의 붕괴가 낳은 복합적인 사회경제적 문제를 이웃공동체는 그 해결의 틀로 이용했으며, 지역공동체 건설을 위한 합리적인 방법이 개발되었다. 더욱이 혁명군은 주민들을 문제 해결 과정에 참여시킴으로써 희망을 되살릴 수 있었을 뿐 아니라 혁명의 정당성을 지킬 수 있었다. 이웃공동체 발전의 사회적 기능 접근방법은 사회적 기구들의 촘촘한 연결망과 연대성·호혜성이라는 가치와 더불어, 어떻게 쿠바인들이 위기의 시기에 생계를 이어가고 생존할 수 있었는지 그리고 어떻게 스스로를 지탱해 나가고 있는지 설명해 준다.

쿠바는 이제 어디로 가는가

소련과 동유럽 공산 블록의 갑작스런 붕괴는 쿠바 경제에 파멸적인 충격을 주었다. 예기치 못했던 무역 파트너의 상실로 사회경제적 침체가 빠르게 진행되었다. 이로 인해 쿠바는 나쁘거나, 매우 나쁘거나 아니면 파국을 맞을 수밖에 없는 상황에 몰렸다. 피델 카스트로는 쿠바인들에게 고난의 시기를 대비해야 한다고 경고했다. 그러나 경제적·사회적 절망의 어두운 구름 속에서도 밝은 희망의 빛은 있었다. 역사상 처음으로 쿠바는 진정으로 자유로운 나라가 된 것이다.

이제 쿠바 섬은 에스파냐 식민지도, 미국의 종속국도, 소련의 준위성 국가도 아니었다. 쿠바는 주인이나 상위 권력에게 반응할 필요가 없었다. 여러 문제와 시련에도 불구하고 스스로 운명을 개척하고 자신의 독립된 정치적·경제적 모델을 발전시키는 것은 이제 자유였다. 따라서 실제로 '특별시기'가 마침내는 경제적 회복으로 귀결될 일시적인 고난의 순간이 아니었다. 오히려 쿠바 역사에서 새로운 시대의 개막을 알리는 시기였다. 여기서 새로운 시대란 자신의 운명을 추구하고 자신의 정치적·경제적 모델을 발전시키는 과정에서 혁명적 리더십이 마침내 자유로워진 시기를 말한다. 이러한 관점에서 보면 '특별시기'는 경제적 회복이라기보다는 재창조의 시기였으며, 이 시기에 취한 정책들은 실제로 새로운 사회의 건축 자재와도 같은 것들이었다.

쿠바는 자본주의가 지배하는 세계시장에 여전히 홀로 서 있었다. 국가는 이제 새로운 교역 파트너를 찾아야 했으며, 외국 기업들과의 합작 투자와 약간의 소규모 기업의 발전을 포함하여 자본주의적 요소들을 다소간 받아들이는 새로운 정치적·경제적 모형을 발전시켜야 했다. 이는 또한 국가 소유 기업들이 자본주의적 회사의 특징인 경영 원리를 이용해야 한다는 것을 의미했다.[1] 이제 쿠바가 직면한 가장 큰 도전은, 통치와 사회경제적 발전에서 민중 중심적 접근을 포기하지 않고 어떻게 새로운 자본주의적 요소들을 쿠바 경제에 통합할 것인가 하는 문제였다.

쿠바는 이러한 도전에 대처하기 위해 3중 전략을 추구했다. 무엇보다도 혁명군은 이웃공동체의 사회적 기능을 발전시키고 복지 정책을 유지하는 과제를 계속하여 강조했다. 그래서 경제 위기 동안에도 모든 주요한 보건의료·교육 프로그램은 무상으로 대중들에게 제공되었다. 혁명군은 가정의·간호사 프로그램과 초등학교를 강화했다. 주거비와 주거 관련 사용료는 여전히 낮았고, 식료품 보조와 필수품들에 대한 배급 역시 과거보다 낮은 수준이기는 했지만 유지되었다. 문화와 스포츠, 여가 활동도 예산이 삭감되었지만 지속되었다. 경제 구조가 재편성되면서 일자리를 잃은 노동자들도 임금을 계속 받았으며 국가가 만든 일자리나 재훈련 프로그램을 제공받았다. 결핍과 사회적 빈곤에도 불구하고 범죄율은 다른 라틴아메리카 국가들이나 미국보다 훨씬 낮은 수준으로 유지되었다.[2] 이처럼 민중 지향적 정부 정책들과 함께, 안정적이고 고도로 조직된 이웃공동체가 있었기 때문에 평범한 쿠바인들은 경제 위기로 인한 최악의 영향을 막아 낼 수 있었다. 정부의 이러한 접근 방식은 민중들의 신뢰를 높였으며, 분노와 좌절이 광범위한 사회 불안과 정권 교체 요구로 옮아가지 않도록 막아 냈다.

둘째, 혁명군은 경제를 추진할 원동력으로서 설탕을 대신해 국제 관광에 승부를 걸었다. 이 모험은 성공을 거두었고 관광을 통해 석유, 공업 제품, 의료품, 식료품 등 필수품을 수입하는 데 필요한 경화를 확보할 수 있었다. 이와 동시에 쿠바는 경제 다각화를 위해 니켈, 럼주, 담배, 감귤과 같은 생산물의 개발과 수출에 합작 투자를 유치했으며, 컴퓨터 과학을 연구하는 새로운 상급학교들과 생명공학에 상당한 투자를 하여 제약 산업의 연구와 발전을 활성화시켰다. 이러한 조치들로 쿠바는 민중 중심적 초점을 포기하지 않고서도 경제 회복을 자극하는 데 필요한 자원들을 확보할 수 있었다.

셋째, 미국의 봉쇄에도 불구하고 쿠바는 전 세계의 수많은 나라들과 외교 및 경제 관계를 발전시켰으며, 21세기가 시작될 무렵에는 특히 라틴아메리카를 비롯한 여러 나라들과 관계를 더욱 강화했다. 베네수엘라와의 동맹은 특히 중요하다.[3] 쿠바는 의료팀이나 의료 장비를 석유 생산물과 교환하는 것을 포함하는 장기간의 대규모 무역 및 투자 협정을 이 이웃나라와 체결했다. 이 친교가 안착한 2004년 이후에는 브라질, 볼리비아, 멕시코, 바베이도스, 자메이카, 아이티, 에콰도르, 아르헨티나, 니카라과 같은 아메리카 대륙의 여러 국가들과 관계를 강화했다. 이러한 돈독한 동맹으로 쿠바는 더 많은 자원을 확보했을 뿐 아니라 재화와 서비스를 수출할 수 있는 시장 기회를 가질 수 있었다. 라틴아메리카 국가들이 극우파에서 중도 우파 신자유주의 체제로, 왼쪽으로 이동하고 있는 추세로 볼 때 앞으로도 계속 쿠바에게 우호적인 외부 조건을 만들어 낼 것이다.

2001년 쿠바는 불리하고 일방적인 조건이기는 하지만 미국으로부터 식량과 의약품을 수입함으로써 미국의 무역 봉쇄도 깨트렸다. 이와 동시에 쿠바는 캐나다를 비롯하여, 특히 에스파냐와 러시아를 포함하는 대부분의 유럽 국가들, 그리고 북한, 베트남, 중국, 이란, 예멘, 에티오피아, 가나, 앙골라, 나이지리아, 모잠비크, 보츠와나, 케이프베르데공화국 같은 아시아, 중동, 아프리카 국가들과도 관계를 강화했다. 미국은 40년이 넘도록 애를 써 봤지만 결국 쿠바를 고립시키거나 흔들지 못했다. 예컨대 1992년 제정된 '쿠바민주화법'(Cuba Democratic Act)과 1996년에 제정된 '헬름스 버튼 통상금지법'(Helms-Burton law)과 같은 정책이 쿠바에 고난과 어려움을 가중시키기는 했지만, 그 때문에 정권이 교체되거나 '미국식 민주화'로 나아가지는 않았다.

쿠바가 생존을 방해하는 장애물들을 극복하고 대단한 성공을 거둔 비결은 이웃공동체, 특히 가장 취약한 주민 집단이 거주하는 이웃공동체의 강화에 끊임없이 역점을 두었기 때문이다. 위기의 시기에 쿠바 텔레비전 방송의 아나운서는 자주 이렇게 외치곤 했다.

단 하나의 병원도 문을 닫지 않았으며, 단 한 명의 교사도 일자리를 잃지 않았습니다.

이 말은 과장이 아니었다. 1990년대 동안 쿠바의 국내총생산 가운데 사회복지 프로그램에 들어가는 비용은 34% 증가했다. 경제 위기 동안 정부는 어린이, 여성, 장애인과 같은 특수 계층의 요구에만 주의를 기울인 것이 아니라, 이웃공동체 발전 전략을 이용하여 도움이 필요한 지역을 찾아내고 새로운 취약 계층으로 눈을 돌렸다. 작은 규모에, 구체적인 장소에 뿌리내리는 공동체 참여적인 이웃공동체 발전의 사회적 기능 모델은, 경제적 재난의 가장 해로운 영향으로부터 민중계급을 방어했다.[4]

그런 노력이 혁명적 지도력에 대한 민중계급의 충성을 유지시켰으며, 신뢰의 끈을 강화하고, 연대성, 호혜성, 부의 공정한 분배, 사회경제적 · 인종적 정의와 같은 가치들을 강화했다는 것은 매우 중요한 점이다. 그러나 쿠바 정부가 미국의 봉쇄와 소련의 붕괴로 초래된 도전을 해결하고 극복하는 데 성공했지만, 바로 그 성공이 이번에는 여러 가지 새로운 도전과 모순을 만들어 냈다.

소비문화의 도전

쿠바는 민중 중심적 사회라는 맥락 속에서 운영되는 혼합경제에 바탕을 둔 정치적 · 경제적 모델을 수립했다. 국제 관광은 경제 불황을 끝내고 쿠바 사회를 재창조하기에 가장 쉽고 빠르고 논리적인 해결책이었기 때문에 새로운 정치경제에 안착했다. 사회주의를 구하기 위한 이러한 대담하고도 실용적인 '도박'은 성과를 얻었지만, 마냥 좋은 것만은 아니었다. 국제 관광은 한 가지 문제는 해결했지만 그에 못지않은 위협적인 문제들을 만들어 냈다. 그 가운데 가장 심각한 것은 소비주의의 발흥이었다.

관광은 아바나의 일상생활과 문화에 지울 수 없는 흔적을 남겼다. 관광지와 관광시설들이 사람들이 살아가는 이웃공동체 속에 편입되어 있었기 때문에, 국제 관광은 일상생활과 문화에 영향을 끼쳤다. 호화스러운 관광 시설들의 발전은, 유흥을 위해 돈을 쓰며 도시를 돌아다니는 수많은 관광객들뿐 아니라 아바나인들에게도 소비주의와 물질에 기초한

'멋진 삶'이라는 관념을 불어넣었다. 관광을 통하여 쿠바인들은 상품이 가지고 있는 상징적 내용과 인식된 사회적 의미에 따라 그것을 평가하고, 구매하고, 소비하게 되었다. 따라서 아바나인들이 '나이키'를 비롯한 유명 브랜드 상품을 사기 원할 때, 그들은 광고에 나오는 생활양식과 경험을 얻고자하는 더 중요한 시도를 하고 있는 것이다. 이런 현상은 소비가 자아실현과 정체성의 수단이 되는, 소비자에 기초한 사회를 향해 나아가는 흐름을 보여 주는 모습이다. 곧, 무엇을 살 수 있느냐에 따라 어떤 사람의 정체성이 규정된다는 말이 된다.

관광 인프라의 창출은 관광객들의 유입과 더불어 쿠바 문화를 정면으로 공격했다. 혁명군은 관광 산업이 초래하는 위험성을 인식하고 있었으며, 혁명적 이상을 계속 강조함으로써 이 '관광 바이러스'로부터 사회를 보호하기를 희망했다. 그러나 이런 의도와 반대로 관광객들은 쿠바 사회의 새로운 엘리트가 되었고 소비주의가 쿠바의 새로운 신조가 되었다. 경제의 달러화는 이러한 경향을 더 부추겼다. 국제 관광이 부활하기 전에는 상점들이 오직 페소화로만 거래를 했고, 대부분 재활용 옷, 값싼 의류, 중고나 새 전기제품 등을 팔았다. 상점 환경은 무미건조했고 내부를 꾸미거나 구매를 조장하기 위해 진열장에 전시하는 일도 없었다.

국제 관광이 부활한 시기에 발전한 새로운 소매 부문은 시장에 기초한 소비자 사회의 상점 디자인을 흉내 냈으며 소비주의라는 가치를 고무했다. 따라서 관광은 혁명군을 악순환의 덫에 빠뜨렸다. 암시장에 대처하고 달러를 확보하기 위해 시장에 기초한 소매상점을 설립할 필요가 생겼다. 하지만 상점의 설립은 혁명적 이데올로기와 대립하는 소비주의 문화의 출현을 자극했다. 비록 많은 아바나인들이 단순히 구경만 할지 모르지만, 실제로 상품을 소유하고자 하는 욕망도 가지고 있다. 이처럼 애초의 의도와 무관하게 소비주의와 물질주의는 1990년대 쿠바 사회 발전에 중요한 문화적 영향력을 행사했다.

많은 쿠바인들은 그들이 원하는 재화를 구매하는 데 필요한 자유재량 소득이 부족하다. 그럼에도 그들은 여전히 그러한 물건들을 갈망하고 더 많은 달러를 원한다. 달러는 직접적인 생계보다는 세탁기, 가구, CD와 DVD 플레이어, 컴퓨터, 멋진 옷, 예쁜 보석, 향수, 자동차, 오토바이, 휴대폰과 같은 물건들을 사는 데 필요하기 때문이다. 그들은 고급 레스토랑에서 외식하기를 원하고 음악 클럽이나 디스코텍에 춤추러 가고 싶어하며 주택을 수리하고 개선하기를 원한다. 그렇다고 아바나와 쿠바 다른 곳들의 삶이 힘들지 않은 것은 아니다. 많은 쿠바인들은 적어도 한 가지 이상의 일을 하며, 생계를 꾸리기 위해 물물교환을 비롯한 여러 가지 활동을 함으로써 그럭저럭 생계를 꾸려 나간다. 쿠바에 굶주림은 없으며 빚을 갚기 위해 신체의 일부분을 파는 일은 하지 않아도 된다.[5] 오늘날 쿠바에서 삶의 관심은 더 이상 생계를 이어 가는 문제가 아니라 욕망하는 상품을 구매하기 위해 필요한 자원을 얻는 데 있다. 쿠바는 필요에 기초한 사회에서 욕구에 기초한 사회로 변모했다.

소비주의의 발흥은 서로 관련 있는 두 가지 이유에서 중요한 문제로 떠오른다. 첫째, 혁명적 사회를 창조하기 위해서는 물질적 욕망보다 도덕적 열망에 의해 움직이는 '새로운 인간'의 발전이 필요했다.[6] 그러나 국제 관광은 사회 정의와 집단주의, 호혜성, 부의 공정한 분배에 기초한 사회를 건설하는 혁명의 목표에 대항하는 힘을 낳았다. 소비주의는 개인주의와 물질적 자극을 일으키고, 재화의 취득에 기초한 '멋진 삶'이라는 이념을 만들어 낸다. 이처럼 소비주의는 혁명의 철학적 기초를 공격하기에 이른다.

둘째, 쿠바는 여전히 매우 초보적인 소비자 신용 시스템을 가지고 있는 가난한 나라이다. 쿠바는 선진 자본주의 국가들의 특징이라 할 수 있는 소비자에 기초한 사회를 지탱할 자원을 가지고 있지 않다.[7] 예컨대, 미국에서 소비자 사회는 신용 카드를 비롯한 발전된 형태의 소비자 신용이 없이는 존재할 수 없을 것이다. 쿠바인들을 빚으로 허덕이게 할 게 뻔한 소비자 신용 시스템을 혁명군이 지원할 것 같지는 않다. 이것은 쿠바인들이 소비 물품에 대한 자신들의 커져 가는 욕망을 충족하지 못할 것이라는 것을 의미한다. 따라서 소비주의의 발흥은 앞으로 몇 년 안에 사회 전체의 긴장을 낳을지도 모르는 구조적 불만을 만들어 냈다.

그렇다고 모든 쿠바인들이 소비주의에 사로잡힌 것은 아니다. 예컨대, 영향력 있는 한 랩 그룹은 소비주의와 시장에 바탕을 둔 이데올로기에 드러내놓고 적대적 감정을 표현하기도 한다.[8] 더욱이 많은 사람들은 소비주의에 포섭된 게 아니라, 그저 삶의 질을 높이고 이따금 외출할 수 있는 자원을 얻고자 할 뿐이다. 따라서 만약 혁명군이 민중계급의 필요를 충족시키고 광범위한 소비 물품들의 이용 가능성을 증가시키면서 이웃 공동체의 사회적 기능을 개선하는 데 초점을 유지한다면, 구조적 불만이 사회 불안이나 정권 교체 요구로 전화하지는 않을 것이다. 예상할 수 있는 것처럼 사회 집단들 사이의 소득 격차가 증가한다 할지라도, 이웃공동체가 높은 사회적 수준에서 역할을 하고 사람들이 생계를 꾸려나갈 수 있는 한, 큰 사회 불안은 없을 것이다.

피델 없는 쿠바

2006년 7월 31일 동생 라울 카스트로에게 권력을 잠정적으로 이양했을 때, 피델은 고도로 안정적이고 잘 조직된 이웃공동체가 사회와 국제 관광에 의해 추동되는 경제를 쿠바인들에게 남겨 놓았다. 비록 피델이 쿠바를 '특별시기'의 암울한 사회경제적 절망으로부터 벗어나게 했지만, 한편으로는 생산성과 관련된 심각한 경제 문제들도 남겼다. 쌀, 콩, 가금류, 돼지고기, 쇠고기, 기타 필수 식료품의 수입 증가로 인한 식량 의존의 심화, 교통문제, 주택 위기, 좀도둑과 부패 등이 여전히 남아 있다.[9] 사회적으로 쿠바는 필요에 기초한 사회에서 소비주의의 영향이 커지는 욕구에 기초한 사회로 이행했다. 이처럼 라울이 피델한테서 지도력을 넘겨받았을 때, 안정적이고 재창조된 사회뿐 아니라 수많은 복잡한 문제를 가진 나라를 물려받았다.

이러한 배경 하에서 라울은 쿠바 사회의 내부 구조를 강화할 수 있는 공격적인 개혁 운동을 펼침으로써 피델의 유산을 이어 나갈 것으로 보인다.[10] 쿠바가 사회주의 깃발을 내던지고 자본주의로 복귀하거나 미국식 민주주의의 길로 나아가려는 듯한 징조는 없다. 그렇다고 해서 대책을 마련해야 하는 쿠바의 심각한 문제들을 라울 카스트로와 새로운 정권이 인지하지 못하고 있는 것은 아니다.

그런가 하면 쿠바는 소련의 붕괴로부터 커다란 교훈을 얻은 것 같다. 내부의 적이 민중 중심적 사회 쿠바의 생존에 가장 큰 위협이 될 것이라는 교훈 말이다. 피델은 2005년 11월 쿠바 사회주의가 내부로부터 붕괴될 수 있다고 경고하면서 이 점을 지적한 바 있다. 그는 좀도둑질한 재화에서부터 불법 사업에 이르기까지 만연해 있는 암시장을 주요 범죄자로 지적했다.[11] 라울은 쿠바인들에게 이러한 문제를 비롯한 여러 문제를 염두에 두고, 낭비와 정부의 비효율, 그리고 다른 사회적 문제들에 관해 공공연히 불만을 털어놓으라고 독려했다.

이러한 접근법은 사회주의 진영이 위기를 맞아 불평등과 부패가 증가하고 사회주의 사상이 쇠락해 간 1986년 '교정의 시기'(Period of Rectification)를 떠올리게 한다. '쿠바 사회주의의 혁신'을 추구하면서, 피델은 대중들에게 국가가 직면한 문제들을 폭로하는 과정에 참여해 달라고 요청했다. 정치학자 호르헤 도밍게스는 쿠바 정부가 여러 해 동안 부패와 잘못된 운영을 폭로하는 식의 시민 불만을 용인하거나 심지어 장려했으며, 지방 정부가 이러한 불만을 중앙 정부에 전달하도록 허용했다는 사실을 상기시킨다.[12] 이처럼 라울은 쿠바 사회 내부를 강화함으로써 내부의 적을 무력화시키고자 하는 개혁 운동을 시작하려고 하는 것 같다. 개혁 운동은 서로 연관된 세 가지 영역에서 일어날 것으로 보인다. 정부와 경제, 이웃공동체 발전, 그리고 문화가 그것이다.

정부와 경제의 개혁

정부의 부패, 횡령, 관료적 비효율성, 낮은 경제적 생산성, 좀도둑질, 식량 생산의 감소 같은 문제를 다루기는 여간 어려운 일이 아니다. 라울 카스트로는 이런 문제에 대한 정부의 대응을 비판해 왔다. 예컨대, 2007년 7월 26일 시정연설에서 그는 관료주의와 제대로 작동하지 않는 농업 시스템을 비웃고는, 그것을 개선할 최고의 방법이 무엇인지에 관해 토론할 것과 구조적 변화를 요구했다. 라울은 낮은 임금과 봉급에 대해서도 우려를 표명했다. "오늘날 임금은 모두의 필요를 만족시키는 데 누가 봐도 충분하지 않다. 따라서 우리는 '각자 능력에 따라 일하고 노동에 따라 분배 받는다'는 사회주의 원리를 지켜내지 못하고 있다. 이 때문에 여러 가지 사회적 무규율과 불관용이 생겨났다. 이런 현상은 이미 깊이 뿌리를 내리고 있어 심지어 그것들 배후에 존재하는 객관적인 원인들이 제거된 이후에도 제거하기 힘들다는 것이 증명되었다."[13]

2007년 12월 정부는 외국 기업들이 쿠바인 피고용자들에게 달러를 지불할 수 있도록 허용할 것이라고 발표했다. 이러한 조치는 널리 퍼져 있는 '은밀한'(under the table) 지불을 합법화하고, 노동자들에게 소득 신고와 그에 따른 세금 납부를 요구하는 것을 포함했다. 과거에는 외국 기업들 정부 대리인을 통해 쿠바인들을 고용했다. 정부 대리인은 임금을 달러로 받은 다음 피고용자들에게는 쿠바 페소로 지급했다. 낮은 임금을 보충해 주기 위해 회사 쪽에서는 종종 쿠바인 직원들에게 은밀하게 추가로 달러를 지불했다.[14] 2008년 2월 24일 라울 카스트로는 정부가 국가의 이중 통화 시스템과 낮은 임금 문제에 관한 대책을 마련할 것이라고 발표했다.[15] 이러한 지적으로 미루어 볼 때, 아마도 모든 노동자들, 그 가운데에서도 특히 공공 부문 노동자들의 임금 인상을 추진할 것으로 보인다.

그렇지만 이러한 조치들이 성공 여부와 관계없이, 관광에 연관된 노동 왜곡이 야기하는 더 복잡한 임금 문제에는 대처하지 못할 것이다. 관광 산업의 노동자들은 숙련 수준과 무관하게 고도로 전문적인 과학자나 의사 같은 숙련 노동자들보다 훨씬 높은 임금을 벌어들이는 일이 흔하다. 따라서 높은 숙련을 지니고 있음에도 저임금 부문에 있는 많은 노동자들이 관광 산업의 일자리로 빨려 들어가는 일종의 '두뇌 유출'을 가져오게 된다. 이런 현상을 효과적으로 해결하는 문제는 긴급한 일이지만 복잡하고 어려운 일이다.

라울은 또한 교통을 가장 우선적인 발전 관제로 꼽았다. 일터나 학교, 또는 여가 활동 장소로 이동하는 데 필요한 괜찮은 버스와 다른 탈 것이 없다면서 쿠바인들은 교통 시스템에 대해 불평을 자주 한다. 2007년 12월 정부는 교통 시스템을 개선하는 데 5년 동안 20억 달러 이상을 지출하겠다고 공표했다. 이 계획에는 공공 버스 1천5백 대와 도시 거리를 누빌 택시 1천 대 이상을 늘리는 것이 포함될 것이다.[16] 교통 문제를 해결하는 데 필요한 것들이 훨씬 더 많기는 하지만, 이러한 노력을 통해 정부는 상징적 자본을 크게 불릴 수 있다.[17] 정부의 정책은 사람들에게 이렇게 말하는 것 같다. "여러분들은 매우 소중하며, 우리는 여러분의 관심사에 귀 기울이고 있습니다." 이러한 정서는 정부와 민중들 사이에 확립된 신뢰를 이어 가게 한다.

풍부한 사회적 자본을 지닌, 고도로 안정되고 고도로 조직화된 이웃공동체의 발전은 피델 카스트로가 권력을 유지할 수 있는 비결이었다. 가정의 · 간호사 프로그램, 초등학교를 비롯한 사회적 기구들이 뿌리내린 이웃공동체는 정부로부터 필수적인 공적 지원을 받았다. 이웃공동체의 사회적 기능을 지속적으로 개선하고 강화하는 것은 앞으로도 혁명 정부가 살아남는 데 결정적으로 중요한 일일 것이다. 라울 카스트로는 바로 이점을 잘 이해하고 있는 것 같다. 2008년 2월 국가평의회 의장에 취임 후 첫 연설에서, 그는 정부의 주요 목표 가운데 하나가 "국가 경제와 생산력의 지속적인 강화를 바탕으로 하여 물질적 · 정신적 측면에서 주민들의 기본적 필요를 충족하는 일"[18]이 될 것이라고 말했다.

이것은 경제 발전을 통해 민중계급에게 성과가 흘러들어가는 방식으로 사회 발전을 추구하는 접근 방법이 아니다. 오히려 혁명군은 사회 발전과 경제 발전의 길을 동시에 걸어가고자 하는 것 같다. 이를테면 지난 8년 동안 쿠바에는 보건의료, 교육, 문화, 스포츠 분야에서 대략 7천 2백 건의 건설 프로젝트가 시행되었다. 이러한 노력에는 학교 1,104곳, 교사들을 위한 주택, 기술교육센터 네트워크, 정보기술대학 개설, 250곳의 보건의료 센터 개조와 재건축, 몇몇 병원을 건설하고 현대화하는 프로젝트가 포함되었다.[19] 2007년에 정부는 쿠바 섬 전역에 걸쳐 5만 채가 넘는 새 주택을 지었다. 정부 발표에 따르면 2008년 건설 계획에서는 주택 건실과 도로 보수를 다른 어떤 사안들보다 우선시했다고 한다.

주택 신축 프로젝트는 무엇보다 중요한 일이다. 쿠바는 주택 부족과 열악한 주택 상태로 고통 받고 있는데, 이는 쉽게 해결되지 않을 만만찮은 문제이다. 예컨대 새 주택들이 주택 부족을 해결하는 데 도움을 줄 수 있을지는 몰라도, 당장 사람들이 살고 있는 주택의 열악한 상태를 어떻게 할 수는 없다. 그럼에도 이러한 조치들의 상징적인 가치는 계산할 수 없을 정도로 크다. 이런 조치는 정부가 민중들에게 주의를 기울이고 있으며 그들의 관심사를 우선시하고 있다는 점을 보여 주기 때문이다.

늘어난 소비 물품들에 대한 대중들의 요구를 인식하여 정부는 컴퓨터, 핸드폰, DVD와 비디오 플레이어, 에어컨 같은 품목의 제한 없는 판매도 허가했다. 이 전기기기의 판매 허용 조치가 대부분의 쿠바인들의 생활에는 영향을 끼치지 않을 것이다. 예컨대 핸드폰은 엄청나게 비싸고, 컴퓨터를 구매할 여력이 있는 쿠바인은 몇 안 되고, 더구나 인터넷을 이용할 수 있는 사람들은 더 적다. 비디오와 DVD 플레이어는 대부분 기업을 하는 쿠바인들 수중으로 들어갈 것으로 보인다. 그들은 그것들을 이용하여 해적판 영화와 뮤직 비디오를 녹화하여 암시장에서 대여하거나 판매할 것이다. 또 관광호텔에 숙박할 수 있게 되었다고 해도, 쿠바인들 가운데 그런 시설을 이용할 여유가 있는 사람은 얼마 되지 않을 것이다. 그럼에도 불구하고, 이러한 노력들은 선의로 해석되고 정부가 국민들의 소비 재화에 대한 접근성을 확대시키려 애쓰고 있다는 증거가 될 것이다.

이러한 상징적인 노력을 비롯하여 이웃공동체의 일상생활과 문화를 개선하려는 모든 노력은 민중적 기초를 탄탄하게 함으로써 정부를 강화한다. 예컨대 정권은 사람들이 생계를 꾸리기 위해 여러 '비합법적' 활동을 해야만 하는 현실을 알고 있다. 그래서 이러한 법 위반 행위들 가운데 관용적인 태도를 취하는 경우가 많다. 예컨대 암시장은 평범한 쿠바인들이 심각한 경제적 곤궁에 성공적으로 대처하는 데 도움을 주기 때문에 혁명군에게도 유용한 도구가 되어 왔다.

아나 훌리아 하타르-아우스만의 사례를 보면 '특별시기' 이전에 어떻게 물물교환과 암시장 활동이 일상생활에 도움이 되었는지를 알 수 있다. 커피가 필요한 어떤 교양 있는 아바나인이 아나의 남편에게 다가와 '붉은 시장'(red market) 단골 마리노와 접촉하라고 하면서 이렇게 말했다. "우리는 커피가 다 떨어졌고 다음 배급까지는 두 주나 더 남아 있어. 러시아 사람들이 좋아하는 럼주 한 병을 가지고 있다고 마리노에게 전해 줘. 그렇지만 확실히 해 두어야 해. 러시아 사람들이 어떤지는 자네도 잘 알지? 그들은 우리가 모두 바보인 줄 알고 있어. 이 술 한 병에 적어도 커피 3파운드를 받았으면 해. 그게 아니라면 다른 암시장에서 더 나은 거래 조건을 찾을 거야." '붉은 시장'은 쿠바에 주둔한 소련 군이 물품을 구매하는 특별 시장이었는데, 그들은 자신들의 목적에 부합하면 어떤 물품들을 쿠바인들에게 다시 팔았다. 쿠바인들은 그들이 내놓은 물품을 구매하면서 페소화나 럼주로 지불했다. 대개 럼주는 시골에서 불법으로 사탕수수를 가공해 만든 것이었다.[20]

정부는 이러한 불법 거래를 알고 있다. 하지만 정부가 운영하는 상점에서 쉽게 얻을 수 없는 물건들을 주로 암시장에서 사고 팔 수 있었기 때문에, 암시장은 비상시기에 중요한 출구가 되었다. 오늘날에도 여전히 DVD 플레이어, 영화, 옷, 고기 등 거의 모든 것들을 암시장에서 구할 수 있다. 쿠바에서 식료품 대란이나 소비자 폭동이 없었던 까닭은 어느 정도 공식·비공식 시장에서 재화들을 구할 수 있었기 때문이다. 말하자면, 암시장은 정부에 도움의 손길을 뻗치는 것과도 같은 의미가 있기 때문에 혁명군은 비합법적인 시장과 다른 형태의 '부정 이득'을 용인한다.

이런 실정은 라울이 쿠바를 좀 더 합리적이고 효율적인 경제와 통치 구조를 갖춘 국가로 변모시키고자 할 때 매우 조심해야 한다는 것을 의미한다. 이웃공동체 생활에서 이러한 미묘한 비공식 요소들 가운데 어떤 부분이 중단되거나 제거되면 심각한 사회 혼란과 대중 소요가 발생할 수 있기 때문이다. 이웃공동체 생활에서 공식 사회 구조와 비공식 장치의 혼합 덕택에 쿠바인들은 도시에서 생존하고 생계를 이어 나갈 수 있다. 이러한 파격적이고 비효율적인 시스템은 어쨌든 작동한다. 이런 시스템은 대중들의 생활을 수월하게 만드는가 하면 정부가 민중들의 지지를 계속 받을 수 있게 해 준다. 그러한 비공식 구조들에 대해 충분치 않은 지식이나 신중하지 못한 태도로 간섭하는 일은 균형을 무너뜨려 아주 부정적인 결과를 초래할 수도 있다. 따라서 쿠바가 합리화하고 더 효율적인 정부를 향해 나아가는 과정에서 여전히 비공식 경제와 공식 경제 사이의 상호작용을 조심스럽게 다뤄야 한다.

문화와 혁명의 이상

소비주의의 힘은 앞으로도 끊임없이 혁명적 문화에 도전할 것이다. 피델은 국가의 목표와 열망을 지탱하기 위해서는 청년들을 동원하는 일이 중요하다는 점을 누구보다 잘 알고 있었다. 그래서 혁명군은 청년 문제와 사회 전체의 문제들을 공격하는 데 청년들을 활용하는 전략을 선택을 했다. 이런 생각으로 1999년 혁명군은 '사상투쟁' 운동에 착수했다. 이 운동의 핵심 요소는 다섯 가지 분야의 '긴급 학교'(escuelas emergentes) 네

트워크를 구축하는 일이었다. 다섯 가지 분야에는 사회사업, 초등교육, 간호, 문화교육, 정보기술 등이 포함되어 있었다.[21]

새로운 운동은 쿠바의 사회 문제들이 1990년 이후 악화되고 있어서 즉각적 조치가 필요하다는 인식에서 나왔다. 매우 중요한 점은, 정부가 청년들의 재능이 충분히 발휘되지 못하고 있으며 청년들은 그 자체로 쿠바인들, 그중에서도 특히 젊은이들을 혁명의 품으로 되돌리는 이데올로기적 투쟁에서 중요한 힘이 될 수 있다고 생각했다는 것이다. 그들은 또한 이러한 접근방법이 수많은 청년들에게 의미 있는 일자리를 제공할 수 있을 것이라는 것을 알았다. 아바나 사회사업 학교의 설립을 간단히 살펴보면, 이러한 사상 투쟁 운동의 한 측면을 이해할 수 있다.

2001년 7월 피델 카스트로는 대학생동맹(FEU) 의장 아산 페레스 카사보나(Hassan Pérez Casabona)에게 통상적인 여름 자원봉사단을 뒤로 미루고, 아바나의 세 지역공동체(세로, 플라사, 센트로 아바나)의 사회경제적 문제들에 대처해 달라고 요청했다. 이것이 계기가 되어 학생 사회사업여단(Brigadas Estudiantiles de Trabajo Social)이 창립되고, 코히마르에 사회사업 학교가 설립되었다. 이 학교는 이중의 목표를 가지고 있었다. 하나는 젊은 사회사업가 집단을 창출하는 것이었는데, 이들은 자신들의 지역공동체에 돌아가 지역공동체가 직면한 문제들에 대한 해결책을 찾는데 주민들, 그중에서도 특히 청년들을 참여시켰다. 다른 하나는 청년들에게 사회적 상승 이동을 가져다줄 수 있는 일자리를 제공하는 것이었다. 예컨대 사회사업 프로그램에 참여하는 학생들은 어떤 대학 과정에도 등록할 수 있었고, 학위를 끝까지 마치는 것도 가능했다. 2004년 중반, 쿠바 사회사업 프로그램을 수료한 졸업생은 21,000명이었다.

유사한 발전 유형이 다른 목표 분야의 '긴급 학교'에서도 나타났다. 혁명군은 혁명을 추동하는 이상을 강화하는 것이 중요하다는 것을 분명히 인식하고 있었으며, 이 이상들을 재구성하고 청년들에게 연결하는 것이 필요하다는 것도 명확하게 인식하고 있었다. 이 노력이 얼마나 성공적이었는지는 두고 봐야 한다. 예컨대 초등학교의 젊은 교사들과, 가정의 · 간호사 보건소의 젊은 의사와 간호사의 경험 부족에 대한 불만이 여전히 존재한다. 또한 다른 나라에 제공하는 인도적 지원의 확대에 대한 불만도 여전히 존재하는데, 그것이 국내 프로그램과 활동으로부터 벗어난다고 인식될 때 특히 그렇다.

이러한 문제들에도 불구하고 중요한 것은, 정부가 사상 투쟁을 특히 청년들과 함께 수행해 나갈 필요가 있다는 점을 인식하고 있다는 사실이다. 이와 동시에 정부는 사람들이 관심을 가지고 있는 정부 정책과 프로그램에 반대의 목소리를 낼 수 있는 공개 토론의 장을 만드는 것이 중요하다는 것도 인식하고 있다. 이러한 개방성은 라울 카스트로 정권의 중요한 특징으로 나타나고 있다. 쿠바공산당 중앙위원회 문화부 의장 엘리아데스 아코스타(Elíades Acosta)는 인터뷰에서, 비판에 관한 정부의 관점을 설명했다.

비판을 제한하는 제도적 관행이 남용되고 있다. 우리는 오랫동안 여러가지 이유로 문제 제기가 귀찮은 일로 치부되어 온 것을 무시할 수 없다. 적이 우리의 실수와 비판을 이용하는 것은 사실이다. …… 또한 적은 우리가 남겨두는 빈 공간을 이용한다. 비판은 우리의 문제를 해결하는 데 도움을 줄 수 있다. 침묵은 결코 어떤 것도 해결할 수 없다. 어떤 것을 선택하느냐고 묻는다면, 우리는 비판을 선택할 것이다. 우리는 문제에 대해 입 다물고 지내는 습관을 버려야만 한다. 그것은 혁명에 도움이 되지 않고 오히려 사

회의 윤리적인 환경에 해로운 영향을 끼치는 지위나 태도를 보호한다.[22)]

쿠바인들의 가슴과 마음을 향한 투쟁은 두 수준에서 진행되고 있다. 하나는 사상투쟁이며, 다른 하나는 비판을 강조하고 잘못을 교정하는 것이다. 최종 목표는 혁명적 원리와 연결된 끈을 유지한 채로 쿠바인들을 쿠바 사회를 개조하는 투쟁에 참여시키는 것이다. 이런 방식은 혁명군의 유연함을 돋보이게 한다. 쿠바는 현재에도 과거에도 결코 독단적이거나 경직된 방식으로 통치하지 않았다. 쿠바는 적응과 변화의 능력에 의지하여 생존해 왔으며 매우 창조적 방식으로 문제들을 해결해 왔다. 그리고 쿠바 정권이 유지되어 온 까닭도 상당한 정도로 이 때문이었다고 할 수 있다.

더 큰 자유

로슬린 아린 미켈슨은 《아메리카의 길거리 아이들》의 결론에서 다음과 같이 말했다. "북아메리카와 남아메리카 대도시들의 마천루, 박물관, 호화 아파트에서 보면 노숙자들과 집 없는 아이들이 시야에 들어오는데, 이는 부의 집중과 빈곤의 심화와 그리고 그에 수반된 지구화 사이의 모순을 폭로한다."[23)] 이러한 관점에서 보면 쿠바가 추구해 온 민중 중심적 사회 건설이 가지는 중요성은 더 분명해진다. 그러나 이데올로기적 편견 때문에, 많은 쿠바 관찰자들은 객관적 렌즈를 통해 쿠바를 평가하는 데 곤란을 겪고 있으며, 그렇지 않으면 적어도 그들의 관점을 형성한 편견을 인정하는 데 곤란을 겪고 있다.

19세기 후반 에스파냐에 맞선 혁명 이후, 건설해야 할 사회의 종류를 두고 민중계급과 자산계급 사이에 이데올로기적 이원성이 나타났다. 민중계급은 연대성, 호혜성, 부의 공정한 분배, 사회경제적 정의에 기초한 민중 중심적 사회의 창조를 원했다. 엘리트들은 다른 비전을 가지고 있었다. 따라서 19세기 후반부터 오늘날에 이르기까지, 서로 갈등하는 국가 비전을 둘러싸고 쿠바에서는 내부 투쟁이 계속되어 왔다. 오늘날에는 마이애미 쿠바인들을 포함해 곳곳의 이주 쿠바인들이 이처럼 진행 중인 이데올로기 투쟁에 참여하고 있다.

이것은 사회주의 대 자본주의의 논쟁을 배경으로 벌어지는 '실제' 전투이며, 있는 그대로 인식되어야 한다. 여기서 문제는 쿠바 연구에 종종 영향을 미치는 미묘한 이데올로기적 편견이다. 이러한 편견은 문제를 형성하고 개념화하며, 연구 질문을 제기하는 방식뿐 아니라 연구 주제를 지시하며, 증거가 제시되고 해석되는 방식을 규정한다. 더욱이 이데올로기적 편견은 미묘하기만 한 것이 아니다. 슬프게도 그러한 편견은, 자신들의 가치가 어떻게 자신들의 연구를 형성하는지 인식하지 못하는 학자들의 의도하지 않은 행동으로 종종 표현된다. 비록 이데올로기적 편견이 미묘하고 무의식적이고 대부분 의도하지 않은 것이라 해도, 그것은 쿠바에 관한 연구들 곳곳에 분명히 존재한다. 우리는 이것이 문제라는 사실을 인정함으로써 쿠바 사회에 대한 '신냉전적 연구'를 넘어서는 보다 중요하고 유익한 연구 과정을 시작할 수 있다.

한 젊은 사회사업가가 말하듯, "쿠바는 낙원이 아니다." 쿠바는 여러가지 만만찮은 문제들을 가진 가난한 국가이지만, 그럼에도 불구하고 빈곤, 질병, 폭력, 절망이 팽배한 지구화된 세계 속에서 민중 중심적 사회건설이라는 훌륭한 목표를 추구한다. 아바나에서 오랫동안 연구한 결과에 의하면, 쿠바는 모든 결함들에도 불구하고, 어떤 국가라도 직면하는 가장 중요한 도전들에 대처하려고 분투하는 사회이다. 그러한 도전에 관해서는 전 유엔 사무총장 코피 아난이 2005년 9월 '더 큰 자유'라는 제목으로 유엔 총회에 제출한 보고서에서 개요를 밝힌 바 있다.

더 큰 자유라는 개념은 또한 발전, 안보 및 인권이 서로 연관되어 있다는 생각을 담고 있다. …… 설사 어떤 젊은이가 자기 통치자를 투표로 선택할 수 있다 하더라도, 그가 에이즈에 걸려 읽지도 쓰지도 못하고 기아에 시달리고 있다면 진정으로 자유롭지 않다. 마찬가지로, 어떤 젊은 여자가 살아가는 데 충분한 돈을 벌고 있다 하더라도, 그녀가 일상의 폭력의 그늘 속에 살고 있고 조국이 어떻게 운영되는지 말할 수 없다면 진정으로 자유롭지 않다.

경제상호원조위원회 (CMEA: Council of Mutual Economic Assistance)
국가관광산업국 (INTUR; Instituto Nacional de la Industria Turísta)
국가혁명경찰 (PNR: Policia Nacional Revolucionario)
대학생연맹 (FEU: Federación de Estudiantes Universitarios)
라틴아메리카 사회과학부 (FLACSO: Facutad Latinoamericana de Ciencias Sociales)
라틴아메리카 의과대학 (ELAM: Escuela Latinoamericana de Medicina)
수도의 통합적 발전을 위한 모임 (GDIC: Grupo para el Desarrollo Integral de la Capital)
유엔개발프로그램 (UNDP: United Nations Development Program)
전국농민연합 (ANAP: Asociación Nacional de Agricultores Pequeños)
중등학생연맹 (FEEM: Federación de Estudiantes de Enseñanza Media)
지리정보시스템 (GIS: Geographic Information System)
청년공산주의자동맹 (UJC: Union of Young Communists)
쿠바혁명당 (PRC: Partido Revolucionario Cubana)
쿠바노동자총연맹 (CTC; Confederación de Trabajadores de Cubano)
쿠바여성연맹 (FMC: Federación de Mujeres Cubanas)
혁명수호위원회 (CDR: Comités para la Defensa de la Revolución)
호세마르티선봉대 (OPJM: Organización de Pioneros José Martí)

1989년 동유럽 현실 사회주의 정권이 무너지고 잇따라 소비에트연방이 해체되자 전 세계의 이목은 몇 안 남은 사회주의 국가의 운명에 집중되었다. 그도 그럴 것이 냉전체제 아래에서 중국을 제외하면 북한이나 쿠바를 비롯한 사회주의 국가들은 대부분 소련의 지원 또는 보호 아래 있었기 때문이다. 특히 쿠바는 자본주의 진영의 패권국가 미국의 바로 코앞에 있는 데다가 플로리다에서는 쿠바혁명을 피해 온 백만 명 이상의 이민자들이 혁명 쿠바를 무너뜨리기 위해 맹렬한 활동을 펼치고 있었다. '자유세계'의 저명한 학자들과 유수한 언론들은 너도나도 쿠바의 붕괴는 시간 문제라는 진단을 쏟아내었다. 미국은 '쿠바민주화법'(Cuba Democratic Act)과 '헬름스 버튼 통상금지법'(Helms-Burton law)을 동원하여 쿠바에 대한 봉쇄를 한층 강화하는 한편 정보기관을 통해 쿠바 내의 반혁명 운동을 부추겼다.

'그럼에도 쿠바는 살아남았다.' 소련 해체 이후 쿠바가 시련을 겪지 않은 것은 결코 아니다. 설탕 산업으로 소련에 거의 전적으로 의존해 오던 쿠바는 하루아침에 국제 무역의 75퍼센트를 잃었으며 국민총생산의 3분의 1이 날아가 버렸다. 석유 수입이 단절되자 전기가 끊기고 시내버스가 멈추고 사탕수수 농장의 트랙터는 고철 덩어리가 되었다. 생활필수품 배급량도 절반으로 줄어들었다. 쿠바혁명의 최대의 성과였던 무상교육과 의료제도도 타격을 받았다. 피델 카스트로는 '평화시대의 특별시기' (Periodo Especial en Tiempo de Paz)를 선포하고 내키지 않는 관광 산업에 승부를 걸 수밖에 없었다.

그러고 20년가량 흘렀다. 많은 것이 변했지만 쿠바혁명이 창조한 사회체제는 크게 다치지 않고 살아남았다. 뿐만 아니라 최근에는 베네수엘라의 차베스 정권과 볼리비아의 모랄레스 정권을 비롯하여 라틴아메리카에서 잇따라 좌파 정부가 등장하면서 쿠바는 이들 나라의 모델이 되고 있다.

이 책은 현실사회주의 붕괴 이후 자본주의적 지구화라는 환경 속에서 쿠바혁명이 생존할 수 있었던 비결을 찾고자 하는 문제의식에서 시작한다. 그 비밀은 사람들이 일상의 삶을 꾸리는 바리오(Barrio, 이웃공동체)에 있다는 것이 이 책의 주장이다. 카스트로가 이끈 혁명군은 전형적인 부르주아지의 도시 아바나와 미국 설탕 자본이 장악한 농촌을 쿠바 민중의 참여로 완전히 바꾸었다. 쿠바 사회의 혁명적 변화는 정치경제 체제뿐 아니라 사람들의 일상생활 공간인 이웃공동체를 완전히 바꾸었다.

카스트로는 1953년 몬카타 병영 공격 실패 후 체포되어 받은 재판의 최후변론, '역사가 나를 무죄로 하리라'에서 혁명 후 건설하고자 한 사회의 대강을 밝힌 바 있었다. 여기에서 그는 쿠바 사회가 해결할 과제를 토지소유, 산업화, 주택, 실업, 교육, 보건 여섯 가지를 지적했다. 카스트로와 혁명군은 이러한 프로그램을 실행에 옮겨 이웃공동체의 삶에 뿌리박게 했다. 특히 민중들의 삶에 직결되어 있는 주택, 교육, 보건의료를 시장에서 해방시켜 공공재로 만든 것은 이웃공동체 삶의 안정에 결정적 역할을 했다. 혁명 후 새로이 창조된 쿠바의 이러한 이웃공동체는 소련 붕괴로 위기가 왔을 때 사회를 유지시킨 튼튼한 버팀목이었다는 것이 이 책의 결론이다.

이 책의 1장에서 지은이는 1959년 쿠바혁명의 연원을 찾기 위해 쿠바 근대 독립운동 과정을 추적하고 있다. '끝나지 않은 혁명'이라고 이름붙인 약 30년간의 쿠바 독립운동사는 혁명 후 쿠바 사회, 특히 민중적 이웃공동체를 이해하는 데 매우 중요하다. 뿐만 아니라 쿠바 독립운동사를 찬찬히 들여다보면 한국 근대 민족해방운동사와 상당한 유사성을 발견할 수 있어 흥미를 더한다.

쿠바의 에스파냐 식민지 지배에 맞선 독립운동은 1868년 세스페데스가 이끈 '10년 전쟁'(1868-1878)에서부터 본격적으로 시작하여 '작은 전쟁'(1879-1880)을 거쳐 호세 마르티와 안토니오 마세오 등이 이끈 '독립전쟁'(1895-1898)에서 절정을 이룬다. 쿠바의 독립운동은 에스파냐의 식민지 쿠바에 대한 완강한 집착으로 라틴아메리카의 다른 대부분의 국가들보다 늦었지만, 그런 만큼 독립전쟁이라는 형태로 격렬하게 전개되었으며 독립 후 국가 건설을 둘러싼 계급투쟁의 성격을 지니고 있었다. 지주들을 중심으로 하는 백인(크리오요) 자산계급은 에스파냐를 축출하고 독립된 사회를 수립하기 위해 혁명을 바랐지만 어디까지나 그것은 미국과의 친밀한 관계, 결국엔 심지어 합병까지도 포함하는 밀접한 관계를 토대로 하는 것이었다. 이에 반해 민중계급은 정의와 사회경제적 호혜성의 원리 그리고 부의 공평한 분배에 바탕을 둔 사회를 건설하려고 하였다. 쿠바 독립운동의 전 과정에서 이러한 이데올로기적 대립이 표출되었으며 1895년 독립전쟁 시기에 이르면 독립운동에서 민중계급이 헤게모니를 장악하게 된다. 그러나 독립전쟁의 막바지인 1898년 4월에 미국이 개입함으로써 독립전쟁은 에스파냐-쿠바-미국 전쟁으로 바뀌었다. 석 달 만에 끝난 '화려한 작은 전쟁'에서 승리한 미국은 '파리조약'으로 임시 군사정부를 통해 쿠바를 점령할 권리를 확인하고 군정을 실시했다.

미국은 1899년 1월 1일부터 1902년 5월 20일까지 약 3년 동안에 걸친 군정 통치를 통해 독립운동 과정에서 주도권을 장악한 민중세력을 거세하고 자산계급을 끌어들여 쿠바를 미국의 종속국으로 바꾸어놓았다. 이로써 독립 후에도 쿠바는 약 60년 동안 미국에 정치·경제·문화적 종속국으로 남아 있었다. 피델 카스트로가 1959년 1월, 산티아고데쿠바에 입성하여 "이번 혁명은 현실이다!"라고 선언했을 때, 그것은 미국의 개입으로 실패한, 민중계급의 헤게모니가 관철되는 독립전쟁을 계승하여 이번에는 현실로 만들겠다는 의지를 표현한 것이었다.

2장에서는 전형적인 부르주아지의 도시였던 아바나를 민중의 도시로 개조해 나간 과정을 그리고 있다. 유네스코가 세계 문화유산으로 지정한 아바나 비에하가 있는 아바나는 1512년 에스파냐의 식민지 도시로 건설된 이래 서유럽의 각종 건축 양식이 어우러져 풍부한 볼거리를 제공하는 문화 역사 관광도시다. 만약 아바나를 여행한다면 이 책은 이 도시의 겉모습에 대한 감탄을 넘어 그 상징적 의미를 읽어 내는 데 훌륭한 안내자가 될 것이다. 아바나 거리 곳곳에 있는 아름답고 다양한 건축물들이 혁명 이후 민중계급의 이미지에 따라 재창조된 과정을 추적하고 있기 때문이다. 예컨대 공화국 시기 지배계급의 권력을 상징했던 대통령궁을 혁명박물관으로 바꾸어 혁명 권력을 드러내었으며, 미국 의사당을 복제한 카피톨리오를 도서관으로 바꾸고 부르주아지의 거대한 연회장들을 국립극장이나 국립예술박물관으로 바꾸어 민중계급이 이용할 수 있는 공간으로 만들었다. 뿐만 아니라 공화국 시기에 왜곡된 상징으로 세워진 혁명 영웅들의 동상도 민중계급과 혁명에 연결되도록 재상징화되었다.

이 책의 본론이라고 할 수 있는 3장은 398개 가구에 대한 면접조사를 바탕으로 한 아바나 바리오(이웃공동체)에 대한 분석이다. 쿠바혁명의 가장 중요한 특징 가운데 하나는 단지 정치경제 체제만 혁명적으로 바꾼 것이 아니라 민중의 일상생활이 이루어지는 이웃공동체 수준에서 근본적 변화를 가져왔다는 점이다. 혁명군은 호혜성의 원리, 부의 공정한 분배, 인종적·사회경제적 정의에 기초한 사회의 건설을 목표로 민중이 자발적으로 참여하는 방식으로 이웃공동체를 재창조했다. 지은이가 특히 주목하고 있는 것은 이웃공동체에 뿌리박은 교육(초등학교)과 보건의료(가정의·간호사 프로그램)이다.

쿠바의 교육제도는 유아원부터 대학까지 국가가 무상으로 제공하는 평등교육으로 잘 알려져 있다. 유네스코가 실시한 학업 성취도 평가에서 쿠바의 초등학생들이 다른 라틴아메리카 국가들의 학생들에 비해 월등히 높은 성적을 얻었다는 것도 교육에 관심이 있는 사람들은 웬만큼 알고 있는 사실이다. 그러나 쿠바의 초등학교가 이웃 공동체에 뿌리박아 학생들에게 학업성취에 유리한 사회적 자본을 제공할 뿐 아니라 학교와 주민들을 긴밀하게 연결함으로써 이웃공동체 삶을 풍부하게 한다는 사실은 잘 알려져 있지 않은 것 같다. 쿠바의 초등학교는 도시는 물론이고 농촌 지역도 아이들이 걸어 다닐 수 있는 거리에 있다. "학교에 학생을 오게 하는 것이 아니라, 학생이 있는 곳에 학교가 간다"는 취지 아래 산간벽지까지 학교를 세워 10명 이하의 소규모 학교가 전국적으로 2천 개가 넘고 심지어 1인 1교사 학교도 있다. 교사들은 대부분 학교가 있는 이웃공동체에 거주하면서 근무시간의 20퍼센트가량은 학생들의 집에서 보낸다. 또한 교사들은 주민의 한 사람으로서 혁명수호위원회 같은 이웃공동체의 각종 회의에 참석한다.

이웃공동체에 뿌리박은 쿠바 초등학교의 모습은 한국의 초등학교와 매우 대조적이다. 한국의 경우 도시화율이 높고 인구가 밀집되어 대부분의 초등학교가 이웃공동체 내에 있다. 하지만 도서벽지에 있는 소규모 학교들은 줄줄이 폐교되었다. 교사들과 이웃공동체 주민과의 관계는 담임교사와 학부모 관계를 제외하면 매우 제한적이다. 교사들이 학교가 있는 이웃공동체에 거주하는 경우도 드물다. 특히 농촌의 경우는 대부분의 교사들이 인근 거점 도시에서 출퇴근을 하기 때문에 하교 후에 학교는 이웃공동체에서 섬과 같이 느껴질 때가 많다. 한국 초등학교의 이러한 상황에 비추어볼 때 이웃공동체에 뿌리박은 쿠바 초등학교의 모습은 더욱 돋보인다.

쿠바의 보건의료 제도 또한 이웃공동체 삶과 완전히 밀착되어 있다. 보건소-전문 진료소-병원으로 이루어져 있는 3단계 무상의료 제도에서 핵심은 보건소의 가정의 프로그램이다. 보건소는 이웃공동체에서 가장 편리한 곳에 위치하며 보통 2층 건물의 위층에는 의사와 간호사가 거주한다. 가정의 한 사람이 약 150가구, 600명을 맡아 1차 진료 뿐 아니라 질병 예방을 비롯하여 가족 건강을 책임진다. 뿐만 아니라 의사와 간호사는 주민들과 건강 상담을 하고 이웃공동체에서 열리는 각종 회의에 참여하는 등 여론을 주도하는 역할을 한다. 쿠바의 보건의료 제도 또한 의료 상품화가 진행되고 의사가 이웃공동체 삶과 유리되어 있고 돈 잘 버는 직업이라는 인식이 강한 한국의 상황과 매우 대조적이다.

4장에서는 소련 해체 이후 경제위기에 직면한 쿠바 사회가 이웃공동체의 호혜성과 연대성에 기초한 복원력으로 위기를 극복해 나가는 과정을 생생하게 그리고 있다. 쿠바혁명의 핵심은 식량과 주택, 보건, 교육을 기본 인권으로 보고 국가가 이러한 기본적 수준의 재화와 서비스를 이웃 공동체에 안착시킨 것이었다. 1959년부터 1989년까지는 소련과의 우호적인 무역 협정으로 이러한 민중 중심적 사회 모델을 발전시킬 수 있는 자원이 있었고 그래서 쿠바는 번영을 누렸다. 그러나 소련 해체 이후 쿠바식 사회주의는 위기를 맞았다. 카스트로는 위기에 직면하여 달러 송금을 허용하고 일부 자영업을 허용하는 한편 관광산업으로 위기를 돌파하고자 했다. 이후 관광산업은 전체 외화 획득의 3분의 1일을 차지할 정도로 주요한 외화 획득원이 되어 쿠바의 생존에 필요한 석유와 생활필수품을 수입할 수 있게 되었다. 관광산업이 위기의 쿠바를 구하는 데 결정적이었지만, 한편으로 그것은 아바나의 경관과 쿠바인들의 일상생활에 커다란 변화를 몰고 왔다. 아바나가 국제 관광도시로 변하고 달러가 합법화되면서 호텔, 식당, 상점 등을 통해 자본주의적 소비문화가 확산되기 시작했다. 경제가 달러와 쿠바 페소가 유통되는 두 부문으로 나뉘고, 관광산업이나 자영업에 종사하는 사람들과 그렇지 않은 사람들 사이의 소득 차이로 인해 계층 분화 현상이 나타났다. 교사나 기술자 등 전문직에 종사하는 사람들이 관광산업에서 높은 소득을 올리기 위해 직업을 이탈하기도 했다.

그러나 관광산업이 가져온 이러한 변화는 쿠바인의 일상생활에 상당한 변화를 초래했지만 이웃공동체의 뿌리를 흔들 정도는 아니었다. 오히려 사회적 자본이 풍부한 쿠바 이웃공동체는 특유의 복원력으로 위기를 헤쳐 나갔다. 이웃공동체의 주택, 교육, 보건의료는 타격을 받았지만 근간이 흔들리지는 않았다. 배급소에서 구하는 식량이 절반으로 줄었지만 가구 구성원 여럿이 일하고 비공식 경제에 참여함으로써 부족분을 보충할 수 있었다. 주거비, 식비, 교통비 등 기본적인 생활비와 생활필수품의 구입은 국가에 의해 높은 보조금이 지급되는 폐소 시장 안에 그럭저럭 해결할 수 있었기 때문에 달러화된 경제로부터 치명적인 영향을 받지 않았다. 그 밖에 필요한 생활자원을 얻는 데는 이웃공동체 내에서 상품과 서비스를 주고받는 호혜적 관계가 큰 역할을 했다. 이처럼 특별시기에 아바나인들은 '필요'를 충족시키는 데는 큰 문제가 없었다.

그러나 '욕구'의 영역에서는 사정이 달랐다. 술, 담배, 전화기 등을 구매하거나 고급 식당에 가거나 여가 활동을 즐기기 위해서는 통상적인 임금 이외의 소득이 필요하다. 보통 아바나인의 한 달 치 임금으로는 맥주 30병 정도를 살 수 있고 4인 가족이라면 두 번 정도 고급 식당에 갈 수 있을 뿐이다. 관광산업에 종사하거나 해외 송금을 얻을 수 있는 기회가 있는 사람들과 그렇지 않은 사람들 사이의 소비 지출의 차이는 주로 이러한 '욕구' 영역에서 나타난다. 그리고 그러한 소비는 아바나인들에게 '멋진 삶'으로 비춰진다. 이러한 소비 열망과 멋진 삶에 대한 물질주의는 이제 많은 쿠바인들에게 일상생활의 추진력이 되고 있다. 그러나 쿠바는 아직 이러한 소비 열망을 충족시키기에는 가난한 나라이다. 충족되지 않는 소비 열망은 이제 쿠바에서 구조적 불만의 한 요인이 되고 있다. 이는 사회주의를 구하기 위해 자본주의를 이용한 혁명군의 전략이 가져온 필연적 결과이다. 쿠바 사회가 당면한 가장 중요한 과제는 민중 중심적 사회를 유지하면서도 이러한 소비 열망을 적절히 관리하는 것이라고 할 수 있다.

5장에서는 산이시드로 이웃공동체를 사례로 아바나 이웃공동체의 일상생활을 구체적으로 보여 주고 에필로그에서는 라울 카스트로 집권 이후의 약간의 변화와 쿠바 사회의 미래를 전망하고 있다. 쿠바 사회의 미래에 대해 지은이는 낙관적이다. 그가 낙관적인 전망을 하는 근거는 물론 살아 있는 쿠바 이웃공동체이다. 마지막으로 지은이는 연구자들의 쿠바 사회에 대해 이데올로기적 편견을 지적하고 냉정하게 쿠바 사회를 바라볼 것을 권고하고 있다.

옮긴이가 이 책을 번역하게 된 계기는 쿠바 여행이다. 2009년 1월 약 보름 동안 쿠바에 갈 기회가 있었다. '전태일을 따르는 노동운동연구소'에서 기획하고 쿠바 국제교류처의 도움을 받아 쿠바 교육제도를 견학하는 것이 여행의 주목적이었다. 한 주 동안 유아원에서 대학에 이르기까지 각 급 학교를 견학하고 나머지 한 주는 견학단 다섯 명이 차를 한 대 빌려 혁명군 사령부가 있던 쿠바섬 동쪽 끝 시에라마에스트라까지 다녀왔다. 우리가 방문한 학교도 감동적이었지만, 아바나 거리와 시골 경관, 무엇보다도 사람들의 삶이 매우 인상적이었다. 대학 시절에 폴 스위지가 쓴 《쿠바혁명사》를 읽고 부러웠던 기억이 되살아났다. 그리고 현실 사회주의 붕괴 이후 쿠바가 생존한 비밀이 무엇일까 하는 오래된 의문도 여행 내내 지속되었다. 여행 중에 쿠바엔 무언가 있다는 감이 왔지만 시원하게 풀지 못하고 돌아왔다.

그러던 차에 이 책을 만났다. 쿠바 여행 이야기가 계기가 되어 삼천리 송병섭 대표로부터 이 책을 소개받고는 단숨에 읽었다. 지은이의 문제의식과 균형 잡힌 시각이 마음에 들었다. 무엇보다 현지조사에 기초한 터라 설득력이 있었다. 게다가 학술적인 주제를 대중 독자들에게 쉽게 전달하려는 노력도 돋보였다. 우리 나라에 소개할 가치가 있다고 판단되었다. 우리 나라 사람들의 쿠바에 관한 인상은 양극단이 있는 것 같다. 한편에서는 북한과 비슷한 공산주의 국가로 가난하고 인권 유린이 심한 나라로 여겨진다. 이런 인상은 서방 언론의 악의적인 보도와 반공 이데올로기가 만들어 내었을 것이다. 다른 한편에서는 아름다운 경관과 노래와 춤이 있는 낭만적인 나라로 여겨진다. 관광 개방 이후 나온 여러 여행기들이 이런 이미지를 만들어 낸 것으로 생각된다. 그러나 지은이가 말하는 바와 같이 쿠바는 자유가 억압되는 나라도 낙원도 아니다. 이 책의 가장 큰 장점은 균형 잡힌 시각에서 쿠바인들의 밑바닥 일상생활을 있는 그대로 보여 줌으로써 이러한 편견으로부터 벗어날 수 있도록 해 주고 우리의 삶과 견주어 보게 해 준다는 데 있다.

번역은 시간이 많이 드는 일이라 엄두를 내기가 쉽지 않은데, 경상대학교 대학원 정치경제학과에 다니는 이진 군이 초역을 해 주기로 하여 번역하기로 마음먹었다. 2009년 여름방학 기간 몸살이 날 정도로 초역에 몰두하여 나를 다그친 이진 군에게 감사한다. 번역 초고를 읽고 유익한 지적을 해주신 이전 교수님과 박옥주 선생님께도 감사드린다. 이 책의 번역은 경상대학교 사회과학연구원이 수행하고 있는 중점연구소 과제 '대안세계화운동의 조직과 전략 (KRF2007-411-J04602)의 일환으로 한국연구재단의 재정적 지원을 받았다. 끝으로 좋은 책을 소개해 주었을 뿐 아니라, 번역 초고를 몇 달에 걸쳐 꼼꼼하게 교열하여 우리말답게 다듬어 주신 송병섭 대표께 감사드린다. 보름간의 쿠바 여행기간 동안 새로운 세계에 대한 감동을 같이 한 정은교, 조창익, 박오철, 박옥주 선생님들과 출간의 기쁨을 나누고 싶다.

2010년 4월 함취당에서
정진상

프롤로그 ──

1) Hershberg, *Philadelphia*, 1-29.
2) Sampson, Morenoff, and Gannon-Rowley, "Assessing 'Neighborhood Effects.'"
3) Johnson and Onwuegbuzie, "Mixed Methods Research."
4) Faugier and Sargeant, "Sampling Hard to Reach Populations."

1장 끝나지 않은 혁명 ──

1) Poyo, "Evolution of Cuban Separatist Thought," 494.
2) Helg, *Our Rightful Share*, 78n124, 269.
3) Ibid., 59.
4) Scott, *The Moral Economy of the Peasant*, 31-32.
5) Howard, *Changing History*, 131-32.
6) Langley, *The Cuban Policy of the United States*, 1-19.
7) Jenks, *Our Cuban Colony*, 7-17.
8) U.S. Department of State, *Part 1: Papers Relating to the Foreign Relations of the United States 1895*, 29.
9) Smith, "William McKinley: Special Message to the Congress of the United States," 109-11.
10) Foner, *The Spanish-Cuban-American War*, 258-59.
11) Smith, "Document 12: Joint Resolution of Congress," 111-12.
12) Hitchman, *Leonard Wood and Cuban Independence, 1898-1902*, 12.
13) William McKinley, quoted in ibid., 13.
14) Hagedorn, *Leonard Wood*, 260.
15) Leonard Wood, quoted in L. A. Pérez, *Cuba under the Platt Amendment*, 44.

16) O'Brien, *The Revolutionary Mission*, 207.

17) Leonard Wood, quoted in Healy, *The United States in Cuba*, 179.

18) Porter, *Industrial Cuba*, 204-210; 390-407.

19) L. A. Pérez, *Cuba and the United States*, 104.

20) Leonard Wood, quoted in L. A. Pérez, *Cuba under the Platt Amendment*, 348.

21) Department of War, *Report of the Census of Cuba*, 225-98.

22) Santamarina, "The Cuba Company and the Creation of Informal Business Networks," 62-86, 64.

23) Santamarina, "The Cuba Company and the Expansion of American Business in Cuba," 41-83, 45.

24) "Report of William H. Carlson, Commissioner of Railroads"; *Report of the Military Governor of Cuba on Civil Affairs*, 2, Part 3, 2.

25) Zanetti and Alvarez, *Sugar and Railroads*, 213.

26) National Archives, "Letters Received 1899-1902." 이 기록은 미군정이 승인한 수 백 건의 취소가능한 허가를 포함하고 있는데, 이를 통해 우리는 허가를 확보하는 과정에서 벌어진 논쟁들을 알 수 있다. 이 기록은 그러한 허점을 이용한 아주 상이한 유형의 사업들을 나열하고 있으며, 반 혼이 쿠바의 철도 발전에서 행사한 막대한 영향력을 명백하게 보여주고 있다.

27) U.S. Library of Congress, Manuscript Division, "Wood Report to McKinley on Conditions in the Santiago Province," container 28 (1900), 3.

2장 이번 혁명은 현실이다

1) Life, "Liberator's Triumphal March through an Ecstatic Island," 28-32.

2) Draper, *Castroism*, 57-135.

3) Knox, "The Restless Urban Landscape"; Wohl and Strauss, *Symbolic Representation and the Urban Milieu*, 523-32; and Lawrence and Low, "The Built Environment and Spatial Forms."

4) Harvey, *Consciousness and the Urban Experience*, 36-62.

5) Foglesong, *Planning the Capitalist City*, 3-27.

6) Pérez-Stable, *Cuban Revolution*, 3-13.

7) Scarpaci, Segre, and Coyula, *Havana*, 53-54.

8) Scarpaci, "Back to the Future," 196-204.

9) Oliveras and Núñez, "There Will Be Reason to Keep Balance," 2.

10) Cook, "Urrutia," 220-32.

11) Gonzales, *About Schemes, Plans and Master Plans for Havana*, 20-28.

12) Lejeune, Beusterien, and Menocal, "The City as Landscape," 151-85.

13) Bertaud and Renaud, "Cities," 137-51.

14) Acosta and Hardoy, *Urban Reform in Revolutionary Cuba*, 8.

15) In ibid., 61.

16) Coyula and Hamberg, "Understanding Slums," 1-39.

17) Acosta and Hardoy, *Urban Reform*, 63.

18) Kapur and Smith, "Housing Policy," 5.

19) Coyula, Oliveras, and Coyula, *Hacia un Nuevo Tipo de Comunidad en La Habana*, 5-16.

20) Torche and Spiler, "Household Wealth in Latin America," 1-47.

21) "Cuba: Havana Battles Housing Shortage." Online.

22) Michener and Kings, *Six Days in Havana*, 29.

23) Peters, International Tourism, 1-16.

24) Colantonio and Potter, *Urban Tourism and Development in the Socialist State*, 21.

25) Scarpaci, "Back to the Future," 196-204.

3장 이웃공동체와 쿠바 혁명

1) Sampson, Morenoff, and Gannon-Rowley, "Assessing 'Neighborhood Effects,'" 443-78.

2) Coyula, Oliveras, and Coyula, *Hacia un Nuevo Tipo de Comunidad en La Habana*, 5-16.

3) Portes, "Social Capital," 1-24.

4)) Cuba Project, *Havana Neighborhoods*.

5) Coyula and Hamburg, "Understanding Slums," 18-20.

6) Cuba Project, *El Barrio Household Surveys*.

7) Helg, *Our Rightful Share*, 3-4.

8) Ochoa and Visbal, "Civil Society and Health System in Cuba."

9) Coyula, Uggen, and Angotti, "The Neighborhood as Workshop."

10) Aguirre, "The Conventionalization of Collective Behavior in Cuba."

11) Aguirre, "Social Control in Cuba."

12) Kruger, "Community-Based Crime Control in Cuba."

13) Taylor, "Discussions on the Committees for the Defense of the Revolution: Interviews and Field Notes."

14) Kruger, "Community-Based Crime Control," 105.

15) Roman, *People's Power*, 1-8, 62-102.

16) Kennedy, Rivera, and Tilly, "Looking at Participatory Planning."
17) Castro, "The Role of Revolutionary Instructors in Cuba," 1-20.
18) Berube, *Education and Poverty*, 89.
19) Carnoy and Marshall, "Cuba's Academic Performance in Comparative Perspective."
20) Coleman, "Social Capital."
21) Cuba Project, "Primary Education Survey."
22) Coyula and Hamberg, "Understanding Slums," 17.
23) Juan Casassus, quoted in Wolff, Schiefelbein, and Schiefelbein, "Primary Education in Latin America."
24) Lewis and Weigert, "Trust as a Social Reality."
25) Feinsilver, *Healing the Masses*, 26-27.
26) Cuba Project, "Family Doctor and Nurse Survey."
27) Forero, "Cuba Perks Up as Venezuelan Foils Embargo," *New York Times*, August 4, 2006. Online.
28) Thompson and Gaviria, *Weathering the Storm*, 1-10.
29) Sims and Vogelmann, "Popular Mobilization and Disaster Management in Cuba."
30) Cuba Project, "Disaster Preparation Survey."
31) Thompson and Gaviria, *Weathering the Storm*, 27.
32) Sims and Vogelmann, "Popular Mobilization and Disaster Management in Cuba," 395-96.

4장 자본주의를 이용해 사회주의를 지킨다

1) Pearson, "The Political Economy of Social Reproduction," 254.
2) Herrera and Nakatani, "De-Dollarizing Cuba," 84-95.
3) Fidel Castro, quoted in Rohr, "Planning for Sustainable Tourism in Old Havana, Cuba," 66-67.
4) Arthur Schlesinger, Jr., quoted in L. A. Pérez, *Cuba*, 305.
5) Jayawardene, "Revolution to Revolution," 55.
6) Mesa-Lago, "The Cuban Economy Today," 5.
7) Jatar-Hausmann, *The Cuban Way*, 49.
8) Pérez-López and Díaz-Briquets, "Remittances to Cuba," 396-409.
9) De la Fuente, *A Nation for All*, 318-19.
10) Perry, Steagall, and Woods, "Cuba Tourism," 141-49.
11) Colantonio and Potter, *Urban Tourism and Development in the Socialist*

State, 161-91.

12) Ministry of Tourism, Resolution No. 10 of 2005.

13) De la Fuente, *A Nation for All*, 319.

14) Ritter, "Survival Strategies and Economic Illegalities in Cuba," 342-59.

15) Locay, *The Future of Cuba's Labor Market*, 3-8.

16) Mesa-Lago, "The Cuban Economy Today," 3-6.

17) Fidel Castro, quoted in Espino, "International Tourism in Cuba."

18) '휘트니 휴스턴 규칙' 이라는 개념은 휴스턴의 히트송 "It's Not Right, But It's OK"에서 가져왔다.(Arista, 1999).

19) See, for example, the images and advertisements in the tourist magazine published by Cubanaran, *SoL y SoN*, no. 3 (2007), 44-45.

20) Hirschman, "The Ideology of Consumption."

21) Colantonio and Potter, *Urban Tourism and Development in the Socialist State*, 161-91.

22) Gordy, "Sales + Economy + Efficiency = Revolution"?

23) Cuba Project, "Household Survey."

24) Mesa-Lago, *Growing Economic and Social Disparities in Cuba*, 3.

25) Ibid., 5

26) Togores González, "Cuba," 23-27.

27) Cuba Project, "Basic Needs Survey"

28) Pérez-López and Díaz-Briquets, "Remittances to Cuba," 400-403.

29) Coyula and Hamberg, "Understanding Slums," 22.

30) Mesa-Lago, *Growing Economic and Social Disparities in Cuba*, 23.

31) Viviana Togores González, quoted in ibid., 25.

32) Mesa-Lago, *Growing Economic and Social Disparities in Cuba*, 31.

33) Coyula and Hamberg, "Understanding Slums," 6-7.

34) Alvarez, "Rationed Products and Something Else," 305-22.

35) Fidel Castro, quoted in Yamaoka, "Cuba's Social Policy after the Disintegration of the Soviet Union," 310.

36) Rosendahl, *Inside the Revolution*, 45-49.

37) Ritter, "Survival Strategies and Economic Illegalities in Cuba"; Pérez-López, *Cuba's Second Economy*: Corbett, *This Is Cuba*.

38) Jatar-Hausmann, *The Cuban Way*.

5장 밑바닥에서 본 이웃공동체, 산이시드로

1) Oficina Nacional de Estadísticas, *Estudio Y Datos Sobre La Poblacíon*

Cubana.

2) La Cuidad Oficina del Historiador de la Cuidad, *San Isidro, La Nueva Imagen,* 3, 8, 24.

3) Coyula, Oliveras, and Coyula, *Hacia un Nuevo Tipo de Comunidad en La Habana,* 5-16.

4) Historiador de la Ciudad de la Habana, "Programa para el Desarrollo Humano a Nivel Local." .

5) Rodriguez et al., "El Trabajo en Equipo en Consultorios Médicos Compartidos," 2.

6) Yamaoka, "Cuba's Social Policy after the Disintegration of the Soviet Union," 320.

7) Espinosa, "Markets Redux," 51.

8) Alvarez, "Overview of Cuba's Food Rationing System," 6.

9) I. L. Miller, "Religious Symbolism."

10) Grey, "The Changing Dynamics of Cuban Civil Society."

11) Enoch et al., "The Effect of Economic Restrictions on Transport Practices in Cuba."

12) Ibid., 67-76.

에필로그 ───

1) Leftwich, "Is There a Socialist Path to Socialism?"; Burawoy and Lukacs, "Mythologies of Work."

2) Petras and Eastman-Abaya, "Cuba."

3) Ritter, "Cuba's Economic Reorientation."

4) Uriarte, *Cuba: Social Policy at the Crossroads,* 3.

5) McBroom, "Program to Track Global Traffic in Organs."

6) Martinez-Saenz, "Che Guevara's New Man."

7) Betancourt, "Felipe Pazos, Institutions and Retrospective View," 121-25.

8) Fernandes, "Island Paradise, Revolutionary Utopia or Hustler's Haven?" 359.

9) Agarwal, "Cuba's Path to a Market Economy."

10) Raúl Castro, "Speech as President of the State Council and the Council of Ministers."

11) Fidel Castro, quoted in Smith and Schuett, "Cuba Changes."

12) Domínguez, "The Secrets of Castro's Staying Power," 97-107.

13) Raúl Castro, quoted in Karl, "Work Incentives."

14) Boadle, "Cuba Allows Foreign Firms to Pay in Hard Currency."

15) Acosta, "Cuba."

16) "Minister: More than $2 Billion Will Upgrade Cuba's Transportation System."

17) Bourdieu, *Distinction*, 32.

18) Raúl Castro, "Speech as President of the State Council and the Council of Ministers."

19) "Social Infrastructure Boosted in Cuba."

20) Jatar-Hausmann, *The Cuban Way*, 22-23. 186 Notes

21) Kapcia, "Educational Revolution and Revolutionary Morality in Cuba," 400.

22) Fernández, "If Asked to Choose, We Opt for Criticism."

23) Mickelson, *Children on the Streets of the Americas*, 280.

Acosta, D. "Cuba: Economic Changes, Not If or When, but How" (2008). Available online.

Acosta, M., and J. E. Hardoy. *Urban Reform in Revolutionary Cuba.* Translated by M. Bochner. ARP Occasional Papers. New Haven, CT: Yale University, 1973.

Agarwal, C. "Cuba's Path to a Market Economy: Washington Consensus, Doi Moi, or Reforma á la Cubana?" Proceedings of the Fourteenth Annual Meeting of the Association for the Study of the Cuban Economy: *Cuba in Transition,* 2004.

Aguirre, B. E. "The Conventionalization of Collective Behavior in Cuba." *The American Journal of Sociology* 90, no. 3 (1984): 541-66.

____, "Social Control in Cuba." *Latin American Politics and Society* 44, no. 2(2002): 67-98.

Aguirre, B. E., and R. J. Vichot. "The Reliability of Cuba's Educational Statistics." *Comparative Education Review* 42, no. 2 (1998): 118-38.

Aitken, S. C. "Local Evaluations of Neighborhood Change." *Annals of the Association of American Geographers* 80, no. 2 (1990): 247-67.

Alba, R. D., et al. "Neighborhood Change under Conditions of Mass Immigration: The New York City Region, 1970-1990." *International Migration Review* 29, no. 3 (1995): 625-56.

Allen, E., ed. *José Martí: Selected Writings.* London: Penguin, 2002.

Almanoz, A. "The Garden City in Early Twentieth-Century Latin America." *Urban History* 31, no. 3 (2004): 437-52.

Alvarez, J. "Overview of Cuba's Food Rationing System." *Extension Data Information Source* (EDIS) FE482 (2004): 1-6.

_____, "Rationed Products and Something Else: Food Availability and Distribution in 2000 Cuba." Proceedings of the Eleventh Annual Meeting of the Association for the Study of the Cuban Economy: *Cuba in Transition*, 2001.

Annan, Kofi. *In Larger Freedom: Toward Development, Security and Human Rights for All: Report of the Secretary-General.* New York: United Nations, 2005.

Appleyard, D. "Livable Streets: Protected Neighborhoods?" *Annals of the American Academy of Political and Social Science* 451 (1980): 106-17.

Arnould, E. J., and C. J. Thompson. "Consumer Culture Theory (CCT): Twenty Years of Research." *The Journal of Consumer Research* 31, no. 4 (2005): 868-82.

Ayala, C. J. "Social and Economic Aspects of Sugar Production in Cuba, 1880-1930." *Latin American Research Review* 30, no. 1 (1995): 95-124.

Bandell, B. "Census Highlights Miami Poverty, Lower Palm Beach Wages "(2005). Available online.

Betancourt, R. R. "Felipe Pazos, Institutions and Retrospective View of 'Problemas Econ?micos de Cuba en El Per?odo de Transici?n.'" Proceedings of the Eleventh Annual Meeting of the Association for the Study of the Cuban Economy: *Cuba in Transition*, 2001.

Berelowitz, J. A. "Review: Protecting High Culture in Los Angeles: MOCA and the Ideology of Urban Redevelopment." *Oxford Art Journal* 16, no. 1(1993): 149-57.

Bertaud, A., and B. Renaud. "Socialist Cities without Land Markets." *Journal of Urban Economics* 41, no. 1 (1997): 137-51.

Berube, M. R. *Education and Poverty: Effective Schooling in the United States and Cuba.* Westport, CT: Greenwood Press, 1984.

Boadle, A. "Cuba Allows Foreign Firms to Pay in Hard Currency" (2007). Available online.

Bohl, C. C. "New Urbanism and the City: Potential Applications and Implications for Distressed Inner-City Neighborhoods." *Housing Policy Debate* 11, no. 4 (2000): 761-801.

Bonilla-Silva, E. "We Are All Americans! The Latin Americanization of Racial Stratification in the USA." *Race and Society* 5, no. 1 (2002): 3-16.

Borchert, J. *Alley Life in Washington: Family, Community, Religion, and Folklife in the City, 1850-1970.* Urbana: University of Illinois Press, 1980.

Borgmann, A. "The Moral Complexion of Consumption." The Journal of

Consumer Research 26, no. 4 (2000): 418-22.

Bourdieu, P. *Distinction: A Social Critique of the Judgment of Taste.* Cambridge, MA: Harvard University Press, 1984.

Bray, D. W., and M. W. Bray. "Introduction: The Cuban Revolution and World Change." *Latin American Perspectives* 29, no. 3 (2002): 3-17.

Bretos, M. A. "Imaging Cuba under the American Flag: Charles Edward Doty in Havana, 1899-1902." *The Journal of Decorative and Propaganda Arts* 22 (1996): 82-103.

Briquets, S. D. "Demographic and Related Determinants of Recent Cuban Emigration." *International Migration Review* 17, no. 1 (1983): 95-119.

Brundenius, C. *Economic Growth, Basic Needs, and Income Distribution in Revolutionary Cuba.* Lund, Sweden: Lund University, Research Policy Institute, 1981.

Brundenius, C., and M. Lundahl. *Development Strategies and Basic Needs in Latin America: Challenges for the 1980s.* Boulder, CO: Westview Press, 1982.

Bumpass, L., and H. H. Lu. "Trends in Cohabitation and Implications for Children's Family Contexts in the United States." *Population Studies* 54, no. 1 (2000): 29-41.

Bunck, J. M. *Fidel Castro and the Quest for a Revolutionary Culture in Cuba.* University Park: Pennsylvania State University Press, 1994.

Burawoy, M., and J. Lukacs. "Mythologies of Work: A Comparison of Firms in State Socialism and Advanced Capitalism." *American Sociological Review* 50, no. 6 (1985): 723-37.

Burchardt, H. J. "Contours of the Future: The New Social Dynamics in Cuba." *Latin American Perspectives* 29, no. 3 (2002): 57-74.

Burgess, E. W. *The Urban Community.* Chicago: University of Chicago Press, 1925.

Buscaglia-Salgado, José F. *Undoing Empire: Race and Nation in the Mulatto Caribbean.* Minneapolis: University of Minnesota Press, 2003.

Butterworth, D. *The People of Buena Ventura: Relocation of Slum Dwellers in Postrevolutionary Cuba.* Urbana: University of Illinois Press, 1980.

Corzo, M. A. G. "Housing Cooperatives: Possible Roles in Havana's Residential Sector." Proceedings of the Fifteenth Annual Meeting of the Association for the Study of Cuban Economy: *Cuba in Transition,* 2005.

Carley, R. *Cuba: 400 Years of Architectural Heritage.* New York: Whitney Library of Design, 2000.

Carnoy, M., J. Samoff. *Education and Social Transition in the Third World.*

Princeton, NJ: Princeton University Press, 1990.

Carnoy, M. A., and J. Marshall. "Cuba's Academic Performance in Comparative Perspective." *Comparative Education Review* 49 (2005): 230-61.

Carr, B. "Identity, Class, and Nation: Black Immigrant Workers, Cuban Communism, and the Sugar Insurgency, 1925-1934." *The Hispanic American Historical Review* 78, no. 1 (1998): 83-116.

Casanovas, J. *Bread or Bullets! Urban Labor and Spanish Colonialism in Cuba, 1850-1898.* Pittsburgh: University of Pittsburgh Press, 1998.

Castro, Fidel. "The Role of Revolutionary Instructors in Cuba: School of Revolutionary Instruction." June 30, 1962. *Castro Speech Data Base*, Latin American Network Information Center.

_____, "Castro Holds News Conference on Tourism." June 7, 1993. Castro Speech Data Base, Latin America Network Information Center.

Castro, Ra?l. "Speech as President of the State Council and the Council of Ministers, at Closing Session of the National Assembly of People's Power, Havana," February 2008. Available online.

Cebreco, A. Discussion with Henry Louis Taylor, Jr. *Interviews and Field Notes.* Buffalo: Center for Urban Studies, University at Buffalo, July 2006.

Chambers, E., ed. *Tourism and Culture.* Albany: State University of New York Press, 1997.

Chin, J. J. "Doctor-Patient Relationship: A Covenant of Trust." Singapore Medical Journal 42, no. 12 (2001): 579-81.

Clark, K. B. *Dark Ghetto: Dilemmas of Social Power.* 2d ed. Middletown, CT: Wesleyan University Press, 1965.

Colantonio, A. "Tourism in Havana during the Special Period: Impacts, Residents' Perceptions, and Planning Issues." Proceedings of the Fourteenth Annual Meeting of the Association for the Study of the Cuban Economy: *Cuba in Transition,* 2004.

Colantonio, A., and R. B. Potter. *Urban Tourism and Development in the Socialist State: Havana during the 'Special Period.'* Aldershot, England: Ashgate, 2006.

Cole, K. "Cuba: The Process of Socialist Development." *Latin American Perspectives* 29, no. 3 (2002): 40-56.

Coleman, J. S. "Social Capital in the Creation of Human Capital." *The American Journal of Sociology* 94 (1988): S95-120, S109-16.

Cook, M. "Urrutia." *Phylon* (1940-1956) 4, no. 3 (1943).

Corbett, B. *This Is Cuba: An Outlaw Culture Survives.* Cambridge, MA:

Westview Press, 2002.

Coyula, M., J. F. Uggen, T. Angotti. "The Neighborhood as Workshop." *Latin American Perspectives* 23, no. 4 (1996): 90-103.

Coyula, M., and J. Hamberg. "Understanding Slums: The Case of Havana, Cuba." In *Understanding Slums: Case Studies for the Global Report* 2003. London: UN Habitat, 2003.

Coyula, M., R. Oliveras, and M. Coyula. *Hacia un Nuevo Tipo de Comunidad en La Habana: Los Talleres De Transformacion Integral Del Barrio.* Havana: GDIC, 2002.

Crane, J. "The Epidemic Theory of Ghettos and Neighborhood Effects on Dropping Out and Teenage Childbearing." *The American Journal of Sociology* 96, no. 5 (1991): 1226-59.

Cravey, A. J. "The Politics of Reproduction: Households in the Mexican Industrial Transition." *Economic Geography* 73, no. 2 (1997): 166-86.

Cuba Project. "Basic Needs Survey: SPSS Online Database." Buffalo: El Barrio Household Survey Center for Urban Studies, University at Buffalo, 2007.

____, "Disaster Preparation Survey: SPSS Online Database." El Barrio Household Survey. Buffalo: Center for Urban Studies, University at Buffalo, 2007.

____, *El Barrio Household Surveys.* Buffalo: Center for Urban Studies, University at Buffalo, 2007.

____, "Family Doctor and Nurse Survey: SPSS Online Database." El BarrioHousehold Survey. Buffalo: Center for Urban Studies, University at Buffalo, 2007.

____, *Havana Neighborhoods: Field Notes and Photographs.* Buffalo: Center for Urban Studies, University at Buffalo, 2007.

____, "Primary Education Survey: SPSS Online Database." El Barrio Household Survey. Buffalo: Center for Urban Studies, University at Buffalo, 2007.

Dahrendorf, R. *Life Chances: Approaches to Social and Political Theory.* Chicago: University of Chicago Press, 1979.

de la Fuente, A. *A Nation for All: Race, Inequality, and Politics in Twentieth Century Cuba.* Chapel Hill: University of North Carolina Press, 1994.

____, *A Nation for All: Race, Inequality, and Politics in Twentieth-Century Cuba.* Chapel Hill: University of North Carolina Press, 2001.

Department of War. *Report of the Census of Cuba.* Washington DC: Government Printing Office, 1900.

Dewey, R. "The Rural-Urban Continuum: Real but Relatively Unimportant." *The*

American Journal of Sociology 66, no. 1 (1960): 60-66.

Dharmaratne, P. "The Politics of Dependent Capitalism." *Social Scientist* 10, no. 12 (1982): 40-46.

Díaz-Briquets, S., and J. F. Pérez-López. "The Special Period and the Environment." Proceedings of the Fifth Annual Meeting of the Association for the Study of the Cuban Economy: *Cuba in Transition*, 1995.

Díaz, M. R. B. "La Comunidad de Atar?s." Havana: Grupo para el Desarrollo Integral de la Capital, 2000.

Dilla, H., and P. Oxhorn. "The Virtues and Misfortunes of Civil Society in Cuba." *Latin American Perspectives* 29, no. 4 (2002): 11-30.

Domínguez, J. I. "The Secrets of Castro's Staying Power." *Foreign Affairs* (1993): 97-107.

_____, "U.S. Cuban Relations: From the Cold War to the Colder War." *Journal of Interamerican Studies and World Affairs* 39, no. 3 (1997): 49-75.

Draper, T. *Castroism: Theory and Practice.* New York: Frederick A. Praeger, 1965.

Dresang, L. T., L. M. Brebrick, D. Shallue, and L. A. Sullivan-Vedder. "Family Medicine in Cuba: Community-Oriented Primary Care and Complementary and Alternative Medicine." *The Journal of the American Board of Family Practice* 18, no. 4 (2005): 297-303.

Du Bois, W. E. B. *The Souls of Black Folks.* Chicago: A. C. McClurge and Company, 1903.

Duvall, R. D., and J. R. Freeman. "The State and Dependent Capitalism." *International Studies Quarterly* 25, no. 1 (1981): 99-118.

Eakin, M. C. *Tropical Capitalism: The Industrialization of Belo Horizonte, Brazil.* New York: Palgrave, 2002.

Eckstein, S. *Back from the Future: Cuba under Castro.* Princeton, NJ: Princeton University Press, 1994.

_____, "Capitalist Constraints on Cuban Socialist Development." *Comparative Politics* 12, no. 3 (1980): 253-74.

Edge, K., J. Scarpaci, and H. Woofter. "Mapping and Designing Havana: Republican, Socialist and Global Spaces." *Cities* 23, no. 2 (2006): 85-98.

Enoch, M., J. P. Warren, H. V. Rios, and E. H. Menoyo. "The Effect of Economic Restrictions on Transport Practices in Cuba." *Transport Policy* 11, no. 1 (2004): 67-76.

Epstein, R. M., et al. "Patient-Centered Communication and Diagnostic Testing." *Annals of Family Medicine* 3, no. 5 (2005): 415-21.

Espino, M. D. "Cuban Tourism during the Special Period." Proceedings of the Eleventh Annual Meeting of the Association for the Study of the Cuban Economy: *Cuba in Transition*, 2000.

____, "International Tourism in Cuba: An Economic Development Strategy?" Proceedings of the First Annual Meeting of the Association for the Study of the Cuban Economy: *Cuba in Transition*, 1991.

Espinosa, J. C. "Markets Redux: The Politics of Farmers' Markets in Cuba." Proceedings of the Fifth Annual Meeting of the Association for the Study of the Cuban Economy: Cuba in Transition, 1995.

Eyles, J., and W. Peace. "Signs and Symbols in Hamilton: An Iconology of Steeltown." *Geografiska Annaler*, Series B, *Human Geography* 72, no. 2/3 (1990): 73-88.

Faugier, J., and Mary Sargeant. "Sampling Hard to Reach Populations." *Journal of Advanced Nursing* 26 (1996): 790-97.

Favro, D. "Meaning and Experience: Urban History from Antiquity to the Early Modern Period." *The Journal of the Society of Architectural Historians* 58, no. 3 (1999): 364-73.

Feinsilver, J. M. "Cuban Medical Diplomacy: When the Left has Got it Right." *Council on Hemispheric Affairs*, 2006. Available online.

____, *Healing the Masses: Cuban Health Politics at Home and Abroad*. Berkeley and Los Angeles: University of California Press, 1993.

Fernandes, S. *Cuba Represent! Cuban Arts, State Power, and the Making of New Revolutionary Cultures*. Durham, NC: Duke University Press, 2006.

____, "Island Paradise, Revoutionary Utopia or Hustler's Haven? Consumerism and Socialism in Contemporary Cuban Rap." *Journal of Latin American Cultural Studies* 12, no. 3 (2003): 359-75.

Fernández, D. J. *Cuba and the Politics of Passion*. Austin: University of Texas Press, 2000.

Fernández, I. "If Asked to Choose, We Opt for Criticism: An Interview with El?ades Acosta (Head, Department of Culture, Communist Party of Cuba)." *Progreso* (April 2008). Available online.

Ferrer, A. *Insurgent Cuba: Race, Nation, and Revolution, 1868-1898*. Chapel Hill: University of North Carolina Press, 1999.

Foglesong, R. E. *Planning the Capitalist City: The Colonial Era to the 1920s*. Princeton, NJ: Princeton University Press, 1986.

Foner, P. S. *Antonio Maceo: The Bronze Titan of Cuba's Struggle for Independence*. New York: Monthly Review Press, 1977.

_____, *A History of Cuba and Its Relations with the United States*. New York: International Publishers, 1962.

_____, ed. *Our America: Writings on Latin America and the Struggle for Cuban Independence*. Trans. Elinor Randall. New York: Monthly Review Press, 1977.

_____, *The Spanish-Cuban-American War and the Birth of American Imperialism, 1895-1902*. New York: Monthly Review Press, 1972.

Forero, Juan. "Cuba Perks Up as Venezuelan Foils Embargo." *New York Times*. August 4, 2006. Available online.

Fornias, C. V., N. G. Menocal, and E. Shaw. "Havana between Two Centuries." *The Journal of Decorative and Propaganda Arts* 22 (1996): 12-35.

Foscue, E. J. "The Central Highway of Cuba." *Economic Geography* 9, no. 4 (1933): 406-12.

Foster, M. "City Planners and Urban Transportation: The American Response, 1900-1940." *Journal of Urban History* 5, no. 2 (1979): 365-96.

Gasperini, L. "The Cuban Educational System: Lessons and Dilemmas." *Country Studies: Education Reform and Management Publication Series* 1, no. 5 (2000): 1-36.

Gillette, H., Jr. "The Military Occupation of Cuba, 1899-1902: Workshop for American Progressivism." American Quarterly 25, no. 4 (1973): 410-25.

G?mez, R. O., ed. *Con Las Fortalezas del Barrio. Havana*: Grupo para el Desarrollo Integral de la Capital, 2001.

Gonzales, M. About Schemes, Plans, and Master Plans for Havana. Havana: Grupo para el Desarrollo Integral de la Capital, 1995.

Gordy, K. "Sales + Economy + Efficiency = Revolution? Dollarization, Consumer Capitalism, and Popular Responses in Special Period Cuba." *Public Culture* 18, no. 2 (2006): 383-412.

Grajales, M. Discussion with Henry Louis Taylor, Jr. *Interviews and Field Notes*. Buffalo: Center for Urban Studies, University at Buffalo, July 2006.

Gray, J. *Sin Embargo: Nevertheless*. Watertown, MD: Documentary Educational Resources, 2004. 48 minutes.

Grey, A. I. "The Changing Dynamics of Cuban Civil Society: Traditional Priorities, New Approaches." Discussion Paper IPS-DPUL-0401. *Journal of Political Studies* 3 (2004): 1-12.

Guevara, C. "Socialism and Man" (March 1965). Available online.

Gunson, P. "Venezuela Struggles with Doctor Shortage." *Miami Herald*. February 12, 2007. Available online.

Halebsky, S., and J. M. Kirk, eds. *Cuba in Transition: Crisis and Transformation*. Boulder, CO: Westview Press, 1992.

Hagedorn, H. *Leonard Wood, a Biography*. Vol. 1. New York: Harper and Brothers, 1931.

Halperin, M. *Return to Havana: The Decline of Cuban Society under Castro*. Nashville, TN: Vanderbilt University Press, 1994.

Hamberg, J. *The Dynamics of Cuban Housing Policy*. New York: Columbia University, 1994.

Hansing, K. "Changes from Below: New Space, New Attitudes and Actions in Contemporary Cuba." *Hemisphere* 17 (2006): 4-6.

Harner, J. "Place Meaning and Neoliberalism in Sonoran Copper-Mining Towns." *Geographical Review* 86, no. 1 (1996): 115-16.

Harvey, D. *Consciousness and the Urban Experience: Studies in the History and Theory of Capitalist Urbanization*. Baltimore: Johns Hopkins University Press, 1985.

Hayden, D. *The Power of Place: Urban Landscapes as Public History*. Cambridge, MA: The MIT Press, 1997.

Healy, D. *The United States in Cuba, 1896-1902: Generals, Politicians, and the Search for Policy*. Madison: University of Wisconsin Press, 1963.

Healey, P., and S. M. Barrett. "Structure and Agency in Land and Property Development Processes: Some Ideas for Research." *Urban Studies* 27, no. 1 (1990): 89-104.

Helg, A. *Our Rightful Share: The Afro-Cuban Struggle for Equality, 1886-1912*. Chapel Hill: University of North Carolina Press, 1995.

―――, "Race and Black Mobilization in Colonial and Early Independent Cuba: A Comparative Perspective." *Ethnohistory* 44, no. 1 (1997): 53-74.

Hennessy, C. A. M. "The Roots of Cuban Nationalism." *International Affairs* 39, no. 3 (1963): 345-59.

Henthorne, T. L., and M. M. Miller. "Cuban Tourism in the Caribbean Context: A Regional Impact Assessment." *Journal of Travel Research* 42, no. 1 (2003): 84-93.

Hernandez, R., H. Dilla, J. D. Abbassi, and J. Diaz. "Political Culture and Popular Participation in Cuba." *Latin American Perspectives* 18, no. 2 (1991): 38-54.

Herrera, R., and P. Nakatani. "De-Dollarizing Cuba." *International Journal of Political Economy* 34, no. 4 (2004-5): 84-95.

Hershberg, T., ed. *Philadelphia: Work, Space, Family, and Group Experience in the Nineteenth Century, Essays toward an Interdisciplinary History of the City.* Oxford: Oxford University Press, 1981.

Himadri, R., and S. Majumdar. "Of Diamonds and Desires: Understanding Conspicuous Consumption from a Contemporary Marketing Perspective." *Academy of Marketing Science Review* 11, no. 8 (2006): 1-18.

Hirschman, E. C. "The Ideology of Consumption: A Structural-Syntactical Analysis of 'Dallas' and 'Dynasty.'" *The Journal of Consumer Research 15,* no. 3 (1988): 344-59.

Historiador de la Ciudad de la Habana. "Programa para el Dasarrollo Humano a Nivel Local: La Habana Vieja, Pinar Del Río." *Granma.* 1998.

Hitchman, J. H. "The American Touch in Imperial Administration: Leonard Wood in Cuba, 1898-1902." *The Americas* 24, no. 4 (1968): 394-403.

_____, *Leonard Wood and Cuban Independence,* 1898-1902. The Hague: Nijhoff, 1971.

_____, "Unfinished Business: Public Works in Cuba, 1898-1902." *The Americas* 31, no. 3 (1975): 335-59.

Hood, R. J. "Cuban Health System Offers an Uncommon Opportunity." *Journal of the National Medical Association* 92, no. 12 (2000): 547-49.

Howard, P. A. *Changing History: Afro-Cuban Cabildos and Societies of Color in the Nineteenth Century.* Baton Rouge: Louisiana State University Press, 1998.

Ibarra, J. *Prologue to Revolution: Cuba, 1898-1958.* Boulder, CO: L. Rienner Publishers, 1998.

Imbroscio, D. L. *Reconstructing City Politics: Alternative Economic Development and Urban Regimes.* Thousand Oaks, Calif., Sage Publications, 1997.

_____, "Shaming the Inside Game: A Critique of the Liberal Expansionist Approach to Addressing Urban Problems." *Urban Affairs Review* 42, no. 2 (2006): 224-48.

Imbroscio, D. L., T. Williamson, and G. Alperovitz. "Local Policy Responses to Globalization: Place-Based Ownership Models of Economic Enterprise." *Policy Studies Journal* 31, no. 1 (2003): 31-52.

Institute for Statistics. *Latin America and the Caribbean: Regional Report Series.* UNESCO, January 10, 2007.

Jackiewicz, E. L. "Bowling for Dollars: Economic Conflicts and Challenges in Contemporary Cuba." *Yearbook of the Association of Pacific Coast Geographers* 64 (2002): 98-111.

Jatar-Hausmann, A. J. *The Cuban Way: Capitalism, Communism, and Confrontation.* West Hartford, CT: Kumarian Press, 1999.

_____, "What Cuba Can Teach Russia." *Foreign Policy* 113 (1998): 87-103.

Jayawardena, C. "Revolution to Revolution: Why Is Tourism Booming in Cuba?" *International Journal of Contemporary Hospitality Management* 15, no. 1 (2003): 52-58.

Jenks, L. H. *Our Cuban Colony, a Study in Sugar.* New York: Vanguard Press, 1928.

Johnson, R. B., and A. J. Onwuegbuzie. "Mixed Methods Research: A Research Paradigm Whose Time Has Come." *Educational Researcher* 33, no. 7 (2004): 14-26.

Jorgensen, M. *Preliminary Inventories: Records of the Military Government of Cuba.* Washington DC: National Archives, General Services Administration, 1962.

Judd, D. R. (1999). "Constructing the Tourist Bubble." In *The Tourist City*, ed. D. R. Judd and S. S. Fainstein, 35-53. New Haven, CT: Yale University Press. 1999.

Jung, J. K. (2007). "Computer-Aided Qualitative GIS (CAQ-GIS) for Critical Researchers: An Integration of Quantitative and Qualitative Research in the Geography of Communities." Buffalo: Department of Geography, University at Buffalo, 2007.

Kapcia, A. "Educational Revolution and Revolutionary Morality in Cuba: The 'New Man', Youth, and the New 'Battle of Ideas.'" *Journal of Moral Education* 34, no. 4 (2005): 399-412.

Kaplan, H. R., and C. Tausky "The Meaning of Work among the Hard-Core Unemployed." *The Pacific Sociological Review* 17, no. 2 (1974): 185-98.

Kapur, D., and J. McHale. "Migration's New Payoff." *Foreign Policy* 139 (2003): 48-57.

Kapur, T., and A. Smith. "Housing Policy in Castro's Cuba." Boston, Joint Center for Housing Studies, Graduate School of Design, Kennedy School of Government, Harvard University, 2002.

Karande, V., and K. Karande. "The Effect of Retail Store Environment on Retailer Performance." *Journal of Business Research* 49, no. 2 (2000): 167-81.

Karl, T. "Work Incentives in Cuba." *Latin American Perspectives* 2, no. 4 (1975): 21-41.

Kay, C. "Community Development in Cuba: The Case of San Isidro." Buffalo: Department of Urban and Regional Planning, University at Buffalo, 2004.

Keiffer, A., and S. K. Wagner. "Promoting Place through Architectural Heritage: Restoration and Preservation of Twentieth Century Architectural Design in

Miramar, Habana, Cuba." Proceedings of the Eighth Annual Meeting of the Association for the Study of the Cuban Economy: *Cuba in Transition*, 1998.

Kennedy, M., L. Rivera, and C. Tilly. "Looking at Participatory Planning in Cuba through an Art Deco Window." *Planners Network* (2003). Available online.

Kirk, J. M., and P. McKenna. "Review: Trying to Address the Cuban Paradox." *Latin American Research Review*, 34, no. 2 (1999): 214-26.

Knox, P. L. "The Restless Urban Landscape: Economic and Sociocultural Change and the Transformation of Metropolitan Washington, DC." *Annals of the Association of American Geographers* 81, no. 2 (1991): 181-209.

_____, "Spatial Variations in Level of Living in England and Wales in 1961." *Transactions of the Institute of British Geographers* 62 (1974): 1-24.

Konvitz, J. W. *The Urban Millennium: The City-Building Process from the Early Middle Ages to the Present.* Carbondale: Southern Illinois University Press, 1985.

Kruger, M. H. "Community-Based Crime Control in Cuba." *Contemporary Justice Review* 10, no. 1 (2007): 101-14.

Kumar, V., and K. Karande, "The Effect of Retail Store Environment on Retailer Performance." *Journal of Business Research* 49, no. 2 (2000): 167-81.

La Rosa Corzo, G. *Runaway Slave Settlements in Cuba: Resistance and Repression.* Chapel Hill: University of North Carolina Press, 2003.

Lakshmanan, I. A. R. "Help for Venezuela Strains Cuban Health Care." *International Herald Tribune* (2005). Available online.

Lamperilla, Y. Discussion with Henry Louis Taylor, Jr. *Interviews and Field Notes.* Buffalo: Center for Urban Studies, University at Buffalo, July 2006.

Langley, L. D. *The Cuban Policy of the United States: A Brief History.* New York: John Wiley and Sons, 1968.

Lara, J. B., ed. *Cuba in the 1990s.* Havana: Instituto Cubana Del Libro, 1999.

Lawrence, D. L., and S. M. Low. "The Built Environment and Spatial Form." *Annual Review of Anthropology* 19 (1990): 453-505.

Leaf, M. "Inner City Redevelopment in China: Implications for the City of Beijing." *Cities* 12, no. 3 (1995): 149-62.

Leftwich, A. "Is There a Socialist Path to Socialism?" *Third World Quarterly* 13, no. 1 (1992): 27-42.

Lejeune, J. F., J. Beusterien, and N. G. Menocal. "The City as Landscape: Jean Claude Nicolas Forestier and the Great Urban Works of Havana, 1925-1930." *The Journal of Decorative and Propaganda Arts* 22 (1996): 150-85.

Levine, R. M. "Semiotics for the Historian: Photographers as Cultural essengers." *Reviews in American History* 13, no. 3 (1985): 380-85.

Lewis, J. D. and A. Weigert. "Trust as a Social Reality." *Social Forces* 63, no. 4 (1985): 967-85.

Lewis, O. La Vida: *A Puerto Rican Family in the Culture of Poverty-San Juan and New York.* New York: Random House, 1966.

____, *A Study of Slum Culture; Backgrounds for La Vida.* New York: Random House, 1968.

Lewis, O., R. M. Lewis, and S. M. Rigdon. Four Women: Living the Revolution: An Oral History of Contemporary Cuba. Urbana: University of Illinois Press, 1977.

Programa de Desarrollo Humano Local. "Caracterizaci?n Y Prioridades Del Municipio De La Habana Vieja: Líneas Directrices, Para La 111 Faze Del Programa De Desarrollo Humano Local." L. H. V. Asamblea Municipal Podar Popular, PDHL de Cuba, Oficina del Historiador. Havana: Programa de Desarrollo Humano Local, 2000.

"Liberator's Triumphal March Through an Ecstatic Island." *Life*, January 19, 1959, 28-32.

Locay, L. *The Future of Cuba's Labor Market: Prospects and Recommendations.* Miami, FL: Institute for Cuban and Cuban-American Studies, University of Miami, 2004.

____, "Schooling vs. Human Capital: How Prepared Is Cuba's Labor Force to Function in a Market Economy?" Proceedings of the Thirteenth Annual Meeting of the Association for the Study of the Cuban Economy: *Cuba in Transition*, 2003.

Lopez, Kevin A. *Entre Luz Y Sol: A Documentary about the Social Effects of Tourism in Cuba.* Buffalo: Department of Media Studies, University at Buffalo, 2005. 30 minutes.

Lopez-Maceo, M. Discussion with Henry Louis Taylor, Jr. *Interviews and Field Notes.* Buffalo: Center for Urban Studies, University at Buffalo, July 2004.

Lowndes, V., and Chris Skelcher. "The Dynamics of Multi-Organizational Partnerships: An Analysis of Changing Modes of Governance." *Public Administration* 76, no. 2 (1998): 313-33.

Lutjens, S. L. "Education and the Cuban Revolution: A Selected Bibliography." *Comparative Education Review* 42, no. 2 (1998): 197-224.

La Oficina Para el Rehabilitación del Maleón. *El Malecón de la Habana: Un Proceso de Transfomación y de Cooperación.* Havana: 1998.

Marquis, C. "Cuba Leads Latin America in Primary Education, Study Finds." *New*

York Times. December 14, 2001. Available online.

Martinez-Saenz, M. "Che Guevara's New Man: Embodying a Communitarian Attitude." *Latin American Perspectives* 31, no. 6 (2004): 15-30.

Mathey, K. "Recent Trends in Cuban Housing Policies and the Revival of the Microbrigade Movement." *Bulletin of Latin American Research* 8, no. 1 (1989): 67-81.

Mazarr, M. J. "Prospects for Revolution in Post-Castro Cuba." *Journal of Interamerican Studies and World Affairs* 31, no. 4 (1989): 61-90.

McBroom, P. "Program to Track Global Traffic in Organs." *Public Affairs* (November 1999). Available online.

McCracken, G. "Culture and Consumption: A Theoretical Account of the Structure and Movement of the Cultural Meaning of Consumer Goods." *The Journal of Consumer Research* 13, no. 1 (1986): 71-84.

McKinley, J. C. "A Health System's 'Miracles' Come with Hidden Costs." *New York Times*. November 20, 2007. Available online.

McShane, C. "Transforming the Use of Urban Space: A Look at the Revolution in Street Pavements, 1880-1924." *Journal of Urban History* 5, no. 2 (1979): 279-307.

Mesa-Lago, Carmelo. *Availability and Reliability of Statistics in Socialist Cuba.* Pittsburgh: Center for Latin American Studies, 1970.

_____, "The Cuban Economy Today: Salvation or Damnation?" The Institute for Cuban and Cuban-American Studies, University of Miami, 2005.

_____, *Growing Economic and Social Disparities in Cuba: Impact and Recommendations for Change.* Miami: Institute for Cuban and Cuban-American Studies, University of Miami, 2002.

_____, ed. *Revolutionary Change in Cuba.* Pittsburgh: University of Pittsburgh Press, 1971.

Mesch, G. S., and O. Manor. "Social Ties, Environmental Perception, and Local Attachment." *Environment and Behavior* 30, no. 4 (1998): 504-19.

Michener, James A., and John Kings. *Six Days in Havana.* Toronto: McClelland and Steward, 1989.

Mickelson, Roslyn Arlin. *Children on the Streets of the Americas: Homelessness, Education and Globalization in the United States, Brazil and Cuba.* London: Routledge, 2000.

Miller, D. "Consumption and Commodities." *Annual Review of Anthropology* 24 (October 1995): 141-161.

Miller, D. B. (1976). "A Partial Test of Oscar Lewis's Culture of Poverty in Rural

America." *Current Anthropology* 17, no. 4 (1995): 720-23.

Miller, I. L. "Religious Symbolism in Cuban Political Performance." *The Drama Review* 44, no. 2 (2000): 30-55.

"Minister: More than $2 billion will Upgrade Cuba's Transportation System Over 5 Years" (December 15, 2007). Available online.

Ministry of Tourism. Resolution No. 10 of 2005. Republic of Cuba. Available online.

Moore, C. *Castro, the Blacks, and Africa.* Berkeley and Los Angeles: University of California Press, 1988.

Moreno Fraginals, M. *The Sugar Mill: The Socioeconomic Complex of Sugar in Cuba 1760-1860.* New York: Monthly Review Press, 1976.

Moreno Fraginals, M., F. Moya Pons, and S. L. Engerman, eds. *Between Slavery and Free Labor: The Spanish-Speaking Caribbean in the Nineteenth Century.* Johns Hopkins Studies in Atlantic History and Culture. Baltimore, MD: Johns Hopkins University Press, 1985.

Morley, M. H., and C. McGillion. *Unfinished Business: America and Cuba after the Cold War, 1989-2001.* Cambridge, NY: Cambridge University Press, 2002.

Morrison, A. "The Tramways of Cuba." 2002. Available online.

Moses, C. *Real life in Castro's Cuba.* Wilmington, DE: Scholarly Resources, 2000.

Mullan, F. "Affirmative Action, Cuban Style." *New England Journal of Medicine* 351, no. 26 (2004): 2680-82.

Murguia, E., and R. Saenz. "An Analysis of the Latin Americanization of Race in the United States: A Reconnaissance of Color Stratification among Mexicans." *Race and Society* 5, no. 1 (2002): 85-101.

Naison, M. "Outlaw Culture and Black Neighborhoods." *Reconstruction* 4, no. 4 (1992): 128-31.

National Archives, Record Group 140. *Records of the Military Government of Cuba* (1898-1903). "Letters Received 1899-1902." Boxes 91, 153, 166, 174, 195, 196, 197, 247, and 707. Silver Springs, MD.

National Archives, Record Group 140. *Records of the Military Government of Cuba* (1898-1903). "Records of the Late Military Government of Cuba: Letters Sent, 1902-1903." Boxes 16, 17, and 18. Silver Springs, MD.

National Assembly of People's Power. *Code on Children and Youth.* Havana: José Martí Publishing House, 1984.

Nazzari, M. "The "Woman Question" In Cuba: An Analysis of Material Constraints on Its Solution." *Signs* 9, no. 2 (1983): 246-63.

Neighborhood Planner. Discussion with Taller de San Isidro: Summer Study Abroad Class, *Interview and Field Notes.* June 2003. Havana, Cuba Project: Centør for Urban Studies, University at Buffalo.

Newman, P. C. *Cuba before Castro: An Economic Appraisal.* Ridgewood, NJ: Foreign Studies Institute, 1965.

Noever, P. *The Havana Project: Architecture Again.* Munich: Prestel, 1996.

Núñez Fernandez, R. "Land Planning and Development in Havana City: Two Study Cases: The New Investment Context Regarding Land." Grupo Para el Desarrollo Integral de la Capital, Havana, 1995.

O'Brien, T. F. *The Revolutionary Mission: American Business in Latin America, 1900-1945.* Cambridge: Cambridge University Press, 1996.

Ochoa, F. R., and L. A. Visbal. "Civil Society and Health System in Cuba." A Study Commissioned by the Health Systems Knowledge Network (March 2007). Available online.

Offner, J. L. *An Unwanted War: The Diplomacy of the United States and Spain Over Cuba, 1895-1898.* Chapel Hill: University of North Carolina Press, 1992.

Oficina del Historian de la Cuidad. *San Isidro, La Nueva Imagen: Proyecto Social Revitalizacíon Integral de un Barrio Habanero.* Havana: 1998.

Oficina Nacional de Estadísticas. *Estudio Y Datos Sobre La Poblacíon Cubana,* Pubication No. 35. Reb?blica de Cuba, Centro de Estudios de Poblci?n y Desarrollo, 2005.

Oliveras, R., and R. Núñez. "There Will Be Reason to Keep Balance, Urban Segregation in Havana: Policies, Instruments and Results (Working Paper)." International Seminar on Segregation in the City. Lincoln Institute of Land Policy (2001): 1-25.

Oppenheimer, *A. Castro's Final Hours: The Secret Story behind the Coming Downfall of Communist Cuba.* Carmichael, CA: Touchstone Books, 1993.

Oppenheimer, A., and A. J. Jatar-Hausmann. "Cuba's Comeback." *Foreign Policy* 114 (1999): 140-42.

"Over 50,000 Houses Built in Cuba." December 24, 2007. Available online.

Otero, G., and J. O'Bryan. "Cuba in Transition? The Civil Sphere's Challenge to the Castro Regime." *Latin American Politics and Society* 44, no. 4 (2002): 29-57.

Paquette, R. L. *Sugar Is Made with Blood: The Conspiracy of La Escalera and the Conflict between Empires over Slavery in Cuba.* Middletown, CT: Wesleyan University Press, 1988.

Paulston, R. G. "Cultural Revitalization and Educational Change in Cuba."

Comparative Education Review 16, no. 3 (1972): 474-85.

Pearson, R. "The Political Economy of Social Reproduction: The Case of Cuba in the 1990s." *New Political Economy* 3, no. 2 (1998): 241-59.

Pérez, L. A., Jr. *Cuba: Between Reform and Revolution.* New York: Oxford University Press, 1988, 2006.

_____, "Cuba between Empires, 1898-1899." *The Pacific Historical Review* 48, no. 4 (1979): 473-500.

_____, "Cuba Materials in the Bureau of Insular Affairs Library." *Latin American Research Review* 13, no. 1 (1978): 182-88.

_____, *Cuba under the Platt Amendment, 1902-1934.* Pittsburgh, University of Pittsburgh Press, 1986.

_____, *Cuba and the United States: Ties of Singular Intimacy.* 2nd edition. Athens: University of Georgia Press, 1997.

_____, *Essays on Cuban History: Historiography and Research.* Gainesville: University Press of Florida, 1995.

_____, *Lords of the Mountain Social Banditry and Peasant Protest in Cuba, 1878-1918.* Pittsburgh, University of Pittsburgh Press, 1989.

_____, *On Becoming Cuban: Identity, Nationality, and Culture.* Chapel Hill: University of North Carolina Press, 1999.

_____, "Politics, Peasants, and People of Color: The 1912 'Race War' in Cuba Reconsidered." The Hispanic American *Historical Review* 66, no. 3 (1986): 509-39.

_____, "Vagrants, Beggars, and Bandits: Social Origins of Cuban Separatism, 1878-1895." *The American Historical Review* 90, no. 5 (1985): 1092-1121.

_____, *The War of 1898: The United States and Cuba in History and Historiography.* Chapel Hill: University of North Carolina Press, 1998.

Pérez, M. *Local Policy Approach with Community Participation for Environmental Improvement.* Grupo Para el Desarrollo Integral de la Capital. Havana: 1996.

Pérez-López, J. *Cuba's Second Economy: From Behind the Scenes to Center Stage.* New Brunswick: Transaction Publishers, 1995.

Pérez-López, J., and S. Díaz-Briquets. "Remittances to Cuba: A Survey of Methods and Estimates." Proceedings of the Fifteenth Annual Meeting of the Association for the Study of the Cuban Economy: *Cuba in Transition,* 2005.

Pérez-López, J. F. "The Cuban Economy in an Unending Special Period," Proceedings of the Twelfth Annual Meeting of the Association for the Study of the Cuban Economy, *Cuba in Transition,* 2002.

_____, *The Economics of Cuban Sugar*. Pittsburgh, University of Pittsburgh Press, 1991.

_____, "Review: Two Decades of Cuban Socialism: The Economic Context." *Latin American Research Review* 18, no. 3 (1983): 227-42.

Pérez-Stable, M. *The Cuban Revolution: Origins, Course, and Legacy*. New York: Oxford University Press, 1993.

Perry, M. D. "Los Raperos: Rap, Race, and Social Transformation in Contemporary Cuba." Department of Anthropology. Austin: University of Texas, 2004.

Perry, J., J. Steagall, and L. Woods. "Cuba Tourism, Economic Growth, and the Welfare of the Cuban Worker." Proceedings of the Seventh Annual Meeting of the Association for the Study of the Cuban Economy: *Cuba in Transition,* 1997.

Peters, D. H., Anu Garg, Gerry Bloom, Damian G. Walker, William R. Brieger, and M. Hafizur Rahman. "Poverty and Access to Health Care in Developing Countries." *Annals of the New York Academy of Sciences 1196* 10 (2007): 1-34.

Peters, P. *Rescuing Old Havana*. Arlington, VA: Lexington Institute, 2001.

_____, *International Tourism: The New Engine of the Cuban Economy*. Arlington, VA: Lexington Institute, 2002.

Petras, J., and R. Eastman-Abaya. "Cuba: Continuing Revolution and Contemporary Contradictions." *Dissident Voices* (Internet Weekly), August 13, 2007: 1-14. Available online.

Porter, R. P. *Industrial Cuba Being a Study of Present Commercial and Industrial Conditions with Suggestions as to the Opportunities Presented in the Island for American Capital, Enterprise and Labour*. New York: Putnam, 1988.

Portes, A. (1998). "Social Capital: Its Origins and Applications in Modern Sociology." *Annual Review of Sociology* 24: 1-24.

Potter, R. B., and D. Conway, eds. *Self-Help Housing, the Poor, and the State in the Caribbean*. Knoxville: University of Tennessee Press, 1997.

Poyo, G. E. "Evolution of Cuban Separatist Thought in the Emigre Communities of the United States, 1848-1895." *The Hispanic American Historical Review* 66, no. 3 (1986): 485-507.

Prestamo, F. J., N. G. Menocal, and E. Shaw. "The Architecture of American Sugar Mills: The United Fruit Company." *The Journal of Decorative and Propaganda Arts* 22 (1996): 62-81.

Prey, T. S. Discussion with Henry Louis Taylor, Jr. *Interviews and Field Notes*.

Buffalo: Center for Urban Studies, University at Buffalo, 2007.

Rabinowitz, P. "Voyeurism and Class Consciousness: James Agee and Walker Evans, Let Us Now Praise Famous Men." *Cultural Critique* 21 (1992): 143-70.

Retamar, R. F., and J. Beverley. "The Enormity of Cuba." *Boundary* 2, 23, no. 3 (1996): 165-90.

Rieder, R., and C. Ashby. "Preliminary Inventory of the Records of the Provisional Government of Cuba (1906-1909): Record Group 199." Washington DC: National Archives, 1962.

Ritter, A. R. M. "Cuba's Economic Reorientation." *In Cuba: In Transition? Pathways to Renewal, Long-Term Development, and Global Reintegration*, ed. M. A. Font, 3-25. New York: Bildner Center for Western Hemisphere Studies, City University of New York, 2006.

_____, *The Economic Development of Revolutionary Cuba: Strategy and Performance*. New York: Praeger, 1974

_____, "Entrepreneurship, Microenterprise, and Public Policy in Cuba: Promotion, Containment, or Asphyxiation?" *Journal of Interamerican Studies and World Affairs* 40, no. 2 (1998): 63-94.

A. R. M. Ritter, and N. Rowe. "Cuba: From "Dollarization to Euroization or Peso Reconsolidation?" *Latin American Politics and Society* 44, no. 2 (2002): 99-123.

_____, "Survival Strategies and Economic Illegalities in Cuba." Proceedings of the Fifteenth Annual Meeting of the Association for the Study of the Cuban Economic: *Cuba in Transition*, 2005.

Robinson, A. G. *Cuba and the Intervention*. New York: Longmans, Green, 1905.

Rodriguez, S. A., A. J. Díaz Soccarás, A. M. Ibarra Salal, P. de Vos, M. Alonso, P. Van der Stuyft, and M. H. B. Borbea. "El Trabajo en Equipo en Consultorios Médicos Compartidos: Opción a Desarrollar en la Atención Primaria." *Revista Cubana de Higiene y Epidemiología* 44, no. 1 (2006): 1-9.

Rohr, E. "Planning for Sustainable Tourism in Old Havana, Cuba." Ottawa, Ontario: Carlton University, 1997.

Roman, P. *People's Power: Cuba's Experience with Representative Government*. Boulder, CO: Westview Press, 1999.

Root, E. *The Military and Colonial Policies of the United States: Addresses and Reports*. Cambridge, MA: Harvard University Press, 1916.

Rosegrant, M. W., and S. A. Cline. "Global Food Insecurity: Challenges and Policies." *Science* 302, no. 5652 (2003): 1917-19.

Rosenberg, E. S. *Spreading the American Dream: American Economic and Cultural Expansion*, 1890-1945. New York: Hill and Wang, 1982.

Rosendahl, Mona. *Inside the Revolution: Everyday Life in Socialist Cuba.* Ithaca, NY: Cornell University Press, 1997.

Roucek, J. S. "Pro-Communist Revolution in Cuban Education." *Journal of Inter-American Studies* 6, no. 3 (1964): 323-35.

Roux Diez, A. V. "Investigating Neighborhood and Area Effects on Health." *American Journal of Public Health* 91, no. 11 (2001): 1783-89.

Ruscoe, G. C. "Moral Education in Revolutionary Society." *Theory into Practice* 14, no. 4 (1975): 258-63.

Sampson, R. J., Jeffrey D. Morenoff, and Thomas Gannon-Rowley. "Assessing 'Neighborhood Effects': Social Processes and New Directions in Research." *Annual Review of Sociology* 28 (2002): 443-78.

Santamarina, J. C. "The Cuba Company and the Creation of Informal Business Networks: Historiography and Archival Sources." *Cuban Studies* 35 (2004): 62-86.

____, "The Cuba Company and the Expansion of American Business in Cuba, 1898-1915." *The Business History Review* 74, no. 1 (2000): 41-83.

Sawyer, M. Q. *Racial Politics in Post-Revolutionary Cuba.* Cambridge: Cambridge University Press, 2006.

Scarpaci, J. L. "Back to the Future: The Sociopolitical Dynamics of Miramar's Real Estate Market." In *Cuba in Transition — Volume* 6. Washington DC: Association for the Study of the Cuban Economy, 1996.

____, "On the Transformation of Socialist Cities." *Urban Geography* 21, no. 8 (2000): 659-69.

Scarpaci, J. L., R. Segre, and M. Coyula. *Havana: Two Faces of the Antillean Metropolis.* Chapel Hill: University of North Carolina Press, 2002.

Schoonover, T. D. *Uncle Sam's War of 1898 and the Origins of Globalization.* Lexington: University Press of Kentucky, 2003.

Schugurensky, D. "UNESCO Report Ranks Cuban Students First in International Math and Reading Tests." *History of Education: Selected Moments in the 20th Century* (1998). Available online.

Schulz, D. E. "Can Castro Survive?" *Journal of Interamerican Studies and World Affairs* 35, no. 1 (1993): 89-117.

Scott, James C. *The Moral Economy of the Peasant: Rebellion and Subsistence in Southeast Asia.* New Haven, CT: Yale University Press, 1976.

Scott, R. J. "Race, Labor, and Citizenship in Cuba: A View from the Sugar

District of Cienfuegos, 1886-1909." *The Hispanic American Historical Review* 78, no. 4 (1998): 687-728.

_____, *Slave Emancipation in Cuba: The Transition to Free Labor, 1860-1999.* Princeton, NJ: Princeton University Press, 1985.

Sims, H., and K. Vogelmann. "Popular Mobilization and Disaster Management in Cuba." *Public Administration Development* 22 (2002): 389-400.

Small, M. L., and K. Newman. "Urban Poverty after the Truly Disadvantaged: The Rediscovery of the Family, the Neighborhood, and Culture." *Annual Review of Sociology* 27 (2001): 23-45.

Smith, J. "The 'Splendid Little War' of 1898: A Reappraisal." *History* 80, no. 258 (1995): 22-37.

Smith, L. M., and A. Padula. *Sex and Revolution: Women in Socialist Cuba.* New York: Oxford University Press, 1996.

Smith, R. F. "Document 12: Joint Resolution of Congress." In *What Happened in Cuba? A Documentary History.* New York: Twayne Publishers, 1963.

_____, "William McKinley: Special Message to the Congress of the United States, April 11, 1898." In *What Happened in Cuba? A Documentary History.* New York: Twayne Publishers, 1963.

Smith, W., and J. Schuett. "Cuba Changes, U.S. Policy Stagnates." *Counterpunch* (2007). Available online.

"Social Infrastructure Boosted in Cuba" (January 2008). Available online.

Sternberg, E. *The Economy of Icons: How Business Manufactures Meaning.* Westport, CT: Praeger, 1999.

Stewart, F. "Basic Needs Strategies, Human Rights, and the Right to Development." *Human Rights Quarterly* 11, no. 3 (1989): 347-74.

Stratton, J. "Youth Subcultures and Their Cultural Contexts." *Journal of Sociology* 21, no. 2 (1985): 194-218.

Strug, D. "Community-Oriented Social Work in Cuba: Government Response to Emerging Social Problems." *Social Work Education* 25, no. 7 (2006): 749-62.

Tarr, J. A. "The Separate vs. Combined Sewer Problem: A Case Study in Urban Technology Design Choice." *Journal of Urban History* 5, no. 2 (1979): 308-39.

Taylor, H. L., Jr. Discussions on the Committees for the Defense of the Revolution. *Interviews and Field Notes.* Buffalo, NY: Cuba Project, Center for Urban Studies, University at Buffalo, 2000-2007.

_____, Discussion with Evan Green on Education in San Isidro. *Interviews and Field Notes.* Buffalo, NY: Cuba Project, Center for Urban Studies, University at Buffalo, July 2003.

____, Havana Neighborhoods. *Photographs and Field Notes*. Buffalo, NY: Cuba Project, Center for Urban Studies, University at Buffalo, 2004.

____, Retailing and Consumerism. Reports and Photographs. *Interviews and Field Notes*. Buffalo, NY: Cuba Project, Center for Urban Studies, University at Buffalo, 2006.

____, *The San Isidro Project: Field Notes and Photographs*. Buffalo: Cuba Project, Center for Urban Studies, University at Buffalo, 2007.

____, "The Use of Maps in the Study of the Black Ghetto Formation Process: Cincinnati, 1802-1910," *Historical Methods* 17, no. 1 (1984): 44-58.

Thom, D. H., Mark A. Hall, and L. Gregory Pawlson. "Measuring Patients' Trust in Physicians When Assessing Quality of Care." *Health Affairs* 23, no. 4 (2004): 124-32.

Thompson, M., with I. Gaviria. *Weathering the Storm: Lessons in Risk Reduction from Cuba*. Boston: Oxfam America, 2004.

Torche, F., and S. Spiler. "Household Wealth in Latin America." Research Paper No. 2006/114. Tokyo: United Nations University, World Institute for Development, 2006.

Toro-Morn, M. I., A. R. Roschelle, and E. Facio. "Gender, Work, and Family in Cuba: The Challenges of the Special Period." *Journal of Developing Societies* 18, no. 2-3 (2002): 32-58.

United States Congress. *Congressional Records*, 55th Congress, 2nd Session. Washington DC: Library of Congress, 1888.

United States Department of the State. *Part 1: Papers relating to the Foreign Relations of the United States, 1895*. Washington DC: Government Printing Office, 1896.

United States Library of Congress, Manuscript Division. *The Papers of Leonard Wood*. Washington DC. Containers 3, 28, 29, 30, 32, 33, and 239.

University of Buffalo Summer Study Abroad Class. "Neighborhood Life in San Isidro." *Comprehending the Socialist City*. Buffalo: Cuba Project, Center for Urban Studies, University at Buffalo, 2004.

Uriarte, M. *Cuba, Social Policy at the Crossroads: Maintaining Priorities, Transforming Practice*. Boston: Oxfam America, 2002.

Vela, A. Discussion with Henry Louis Taylor, Jr. *Interviews and Field Notes*. Buffalo: Center for Urban Studies, University at Buffalo, 2005.

Wald, K. *Children of Che: Childcare and Education in Cuba*. Palo Alto, CA: Ramparts Press, 1978.

Wang, X. "Assessing Public Participation in U.S. Cities." *Public Performance and Management Review* 24, no. 4 (2001): 322-36.

West, A., and J. Hughes. "An Evaluation of Hotel Design Practice." *The Service Industries Journal* 11, no. 3 (1991): 362-80.

Wilson, B. M. *Race and Place in Birmingham: The Civil Rights and Neighborhood Movements*. London: Rowman and Littlefield, 2000.

Wisan, J. E. *The Cuban Crisis as Reflected in the New York Press* (1895-1898). New York: Columbia University Press, 1934.

Wohl, R. R., and A. L. Strauss. *Symbolic Representation and the Urban Milieu*. Chicago: University of Chicago Press, 1958.

Wolff, L., E. Schiefelbein, and P. Schiefelbein. "Primary Education in Latin America: The Unfinished Agenda. Sustainable Development Department." Technical Paper Series. Washington DC: Education Unit, Inter-American Development Bank, 2002.

Wood, L. "The Military Government of Cuba." *Annals of the American Academy of Political and Social Science* 21 (1903): 1-30.

World Health Organization. *Core Health Indicators for the Americas*. The WHOSIS DATABASE. Geneva: WHO, 2007.

World Tourist Organization. *Tourism Highlights*. Madrid: UN World Tourist Organization, 2007.

Wu, F., and A. G. Yeh. "Changing Spatial Distribution and Determinants of Land Development in Chinese Cities in the Transition from a Centrally Planned Economy to a Socialist Market Economy: A Case Study of Guangzhou." *Urban Studies* 34, no. 11 (1997): 1851-80.

Yamaoka, K. "Cuba's Social Policy after the Disintegration of the Soviet Union: Social Development as Legitimacy of the Regime and Its Economic Effectiveness." *The Developing Economies* 42, no. 2 (2004): 305-33.

Zanetti L. O., and A. G. Alvarez. *Sugar and Railroads: A Cuban History, 1837-1959*. Chapel Hill: University of North Carolina Press, 1998.

Zuelueta Cardenas, O. Discussion with Henry Louis Taylor, Jr. *Interviews and Field Notes*. Buffalo: Center for Urban Studies, University at Buffalo, 2004.

———, Discussion with Henry Louis Taylor, Jr. *Interviews and Field Notes*. Buffalo: Center for Urban Studies, University at Buffalo, July 2005.